유아
발달

이 영 · 김온기 · 조성연 · 이혜경 · 이선원
이정림 · 나유미 · 김상림 · 나종혜 공저

Early
Childhood
Development

학지사

머리말

유아발달은 발달심리학 또는 인간발달이라는 학문 분야의 일부로서 유아기라는 특별한 시기의 발달을 집중적으로 다루는 학문이다. 유아기에 대한 연령 구분은 학자마다 다소 다르지만 이 책에서는 3세부터 5세까지를 유아기로 다루었다. 긴 인생의 여정 중 3년 정도밖에 차지하지 않음에도 불구하고 유아기는 영아기와 함께 인간의 발달 과정에서 가장 중요한 기초를 형성하는 시기이며 가장 큰 변화를 겪는 시기로 알려져 있다. 유아는 어떻게 생각하고 어떠한 감정을 가지며 왜 그렇게 행동하는가? 유아의 특성은 시간의 흐름에 따라 어떻게 변화하고 어떤 것은 유지되며 왜 그러한가? 이와 같은 질문은 더 이상 학자들만의 관심 대상이 아니다. 유아발달은 유아의 행복한 삶을 지원하고자 하는 부모, 교사, 사회지도자, 정책 입안자 등 다양한 사람의 관심 영역이 되고 있다. 이런 의미에서 유아발달에 관한 지식은 학문적인 중요성뿐 아니라 응용적이고 실용적인 중요성을 동시에 갖는다고 볼 수 있다.

이 책은 2009년에 출판하였던 『영유아발달』을 근간으로 하여 유아와 관련된 부분을 중심으로 최신 이론과 연구들을 추가하고 전체적인 틀을 재구성하여 새롭게 집필한 것이다. 이 책은 보육교사, 유아교사, 부모 교육자, 아동상담사, 아동치료사, 아동복지사, 그리고 유아에 관한 전문적 지식과 지적 호기심을 가지고 있는 모든 사람에게 기초 지식을 제공하는 것은 물론 연구를 위한 자극과 정보, 교육적·치료적 적용을 위한 정보 등 실제적인 도움을 주고자 하였다.

이 책에서는 기존의 유아발달을 다룬 책들과 차별화하고자 몇 가지 측면에서 노력하였다. 첫째, 책의 구성에 있어 발달의 기초가 되는 주요 발달 이론과 방법론을 제시하되 유아기에 초점을 두고 그 부분을 상세히 소개하고자 하였다. 둘째, 언어의 발달과 더불어 급격히 발달하는 사고력과 창의성, 또래와의 접촉이 늘어나면서 더욱 중요해지는 사회 인지, 정서 조절, 사회적 능력 등 최근에 강조되는 유아기의 주요 주제를 부각하여 관련 이론과 연구를 상세히 소개하였다. 셋째, 각 주제와 관련된 사회적 이슈나 교육적 적용을 위한 정보를 팁이나 부모 및 교사의 역할로 제시하였다. 넷째, 유아를 대상으로 교육하거나 지원하고자 할 때 반드시 알아 두어야 할 환경의 영향에 대해 '유아발달과 생태학적 맥락'이라는 별도의 장을 마련하였다.

이 책의 저자들은 각자가 맡은 부분을 책임지고 집필하였지만 모든 집필자가 함께 윤독하고 논평해 주면서 처음부터 끝까지 공동으로 참여하고 협조하였다. 1장은 이영, 2장은 나종혜, 3장은 조성연, 4장은 이선원, 5장과 6장은 이혜경, 7장은 김상림, 8장은 나유미, 9장은 이정림, 10장은 김온기가 각각 책임 집필하였다.

이 책이 나오기까지 도움을 주신 모든 분께 감사하며, 특별히 모든 원고의 교정을 위해 밤낮을 가리지 않고 수고한 연세대학교 대학원 아동·가족학과 김송미에게 감사의 마음을 전한다. 마지막으로 짧은 시간 내에 인쇄까지 마무리하느라 수고해 주신 학지사의 김진환 사장님과 모든 직원 분에게 진심으로 감사를 드린다.

2015년 6월
저자 일동

차 례

머리말 3

chapter

01 — 유아발달 이해의 기초 ———————— 10

1. 유아기 발달의 특성 12
2. 발달의 개념과 원리 14
3. 발달의 영역 및 시기 구분 17
4. 발달에 영향을 미치는 요인 20
5. 발달 연구의 주요 쟁점 27

chapter

02 — 유아발달 이론 ———————————— 36

1. 정신분석학적 관점 38
2. 학습적 관점 45
3. 인지적 관점 51
4. 생물학적 관점: 진화론적 관점 56
5. 사회맥락적 관점: 인간생태학 이론 62

chapter

03 — 유아발달 연구방법 ———————————————— 68

1. 유아발달 연구의 이해와 목적 70
2. 자료수집 방법 71
3. 연구설계 76
4. 유아발달 연구의 접근방법 77
5. 유아발달 연구에서의 윤리적 문제 80

chapter

04 — 신체 및 운동발달 ———————————————— 88

1. 신체발달 90
2. 운동발달 94
3. 뇌발달 98
4. 신체발달에 영향을 미치는 요인 102
5. 신체발달을 위한 부모 및 교사의 역할 104

chapter

05 — 인지발달 ———————————————————————— 112

1. 사 고 114
2. 기 억 123
3. 지 능 131
4. 창의성 138
5. 인지발달을 위한 부모 및 교사의 역할 143

chapter

06 — 언어발달 ———————————————— 152

1. 언어의 특성 154
2. 언어발달 이론 159
3. 유아기 언어발달의 특징 165
4. 언어발달에 영향을 미치는 요인 170
5. 언어발달을 위한 부모 및 교사의 역할 172

chapter

07 — 정서발달 ———————————————— 178

1. 정서의 개념 180
2. 정서발달의 이론적 관점 181
3. 유아기의 정서발달 183
4. 정서발달을 위한 부모 및 교사의 역할 197

chapter

08 — 사회성발달 ——————————————— 204

1. 자아의 발달 206
2. 성차의 발달 211
3. 도덕성의 발달 217
4. 사회적 능력의 발달 220
5. 사회성발달을 위한 부모 및 교사의 역할 230

chapter

09 — **발달 이상** ———————————————— **240**

　　1. 유아기 발달 이상　242
　　2. 장애 유아를 위한 부모 및 교사의 역할　254
　　3. 장애 유아 통합교육　255

chapter

10 — **유아발달과 생태학적 맥락** ——————— **260**

　　1. 가 족　262
　　2. 유아교육 및 보육기관　271
　　3. 대중매체와 문화환경　275
　　4. 육아지원 및 가족 정책　278

chapter 01

유아발달 이해의 기초

보통 유아기는 영아기 이후부터 초등학교에 입학하기 전까지의 시기를 말한다. 실제로 영아와 유아를 연령만으로 구분하기는 쉽지 않다. 일반적으로 생후 24개월부터 6세까지를 유아기로 보지만 생후 24개월 초반까지도 아기의 모습이 남아 있다가 36개월에 다가가면서 점차 어린아이의 모습으로 변화한다. 우리나라 학제에서도 학기가 시작되는 3월 1일을 기준으로 만 36개월이 되면 유치원에 취원할 수 있는 연령이 된다. 이 책에서는 유아기를 대략 36개월부터 72개월 전까지로 보고 이 시기의 발달에 대해 살펴보고자 한다.

우리나라에서는 "세 살 버릇이 여든까지 간다."라는 속담이 있을 정도로 발달 과정에서 유아기를 매우 중요한 시기로 인식해 왔다. 최근에는 대부분의 유아가 유치원이나 어린이집과 같은 유아교육기관을 다니고 있으며 『내가 정말 알아야 할 모든 것은 유치원에서 배웠다』(Fulghum, 1988/2009)라는 유명 저서가 있을 만큼 이 시기 경험의 중요성을 강조하고 있다. 그런데 유아발달을 제대로 이해하기 위해서는 우선 발달의 개념과 본질에 대한 전반적인 이해가 필요하다. 이 장에서는 유아발달을 이해하기 위한 기초로서 유아기 발달의 특성을 살펴보고, 발달의 개념과 원리, 발달의 영역 및 시기 구분, 발달의 기저가 되는 영향 요인, 발달연구의 주요 쟁점 등에 대해 살펴보기로 한다.

1. 유아기 발달의 특성
2. 발달의 개념과 원리
3. 발달의 영역 및 시기 구분
4. 발달에 영향을 미치는 요인
5. 발달 연구의 주요 쟁점

01 chapter

유아발달 이해의 기초

1. 유아기 발달의 특성

유아기는 영아기에 비해 발달 속도가 다소 완만해지나 모든 영역의 발달이 꾸준히 이루어지는 시기다. 초등학교 입학 후 펼쳐질 아동기 발달을 위한 기초 능력과 습관도 이 시기에 형성된다. 신체의 크기나 모습이 현저하게 변화하며 **대소근육 조절과 운동 능력**이 비약적으로 발달한다. 걷거나 뛰는 것이 자유롭게 되면서 활동 반경이 확대되고 **신체적 자기 통제**도 어느 정도 가능해진다. 잠시도 가만히 있지 않고 끊임없이 움직이며 신체적 활동량도 많아진다. 집 안에서 생활하기보다 유치원과 어린이집 등의 기관을 다니면서 활동 범위가 넓어지고, 특히 놀이터나 바깥에서 뛰어다니며 놀이하는 것을 즐긴다. 따라서 안전사고의 위험이 높은 시기다.

유아는 아직까지 자기중심적인 수준이기는 하나 논리적 사고의 출발인 **표상적 사고**를 하게 되며 복잡한 인지 개념을 획득하고 기억 능력이 크게 증진된다. 주변의 사물과 상황에 대해 호기심이 많아지고 효과적으로 대처할 수 있게 된다. 다른 사람의 마음과 생각에 대해서도 이해하기 시작하여 사람의 마음과 생각이 어떻게 작용되는지에 대한 지식, 즉 **마음 이론**을 발달시키기 시작한다. 유아기의 기억력은 아직까지 정교하지 못하지만 영아기에 비해 훨씬 더 정보에 잘 집중할 수 있고 정보의 처리 속도도 빨라진다. 특히 상상력이 풍부해지고 창의성이 발달하며 다양한 놀이를 즐긴다.

어휘력이 빠르게 확장됨에 따라 다른 사람과의 **언어적 의사소통 능력**이 급속히 발달한다. 따라서 유아기에는 말이 대화의 수단이 된다. 언어가 발달하면서 정보를 언어로 **부호화**하기 때문에 언어가 발달함에 따라 **기억 능력**이나 **정보 처리 능력** 등 **인지 능력**도 급격히 발달한다.

사회적 접촉의 대상이 부모와 가족뿐 아니라 또래와 이웃 등 주변 사람들로 확대되면서 **대인관계의 폭**이 넓어진다. 바깥세상을 탐색할 기회가 많아지면서 자기와 타인에 대한 관심과 인식이 발달하고, 다양한 **사회적 관계 능력**이 발달하며, **사회적 가치관**이나 **규범**을 습득한다. 특히 **성역할**이나 자신이 속한 문화와 민족에 대한 정체성과 편견도 획득하게 된다. 따라서 이 시기부터 **또래의 영향력**이 점점 커진다. 특히 유아기부터는 다른 사람들의 시선과 판단을 크게 의식하는 우리 사회의 독특한 문화로부터 크게 영향을 받기 시작한다.

이와 더불어 **감정 표현**이 다양해지고 타인의 감정 표현을 인식할 수 있게 되며 자신의 감정도 점차 조절하여 표현할 수 있게 된다. 그러나 **자아 개념**이 형성되는 과정에서 자아가 강하고 자기중심적이며 정서 조절이 쉽지 않아 **정서의 기복**이 심하다. 유아는 정서적 안정이 이루어지기 전에는 어떤 것에도 흥미를 느끼거나 집중하지 못한다. 반면, 정서적 안정을 이루어 마음이 편해지면 유아는 놀이에 집중하고 놀이를 통해 많은 것을 배워 나간다. 그러므로 이 시기에는 무엇보다 유아의 **정서적 안정**이 중요하다.

이처럼 유아기는 여러 측면에서 나름의 독특한 발달적 변화가 이루어지는 시기다. 따라서 이러한 변화를 중심으로 발달이 정상적으로 이루어지는지를 살펴볼 수 있고 발달 수준에 적합한 방법으로 지도하고 도움을 줄 수 있다.

2. 발달의 개념과 원리

1) 발달의 개념

발달은 유기체인 인간이 시간이 지남에 따라 **양적** 또는 **질적으로 변화하는 과정**을 의미한다. 그 과정에서 발달의 모든 측면과 생애의 모든 시기에 걸쳐 **변화**와 **안정성**이 이루어진다. 다시 말해, 인간은 전 생애 동안 환경과의 계속적인 상호작용을 통해 양적으로 변화할 뿐 아니라 기능과 구조가 분화되기도 하고 통합되기도 하면서 끊임없이 변화한다. 하지만 동시에 지속적이고 연속성을 가지는 변화하지 않는 면도 있다. 따라서 발달은 점진적이고 계속적인 과정으로 이해해야 하며 연령별 기간으로 명확히 구분하여 설명할 수 없는 경우가 많다.

발달이 이루어지기 위해서는 **성장**과 **성숙**, **학습**이라는 세 가지 기제가 작용해야 한다. 성장은 키가 크거나 몸무게가 늘어나는 등 신체의 크기나 능력이 양적으로 증가하는 변화를 의미하고, 성숙은 유전적으로 결정되어 있는 발달적 변화의 시기와 과정들이 시간이 흐름에 따라 자연스럽게 나타나는 생물학적 과정을 말한다. 학습은 직접적 혹은 간접적 경험의 결과로서 획득되는 발달적 변화를 의미하며, 개인의 노력뿐 아니라 타인이나 환경의 영향을 받아 이루어진다. 유아의 발달은 성장과 성숙, 학습이 끊임없이 함께 작용하여 이루어지는 과정이다.

2) 발달의 원리

발달은 매우 복잡한 과정을 거쳐 이루어지지만 그 과정에서 모든 아동은 환경의 영향과 무관하게 다음과 같은 몇 가지 보편적 원리를 따른다. 그중에서 몇 가지 원리는 유아기에도 중요하게 적용된다.

첫째, 발달 과정에는 일정한 순서가 있고 누적적이다. 예를 들면, 모든 유아는 처음에는 기어 다니고 그 후에 앉고 설 수 있으며, 그다음에 걷고 달리기를 할 수 있다. 이처럼 이동하는 데 필요한 신체 능력은 일정한 순서를 거치는데, 걷기에 관련된 신체 능력을 획득한 다음 달리기에 필요한 능력이 추가로 획득된다. 언어발달에서도 모든 유아는 옹알이를 한 후에 한 단어, 두 단어로 말을 하고 간단한 문장을 사용하여 의사소통을 하다가 점차 복잡한 문장을 사용하여 말한다. 이처럼 발달은 순서가 있어 아무리 여러 번 훈련을 하여도 그 단계에 필요한 능력을 갖추지 못하면 다음으로 넘어갈 수 없고 그 순서가 바뀌지 않는다.

둘째, 신체 및 운동발달은 일정한 방향으로 진행된다. 즉, 발달은 일정한 순서와 방향의 원리에 따라 진행된다는 것이다. 방향은 세 가지 원리에 따라 진행된다. 머리에서 발끝 방향으로 발달이 진행되는 **두미**(cephalocaudal) **방향**의 원리, 몸 중심부에서 말초 쪽으로 발달이 진행되는 **근원**(proximo-distal) **방향**의 원리, 일반적인 기능에서 특수한 기능으로 발달하는 **전체-세분화**(mass-specific) **방향**의 원리다. 먼저 머리 부분이 발달한 후 점차 팔, 다리, 아래 부분이 발달하고, 몸 중앙에 있는 심장이 먼저 생기고 점차 손가락, 발가락 등 말초 부분이 형성되며, 큰 근육이 먼저 발달하고 세부적인 근육이 후에 발달한다.

셋째, 발달은 지속적으로 이루어지지만 발달의 속도는 일정하지 않다. 특정한 시기에 특정한 영역이 급격히 발달하기도 하고 천천히 발달하기도 하면서 그 속도가 일정하지 않다. 예를 들어, 신체의 성장과 발달은 태아기부터 영아기, 유아기, 아동기, 청년기까지 지속적으로 이루어지나 영아기에 가장 빠르게 진행된다. 사춘기에는 2차 성징이 나타나면서 호르몬 수준의 변화로 생식기관의 발달이 다른 시기보다 빠르게 일어난다. 유아기에는 어휘 습득 속도가 매우 빨라 언어발달이 급격히 일어나는 반면 청년기에는 추상적 사고 능력과 논리적인 문제해결력이 향상된다. 이처럼 발달의 속도는 일정하지 않다. [그림 1-1]에서 보는 바와 같이 연령의 증가에 따른 전반적인 성장 속도 곡선에 비해 두뇌는 영아기와 유아기에 급격하게 발달하다가

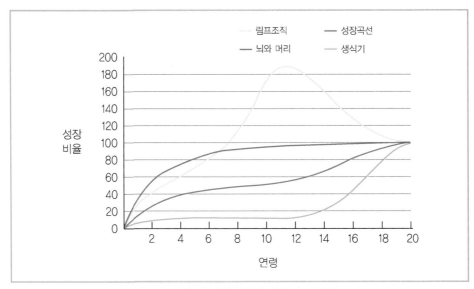

[그림 1-1] 각 신체 부위별 성장 속도 곡선

출처: Berk, L. E. (2005). *Infants and Children* (5th ed.), p. 290.

그 이후 성장 속도가 둔화된다. 또한 림프 조직은 영아기부터 유아기와 아동기까지 계속해서 급격히 성장하다가 아동기가 끝나면서 속도가 완만해진다.

넷째, **발달은 분화와 통합의 과정을 거친다.** 신체발달은 물론 정서발달, 지각발달, 그리고 인지발달 측면에서도 처음에는 비교적 분화되지 않은 상태로 나타나다가 점차 분화되고 정교화된다. 세분화되고 정교화된 능력은 다시 통합되어 상호 협응된 상태로 사용할 수 있게 발달한다. 예를 들어, 날아오는 공을 손으로 잡기 위해서는 먼저 시각으로 공의 방향과 속도를 지각해야 한다. 그런 뒤에 몸을 공의 방향으로 향하고 팔을 앞으로 뻗은 후, 필요한 손바닥과 손가락을 움직여야 공을 잡을 수 있다. 이 모든 과정에서 신체의 각 기관들이 분화되어 발달된 후, 분화된 각 기관들이 다시 협응하여 통합하는 과정을 거쳐야 한다.

다섯째, **발달에는 개인차가 있다.** 발달은 보편적인 순서에 따라 이루어지지만 개인 특성, 성별, 그리고 환경과 유전의 조건에 따라 발달에 차이가 나타난다. 비슷한 유전적 요인을 타고난 일란성 쌍생아들도 신생아기부터 개인차가 나타나며, 발달의 속도와 양상은 유아마다 각기 다르다. 즉, 월령이 같은 36개월 유아들 간에도 성장 속도에 차이가 나서 어떤 유아는 복합 문장을 이용하여 긴 문장으로 말하지만 어떤 유아는 아직 한 단어 말을 하기도 한다. 또한 성별에 따라서도 발달적 특징이 다른데, 대개 여아들은 남아에 비해 상대적으로 언어발달이 빠르고 남아들은 대근육의 발달이 상대적으로 우세한 편이다. 성장 과정에서 발달의 비율과 시기는 개인마다 각각 다르게 나타난다. 어떤 사람은 중학교 시절에 신장이 다 자라지만 어떤 사람은 20대 이후에도 신장이 계속 증가한다.

여섯째, 발달의 제 영역들은 상호작용하고, 발달은 유전과 환경이 상호작용하여 이루어진다. 신체발달과 인지발달, 언어발달, 정서발달, 사회성발달은 서로 밀접하게 영향을 주고받으면서 진행되므로 각 영역의 발달을 분리하여 생각할 수 없다. 신체적으로 건강한 유아는 활발한 탐색 활동을 하게 되고 그로 인해 정보를 많이 얻게 되어 인지 능력도 발달하게 된다. 정서 이해가 빠른 유아는 또래의 마음을 잘 이해하여 사회적 능력의 수준이 높다. 반면 언어발달 수준이 뒤떨어지면 사회성과 대인관계에도 문제가 생긴다.

그런가 하면 실생활에서 필요한 대부분의 능력은 여러 영역의 능력들이 연합되고 통합되어 발휘된다. 예를 들어, 유아기에 배워야 할 중요한 능력 중에 충동을 억제하는 능력이 있다. 충동을 억제하는 능력을 **자제력**이라고 한다. 자제력을 발휘하려면 제일 먼저 충동 억제 대상을 지각해야 하므로 그 과정에서 **지각 능력**이 필요하다. 다음으로는 충동 억제 대상에 대한 태도를 판단하게 되므로 그 과정에서 **판단 능력**이 있어야 하며, 마지막으로 자신의 판단을 유지하고 실천하는 데 있어서 **실천 능력과 의지력**이 필요하다. 이처럼 발달의 여러 영역은 서로 영향을 주고받으며 유기적으로 연결되어 있다.

3. 발달의 영역 및 시기 구분

인간의 발달을 좀 더 깊게 이해하기 위해 발달의 내용과 과정을 몇 개의 영역으로 구분하여 연구한다. 또한 전 생애에 걸쳐 일어나는 발달의 과정을 이해하기 위해 생활연령에 따른 종단적 변화를 시기로 구분하여 접근하기도 한다.

1) 발달의 영역

인간은 연령이 증가하면서 생물학적·심리적 변화를 보이는데, 그 내용을 영역으로 구분하여 연구한다. **발달 영역**의 구분은 학자마다 다양하지만 대체로 유아발달을 이해하기 위해 신체 및 운동발달 영역, 인지발달 영역, 언어발달 영역, 정서발달 영역, 사회성발달 영역 등으로 구분한다.

유아기 **신체 및 운동발달 영역**은 주로 뇌와 신경계의 성장, 신장 및 체중의 발달, 근육 및 골격의 발달, 치아의 발달, 대근육과 운동 능력의 발달 및 소근육 발달을 포함한다. **인지발달 영역**은 개인의 사고와 지능, 개념의 발달, 기억, 창의성 및 정보 처리 능력 등과 같은 정신 능력의 발달을 포함한다. **언어발달 영역**은 말하기와 듣기, 문장의 구성 규칙에 대한 발달, 읽고 쓰기의 발달, 그리고 타인과 의사소통하는 방법의 발달을 포함한다. **정서발달 영역**은 감정과 정서의 표현, 자신과 타인의 정서 이해, 정서 조절 능력 등의 발달을 포함한다. **사회성발달 영역**은 자아, 도덕성, 성역할, 자신과 타인에 대한 이해, 사회적 관계 능력, 친사회적 행동, 공격성 등의 발달을 포함한다.

발달의 영역들은 완전히 구분되는 서로 다른 측면이 아니라 편의상 구분한 것이기 때문에 각 영역에 포함되는 구체적인 측면들은 학자에 따라, 혹은 관점에 따라 서로 다를 수 있다. 예를 들어, 언어발달을 인지발달의 한 측면으로 포함시키기도 하고, 도덕성을 인지발달 영역에 포함시키거나 사회적 행동에 포함시키기도 한다. 또한 사회 인지를 인지발달의 일부라고 보기도 하고, 사회성발달의 일부로 보기도 한다. 그런가 하면 사회성과 정서, 성격 등을 구분하지 않고 이들을 하나의 발달 영역으로 묶어서 살펴보기도 한다.

각 영역의 발달은 완전히 독립적이지 않으며 한 영역의 발달은 다른 영역의 발달에 영향을 주고받는다. 예를 들면, 언어 능력은 구강 구조의 발달과 두뇌의 신체적 발달 정도에 따라 달라지고, 말로 자신의 의사를 잘 전달하지 못하는 유아는 타인으로부터 부정적인 반응을 받아 자아존중감이나 사회성이 낮아질 수 있다. 이처럼 신체적 발달과 언어적 능력은 사회적 수용에 영향을 미칠 수 있다.

우리는 유아발달을 좀 더 상세히 이해하기 위해서 발달을 여러 측면의 영역으로 구분하여 살펴본다. 하지만 유아발달은 [그림 1-2]에서 보는 바와 같이 각 발달 영역을 단순히 합쳐 놓은 것 이상이며, 상호작용하면서 통합적으로 이루어지는 복잡한 과정임을 유념해야 한다.

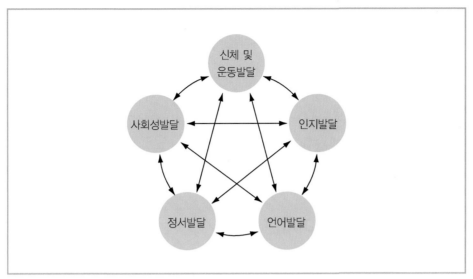

[그림 1-2] 발달 영역 간 상호작용

2) 발달의 시기 구분

　인간의 발달 과정은 수정되는 순간부터 죽음에 이르기까지 끊임없이 계속되는 변화 과정이지만, 편의상 나이 범위를 기준으로 생의 시작과 태내기, 출산의 과정과 신생아기, 영아기, 유아기, 청소년기, 성인기, 노인기 등으로 구분하여 접근한다. 전 생애의 발달 과정을 종단적으로 놓고 보편적인 나이의 범위를 정해서 시기를 구분하는데, 일반적으로 수정에서 출생까지를 **태내기**, 출생 후부터 1개월까지를 **신생아기**, 1개월 이후 2세까지를 **영아기**, 2세 이후부터 6세까지를 **유아기**, 6세 이후부터 12세까지를 **아동기**, 12세 이후부터 19세까지를 **청소년기**, 20세 이후 40세까지를 **성인 전기**, 40~65세를 **성인 중기**, 65세 이후를 **노인기**로 나눈다. 특히 최근 평균 수명이 길어지면서 노년기의 기간이 다른 시기보다 훨씬 길어지고 있어 노인기를 다시 전기와 후기로 나누어야 한다고 보기도 한다.

　각 시기마다 사람들이 보여 주는 행동과 능력에서 공통된 특징을 쉽게 찾을 수 있어 대부분은 이 나이의 범위와 구분에 동의한다. 하지만 각 시기의 과정이 시작되고 끝나는 연령은 개인마다 차이가 크며 어떤 시기는 시작과 끝이 애매하여 분명하지 않다. 또한 이 시기의 구분은 여러 가지 면에서 임의적이며 시대와 문화에 따라 달라진다. 특히 우리나라에서는 교육법상으로 볼 때 유치원에 취원할 수 있는 연령인 36개월부터 초등학교 입학 전까지를 유아기로 보기도 한다. 또한 청년기와 성인기의 구분에서 대학교 졸업 또는 취업을 기준으로 삼기도 한다.

그러므로 발달 이론가들은 발달의 시기를 어떻게 구분하고 어떤 시기로 명명하느냐에는 큰 의미를 두지 않는다. 그보다는 어떤 특정 영역의 발달이 왜, 그리고 어떻게 일어나며, 그 시기나 과정에서 개인마다 차이가 있는 이유는 무엇인지에 대해 더 관심이 있다. 이 책에서는 유아기를 생후 36개월부터 72개월(3~5세)까지의 기간으로 정하고 이 시기의 발달에 대해 살펴보고자 한다.

4. 발달에 영향을 미치는 요인

발달에 대한 관심 중에 가장 근본적인 관심은 발달적 변화를 일으키는 주요 요인을 찾는 일이다. 다시 말해 무엇이 작은 수정체로부터 출발하여 사람의 모습을 갖추게 하며 여러 측면의 발달적 변화를 이루게 하는지, 그 변화를 일으키는 **유전적 기저**(genetic foundations)와 **환경적 기저**(environmental foundations)는 무엇인지, 무엇이 한 사람을 독특한 개체로 만드는지, 개인차를 만들어 내는 요인은 무엇인지를 이해함으로써 우리는 인간의 발달을 도울 수 있는 구체적인 방안들을 찾아낼 수 있기 때문에 이러한 질문에 관심이 많다.

유전적 요인과 환경적 요인 중 어느 것이 상대적으로 발달에 더 중요한 영향력을 갖는가에 대한 견해는 학자에 따라 차이가 있다. 그러나 오늘날에는 대체로 정도의 차이는 있으나 이 두 요인이 함께 작용한다고 생각한다. 또한 동일한 유전적 소양과 동일한 종류의 환경에 대해서도 인간 개개인마다 각각 다르게 반응한다는 사실도 인정되고 있다. 발달에 영향을 주는 유전적 요인과 환경적 요인에 대해 좀 더 자세히 살펴보기로 한다.

1) 유전적 요인

18세기 철학자 루소(Rousseau)는 인간이 일정한 단계를 거쳐 발달하는데, 그 단계는 타고난 본성의 힘으로 진행된다고 보았다. 그러므로 인간이 가지고 태어난 본성을 자연이 이끄는 대로 내버려 두면 자연스럽게 발달이 이루어진다고 하였다. 또한 20세기 성숙 이론가인 게젤(Gesell)도 모든 인간은 성숙함에 따라 이미 결정되어 있는 잠재적 성장 모형이 자연스럽게 펼쳐진다고 보았다. 이렇듯 발달적 변화를 이끄는 주요 기저가 유전적 요인이라고 보는 학자들은 타고난 유전적 기초나 생물학적 기초가 인간발달을 결정짓는다고 보았다.

키, 몸무게, 신체적 외모, 시력, 대머리, 사춘기 초경 시기 같은 생리적 특성 (physiological traits)들은 분명히 일차적으로 유전에 의해 더 크게 좌우된다는 사실이 밝혀져 있다(Papalia & Olds, 1982/1988, p. 70). 뿐만 아니라 기질이나 성격, 지능조차도 대부분 부모로부터 천성적으로 물려받는다고 주장하는 학자들도 있다.

성격은 개인의 행동·기질·정서 및 정신적인 특질의 집합적인 유형을 의미하는 복합적인 개념이기 때문에 환경이나 유전 중 한 가지만의 영향을 파악하기가 쉽지 않다. 그럼에도 불구하고 성격의 유전적 요인의 중요성을 증명해 내려는 연구들이 있다. 1956년에 두 명의 정신과 의사와 1명의 소아과 의사(Thomas, Chess, & Birch, 1968)가 231명의 아동을 대상으로 뉴욕(New York) 종단연구를 시작하였다. 영아기부터 사춘기에 이르기까지 여러 특질에 대해 면밀히 추적하여 조사한 결과 '기질 (temperament)'이라는 한 개인의 기본 행동양식은 처음부터 가지고 태어나는 것으로 보인다고 결론지었다. 모든 아기는 출생 시부터 매우 다양한 특질을 가지고 있었으며 이러한 초기의 행동양식은 성격의 일부로서 변하지 않고 지속되는 경향이 있었다고 하였다.

그 밖에 다른 연구들도 쌍생아 연구방법을 이용하여 여러 가지 다양한 성격특질에 있어서 이란성 쌍생아보다 일란성 쌍생아가 더 일치도가 높았다고 입증하였다. 즉, 외향성-내향성, 정서성(emitionality), 활동성, 우울증, 정신병리적 행동들, 사회적 내향성, 불안, 강박증 등과 같은 특성에 대한 유전적 원인의 증거들을 보여 주었다. 또한 행동적 특성에서도 **유전적 기초**를 가지고 있음을 시사하는 연구들이 많이 있다. 예를 들면, 과활동성 증후군(hyperactive syndrome)(Willerman, 1973; Morrison & Stewart, 1973)이나 야뇨증, 손톱 물어뜯기, 차멀미, 변비 등(Bakwin, 1971a, 1971b, 1971c; Bakwin & Davidson, 1971)에서 유전적 기초가 있다고 보고하였다.

뿐만 아니라 정신분열증과 같은 복합적 정신장애나 사고장애(thought disorder)도 어느 정도 유전됨을 입증한 연구들이 많다(Papalia & Olds, 1982/1988, pp. 76-77). 물론 이러한 병들은 생물학적 유전에 대한 강력한 증거가 있다 하더라도 실제 유전적 기제가 개입되는지는 정확히 밝혀져 있지 않다. 다만 병 자체가 유전된다기보다는 유전적 소인을 지닌 사람에게 특정한 환경적 스트레스가 가해질 때 병으로 반응할 수 있다고 해석한다.

그러나 인간이 가진 DNA와 침팬지가 가진 DNA는 98~99%가 동일하며, 인간과 다른 인간 사이에는 99.1%가 동일하다는 점(Gibbons, 1998)을 참고해 볼 때, 발달에 있어서 유전적 요인의 중요성을 간과할 수는 없다 하더라도 인간의 특성이나 능력에서의 개인차에 기여하는 DNA의 역할은 지극히 미미함을 알 수 있다. 더욱이 한 세포가 세포분열 과정을 통해 증식되어 갈 때 세포핵이 되는 단백질을 만들어 내는데, 이 과정은 생물학적인 반응 과정으로서 이 과정에서조차 유전과 기타 요인들이 함께 작용하게 되는 것이다.

TIP

유전적 전이의 기제

어떻게 유전적 요인이 발달적 변화에 절대적인 기저가 되어 작용하는가? 유전의 기제에 대해 이해하려면 생물학적 기초를 이해하여야 한다. 인간은 배우체(gametes) 혹은 성세포(sex cells)라고 하는 두 개의 특별한 세포, 즉 정자와 난자가 합쳐지면서 만들어진다. 성세포는 23개의 염색체(chromosome)를 가지고 있으며 정자와 난자 두 개의 성세포가 만나 수정하면 46개의 염색체로 구성된 접합체(Zygote)라는 세포가 된다. 접합체는 꼬아 놓은 실처럼 생겼으며 나선형 사다리꼴 모양의 DNA 분자로 구성되어 있다. 모든 인간은 수많은 세포로 구성되어 있고, 각 세포 안에는 유전적 정보를 저장하고 전달해 주는 염색체들이 들어 있다. 염색체는 DNA(Deoxyribonucleic acid)라고 불리는 화학적 물질로 구성되어 있고, 이 DNA에는 약 1억 개의 유전자(gene)가 있는 것으로 추정되는데 이 유전자들이 특정 기능과 그 기능을 수행할 방식에 대한 정보를 가지고 있다. 46개의 염색체는 두 개씩 쌍을 이루는데, 이 중 22쌍은 상염색체(autosomes), 23번째 염색체는 성염색체(sex chromosomes)라고 한다. 상염색체의 유전자는 남성과 여성에게 똑같이 유전될 수 있으나 23번째 쌍인 성염색체는 남녀에 따라 다르게 유전된다.

인간의 성장은 세포분열을 통해 이루어진다. 그런데 인간의 세포는 크게 골격과 신경을 형성하는 체세포와 난자와 정자를 만드는 성세포로 분류된다. 이 두 세포는 분열되는 방식이 서로 다르다. 체세포는 유사분열(mitosis)을 통해 세포를 생산하고, 성세포는 감수분열(meisosis)을 통해 세포를 생산한다. 유사분열은 모세포 내의 염색체가 스스로 자신과 동일한 염색체를 복제한 후 복제된 염색체 X가 2개로 분리되면서 모세포와 동일한 염색체를 가진 딸세포가 된다. 감수분열도 염색체가 스스로를 복제하여 시작되지만 감수분열 때는 자신과 짝을 이룬 염색체와 유전자 교환을 하여 각기 다른 두 개의 모세포로 분리된다. 이 유전자 교환을 통해 인간은 각기 다른 고유함을 가진다. 이 두 개의 모세포는 다시 각각 분열하여 4개의 딸세포를 만들고 이 딸세포들은 각각 23개의 염색체를 갖게 된다. 정자와 난자가 가진 23개씩의 염색체가 수정되면 46개의 염색체를 가진 수정란이 되는 것이다.

유아의 발달에서 유전의 영향을 많이 받는 특질은 키와 몸무게와 같은 생리적 특성과 지능과 같은 인지적 특성, 기질과 같은 성격 특성 등에서 찾아볼 수 있다. 신체발달에 있어서 적-녹색맹과 혈우병 등은 상염색체와 관련하여 나타나는 대표적인 유전적 이상이고, 다운증후군이나 클라인펠터증후군, XYY 증후군, 터너증후군, XXX 증후군 등은 성염색체와 관련하여 나타나는 유전적 결함의 예다.

일반적으로 일란성 쌍생아의 경우 같은 유전적 형질을 가지고 있으며 이들의 외모와 호흡, 맥박수, 2차 성징의 출현, 노쇠 과정 등의 생리적 지표와 신체적 특성은 이란성 쌍생아보다 일치도가 높다. 키와 몸무게는 둘 다 환경적 영향을 받지만, 일차적으로 유전에 의해 결정되며, 시각과 지각 기능도 유전에 의해 크게 영향을 받는다. 인간이 가진 유전자는 표현형을 제한한다. 다시 말하면, 우리가 인위적으로 성장 호르몬을 투여하여 최대한 키를 자라게 한다 하더라도 인간이 기린처럼 커질 수 없고, 폭식증이 심한 사람이라 할지라도 코끼리의 몸무게를 초과할 수 없다.

또한 인간은 부모로부터 각각 한 개씩의 성염색체를 받아 성세포를 형성한다. 여성의 성염색체인 난자는 모두 X 염색체를 가지지만 남성의 성염색체인 정자는 X 염색체와 Y 염색체를 절반씩 가지고 있다. 난자와 정자가 만나 수정될 때 정자가 X 염색체를 가졌으면 여자가 되고 Y 염색체를 가졌으면 남자가 되는 것이다. 그러므로 아기의 성별은 아버지의 정자가 가지고 있는 성염색체에 달려 있다. 그런데 XY보다는 XX가 더 안정적이고 X 염색체가 더 많은 유전자를 가지고 있어 남아의 사산 비율이 여아보다 더 높고, 유전 질환도 주로 남자에게서 나타난다. 이는 대부분의 유전 질환은 X 염색체와 관련이 있는데 남성의 경우 X염색체를 하나만 가지고 있어 염색체에 결함이 생기면 이를 대체할 염색체가 없기 때문이다.

2) 환경적 요인

17세기 경험주의 철학자인 로크(Locke)는 **백지설**(tabula rasa)을 주장하면서 인간은 태어날 때는 백지상태로 태어나지만 외부 환경에 의해 다르게 발달한다고 주장하였다. 그 이후 왓슨(Watson)과 스키너(Skinner) 같은 20세기 **행동주의 심리학자들**은 환경에 대한 개인의 경험이 발달적 변화를 일으키는 요인이라고 주장하였다. 즉, 환경론자들은 발달적 변화에 천성적인 유전적 영향뿐 아니라 임산부가 섭취한 음식물과 같은 **생물학적 환경 요인**과 부모의 양육태도와 같은 **사회적 환경 요인**이 더 중요한 영향을 줄 수 있다고 주장한다. 이러한 입장에서는 가정, 교육, 지역사회, 문화 등 다양한 환경이 발달적 변화를 위해 더욱 중요하다고 본다.

발달에 영향을 끼치는 중요한 환경적 요인들이 무엇이고 어떠한 과정을 통해 영아발달에 영향을 끼치는가에 관해서는 많은 연구가 진행되어 왔다. 유아의 발달에 가장 강력하고 폭넓게 영향을 미치는 환경적 요인은 가족과 가정환경이다. 가족과 가정환경은 유아에게 놀이할 환경과 사물을 탐색할 수 있는 물리적 환경을 제공해 준다. 뿐만 아니라 가족은 특별한 사람과의 결속을 만들어 준다. 어린 시기에 부모나 형제와 맺은 애착관계의 질은 앞으로 만날 친구와 이웃, 학교, 배우자 등 모든 평생에 걸친 인간관계를 위한 모델이 되어 준다. 가족 안에서 영유아는 언어를 배우고 다양한 기능을 습득하며 도덕적 가치와 그 사회의 문화를 습득한다. 행복하고 따뜻한 인간들 간의 결속과 관계망은 평생에 걸쳐 심리적 건강을 예언해 준다. 현대 연구자들은 가족이야말로 인간관계에서 가장 중요한 상호의존적 관계를 경험하게 해 주는 **생태학적 체계**라고 본다(Bronfenbrenner, 1979; Bronfenbrenner & Morris, 1998). 이 밖에도 발달에 영향을 끼치는 다양한 생태학적 환경이 연구되어 있으며 이에 대해서는 10장에서 별도로 다루고 있다.

3) 유전과 환경 간의 상호작용

실제로 인간의 행동이나 특질이 오로지 유전 혹은 환경의 영향만을 받는 경우는 거의 없다. 많은 경우 같은 부모 밑에서 같은 유전자와 같은 환경을 공유한 형제들도 각자 독특한 특성을 가지고 있다. 또한 어떤 아이들은 가족이나 주변 환경에 의해 더 많이 영향을 받는가 하면 어떤 아이들은 불리한 상황에서도 거의 영향을 받지 않고 잘 자라기도 한다.

행동유전학자들을 위시한 대부분의 현대 학자는 유전과 환경이 모두 발달의 여러 측면에 영향을 준다는 데에 동의하면서 각각의 상대적 영향력을 밝혀 보려 했지만 특히 지능이나 성격과 같이 복합적인 특성들에 대해서는 아직까지 밝히지 못하고 있다. 아직까지 유전과 환경이 개인차를 만드는 데 각각 어느 정도 기여하는가에 초점을 두고 연구하는 학자도 있다. 하지만 최근에는 대부분 유전과 환경을 분리시켜 생각할 수 없으므로 오히려 유전과 환경이 어떻게 상호작용하는지를 알아내야 할 것이라고 주장한다.

　어떻게 유전과 환경이 상호작용하는지에 대한 설명에는 크게 세 가지 입장이 있다. 먼저 **반응 범위**(reaction range)라는 개념으로 설명할 수 있다(Gottesman, 1963). 즉, 사람마다 유전적으로 타고난 환경에 대한 독특한 반응의 범위가 있다는 것이다. 타고난 반응의 범위는 다양한 환경에 대한 반응성을 제한해 주므로 똑같이 환경의 질적 수준에 변화를 주어도 나타나는 발달적 변화는 다를 수 있다는 것이다(Wahlsten, 1994).

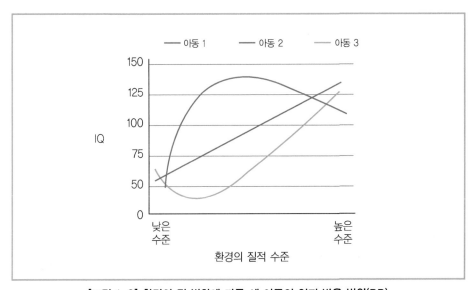

[그림 1-3] 환경의 질 변화에 따른 세 아동의 인지 반응 범위(RR)

출처: Berk, L. E. (2013). *Child Development* (9th ed.), p. 121.

　[그림 1-3]은 환경의 자극수준이 변화함에 따라 각 아동의 지능지수가 개인의 유전적 소양에 따라 다르게 영향을 받을 수 있음을 보여 준다. 아동 1은 환경의 질이 좋아짐에 따라 지능지수도 꾸준히 좋아지지만, 아동 2는 갑자기 향상되다가 다시 곧 떨어지고, 아동 3은 환경의 수준이 어느 정도 좋아진 후부터 지능지수가 향상된다. 환경의 질적 수준이 중간 정도가 되었을 때 아동 1이 가장 높은 지능지수를 보인 반면, 환경의 수준이 더 좋아졌을 때는 아동 1과 2가 더 높은 지능지수를 보인다. 이처럼 같은 환경 변화에 대해서도 개인의 유전적 소양에 따라 반응의 범위가 달라질 수 있다.

　또 다른 입장으로 **경로화**(canalization) 개념의 해석이 있다. 즉, 유전이 어떤 특성의 발달을 한두 가지 결과로 억제시키는 경향이 있다는 것이다. 유전적으로 계획된 성장 설계를 그대로 따라가게 하는 특정 행동이 있으며, 아주 강력한 환경적 영향을 받지 않는 한 그 경로를 바꿀 수 없다는 설명이다(Waddington, 1957). 예를 들어, 영아기 지각, 운동발달은 일정한 순서대로 발달해 가도록 강하게 경로화되어 있어 웬만한 조건이 아니면 그 순서가 바뀌지 않는다. 그런가 하면 지능이나 성격은 덜 경로화되어 있어 쉽게 환경의 변화에 따라 달라진다. 이처럼 유전에 의해 제한되는 행동들을 살펴보면 인간의 생존을 위해 아주 유리하게 경로화되어 있음을 알 수 있다.

세 번째로 유전과 환경의 **상관성** 개념으로 해석해 볼 수 있다. 일부 연구자들에 의하면(Plomin, 1994; Scarr & McCartney, 1983) 유전과 환경은 서로 상관이 있어서 유전인자가 어떤 환경에 노출될지에 영향을 준다는 것이다. 어렸을 때는 더 수동적으로 영향을 받지만 나이가 들면서 점차 자신의 유전에 맞는 환경을 선택하게 된다. 예를 들어, 운동을 잘하는 부모는 자녀가 어려서부터 운동할 기회를 많이 제공해 주고 따라서 그 자녀들은 부모로부터 물려받은 운동신경과 함께 운동하기에 좋은 환경을 제공받게 되므로 유전과 환경의 두 가지 이유로 운동을 잘할 수 있게 된다.

아동이 좀 더 자라면 다른 사람으로부터 자신의 유전에 맞는 반응을 적극적으로 이끌어 낸다. 적극적이고 사교적인 유아는 조용하고 소극적인 유아에 비해 사회적 자극을 더 많이 받는다. 그러므로 일란성 쌍생아의 경우 부모가 매우 유사하게 대해 줄 수밖에 없고 따라서 유사한 발달 결과를 얻게 된다고 해석할 수 있다. 이와 같은 유전과 환경의 상관성은 나이가 들면서 점점 더 뚜렷해져서 아동 스스로 자기에게 맞는 환경적 상황을 적극적으로 찾게 된다. 그러나 이러한 유전과 환경의 상관성은 일방적 관계가 아닌 양방적 관계로서 아동의 행동과 경험이 그들의 유전적 표현을 바꾸기도 한다(Gottlieb, 1998). 부모로부터 물려받은 유전자의 결합 형태는 **유전자형**(genotype)이라고 하고 겉으로 직접 드러나는 유전적 특성은 **표현형**(phenotype)이라고 하는데, 표현형은 유전자형과 환경, 두 요인 모두의 영향을 받은 결과로 나타난다(Berk, 2005). 유전인자에는 발달을 결정하는 기본 프로그램이 들어 있는데 이것이 표현형과 발달의 한계를 결정한다. 그러므로 환경의 영향은 타고난 유전적 잠재력의 범위 내에서 역할을 하며, 동일한 유전적 가능성을 가지고 태어났어도 환경에 따라 그 가능성이 표현되는 정도가 다를 수 있다.

최근 신경과학자들은 환경에서 얻은 정보가 뇌의 조직화를 돕고, 학습을 통해 시냅스의 추가와 수정이 이루어지며, 경험이 두뇌의 구조를 바꿀 수 있고 특정 경험은 두뇌에 특정 효과를 미칠 수 있다고 주장하고 있다(Bransford, Brown, & Cocking,

2000/2008, pp. 187-205). 따라서 생래적인 일반 인지적 요인이나 학습을 위한 기본 잠재력을 정의하는 '순수 지능(pure intelligence)'은 유전에 의해 크게 결정될 수 있지만, 개인이 처한 환경은 개인이 지능을 사용하는 방식에 영향을 주기 때문에 인지발달에 있어서 유전뿐만 아니라 환경의 영향도 간과할 수 없다.

동일한 유전적 가능성을 가지고 태어났어도 환경에 따라 그 가능성이 표현되는 정도는 다를 수 있다. 하지만 탄력성을 가지고 태어난 영아는 열악한 환경에 처하더라도 이를 극복하여 잘 발달할 수 있고, 취약한 특질을 가지고 태어났더라도 좋은 환경을 제공받으면 잘 발달할 수 있게 된다는 것이다.

최근에 유아기 발달 과정에서 경험과 환경의 조건에 따라 창의성, 뇌발달, 자기조절력, 수행 기능, 자아 개념 등이 어떻게 발달적 변화를 초래하는지에 대한 관심이 증가하고 있다.

그러므로 모든 유아는 어떤 이유에서건 **발달에 불리한 환경 조건**에 처해지지 않도록 보호되어야 하며, **유전적 잠재력**을 최대한 발휘할 수 있는 **최적의 환경 조건**을 제공받아야 한다.

5. 발달 연구의 주요 쟁점

발달 연구자들은 발달의 과정에서 나타나는 눈에 띄는 변화가 어떻게 해서 일어나게 되는지 그리고 어떠한 과정을 통해 어떻게 전개되는지 등을 설명하고자 한다. 발달을 이해하는 중요한 논쟁점 중에서 발달의 과정을 연속적이라고 보는 관점과 불연속적이라고 보는 관점, 발달 과정의 경로가 단일한 경로인가 또는 다양한 경로인가에 대한 입장, 초기 경험의 중요성, 초기 발달의 예측 가능성 등에 관한 견해에 대해 살펴보자.

1) 연속성과 불연속성

그동안 발달의 과정이 연속적인 형태로 진행되는가 혹은 불연속적인 형태로 진행되는가에 대한 논쟁은 끊임없이 제기되어 왔으며, 그러한 주장들은 발달의 개념과 본질에 대한 입장에 따라 달라져 왔다. 발달의 과정을 연속적인 변화의 과정으로 보는 입장에서는 발달을 연속적인 양적 변화의 과정으로 본다. 발달은 이전 경험 위에 새로운 사건이나 변화가 질서정연하게 덧붙여지는 과정이므로(Rutter, 1987) 영아와 유아가 세상에 대해 반응하는 방식은 성인과 다를 바 없고 다만 양이나 복합성 정도에서 차이가 있을 뿐이라는 것이다. 즉, 영아나 유아는 행동과 능력 면에서 방식은 성인과 같지만, 경험의 부족으로 인해 기술과 정확도에서 성인보다 덜 성숙하다는 것이다. 이 입장에서는 걷기에 필요한 기술은 기어 다닐 때 사용하던 기술과 유사한 형태지만 좀 더 정교한 기술들을 조금씩 점진적으로 누적시켜 얻은 기술이라고 본다. 인지 개념도 유사한 경험을 여러 차례 반복하면서 자연스럽게 점진적으로 하나씩 학습해 간다고 본다. 그러므로 발달 과정에서의 변화는 종류가 아니라 정도의 변화를 의미한다.

반면에 발달이 **불연속적**이라고 보는 입장에서는 발달을 질적으로 다른 종류로의 변화로 보고 그 과정을 **단계**(stage)로 구분 짓는다. 피아제(Piaget)와 같은 인지심리학자들은 인간의 사고가 일련의 단계를 거치면서 불연속적으로 변화한다고 설명하면서 영아기의 사고와 유아기의 사고는 질적으로 다른 특성을 가진다고 본다. 이들은 유아와 성인은 세상에 대해 이해하는 방식과 세상에 대해 반응하는 방식에서 완전히 다른 특성을 보인다고 생각한다. 이 입장에서는 발달이 각 단계마다 사고, 감정, 행동 등에서 특징적인 질적 변화를 이루는 불연속적인 과정이며 발달은 점진적이고 직선적인 변화가 아니라 계단이나 고리 있는 곡선처럼 어느 순간 재구조화되거나 급진적인 변화를 이루는 급진적인 것이라고 본다([그림 1-4] 참조).

그동안 많은 이론가가 발달의 연속성 또는 불연속성에 대한 기본 가정을 가지고 나름대로 이론들을 펼쳐 왔다. 그러나 과연 모든 발달이 완벽하게 질서정연한 단계를 거쳐 이루어질까? 대부분의 학자는 인간의 발달은 연속적으로만 변화하거나 불연속적으로만 변화한다는 양자택일적 입장으로 설명할 수 없다고 생각한다. 어떤 발달은 양적이며 누적적으로 변화되기도 하지만 어떤 발달의 변화는 확실히 질적으로 종류가 다른 불연속성을 보이기도 한다. 그런가 하면 장기간의 발달 과정에서 보면 질적으로 다른 몇 개의 단계로 구분할 수 있지만 한 단계 내에서 단기간으로 보면 연속적으로 변화하는 경우도 있다. 이처럼 학자들은 발달 과정에 대한 관점에 따라 연속성을 가정하기도 하고 불연속성을 가정하기도 하면서 많은 논쟁을 해 오고 있지만 발달의 연속성 여부는 어떤 발달적 변화 과정에 관심을 가지는가에 따라 적절히 이해해야 할 것이다.

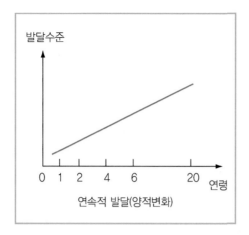

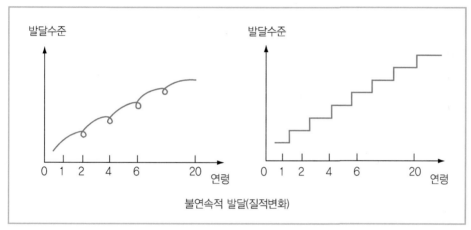

[그림 1-4] 연속적 발달과 불연속적 발달

2) 발달적 변화의 경로

　발달의 과정에 대한 또 다른 논쟁점 중의 하나는 발달의 과정이 **한 가지 경로**를 따라가느냐 혹은 **다양한 경로**를 거치며 변화하느냐에 대한 입장이다. 단계 이론가들은, 모든 인간은 어디에 살든지 같은 발달적 계열을 거칠 것이라고 가정한다. 아프리카에서 살고 있는 아동과 아시아에서 살고 있는 아동이 모두 같은 발달 단계를 거칠 것으로 보는 것이다. 뿐만 아니라 유아기에 보이는 논리적 사고의 수준이 유아가 사용하는 언어나 상상놀이에 반영된다고 가정한다. 또한 유아기에 언어와 놀이로 표상되는 사고와 아동기의 논리적 · 체계적 사고, 청소년기의 추상적 사고 등을 이끄는 공통된 영향 요인들이 있다고 본다. 따라서 인지발달 단계 이론가들은 그 공통된 영향 요인이 무엇인지를 찾아내고자 한다.

그런가 하면 많은 학자는 이러한 가정에서 어긋나는 사례들을 종종 보고한다. 특히 완전히 다른 문화적 맥락에서 성장하는 아동은 개인과 환경 간의 독특한 상호작용을 거쳐 다른 변화의 경로를 만들어 내기도 한다는 것이다. 예를 들면, 다른 사람에게 쉽게 다가가는 사교적인 유아와 낯선 사람을 만나면 불안감을 느끼는 수줍은 유아는 서로 전혀 다른 경로로 발달하는 경우가 많다(Rubin & Coplan, 1998). 서구적인 대도시 환경에서 사는 유아와 완전히 고립된 산골에 사는 유아는 가족이나 지역사회에서 접촉하게 되는 경험이 완전히 다르다. 이렇게 완전히 다른 상황들은 유아의 인지 능력, 사회적 기술, 자기와 타인에 대한 감정 등 여러 측면의 발달 경로를 다르게 만들 수 있다(Shweder, Goodnow, Hatano, LeVine, Markus, & Miller, 2006).

현대에 이르러 많은 연구자가 발달 경로를 조정해 주는 다층적이고 복합적인 맥락들에 관해 밝혀내고 있다. 예를 들면, 내재된 유전과 생물학적 기초들도 그러한 복합적인 맥락 중에 한 측면이고 가정환경, 어린이집, 유치원, 지역사회, 사회적 가치관, 역사적 시기 등과 같은 환경적 맥락들도 발달 경로를 다양하게 만들어 주는 맥락들이다. 특히 문화에 관심을 갖는 연구자들이 많아지면서 문화적 맥락에 따른 발달 경로의 다양성에 대해 더욱 관심이 높아지고 있다.

최근에는 발달 과정이 다양한 방향과 경로를 따른다고 보는 이론이 있다(Fischer & Bidell, 1998; Wachs, 2000). [그림 1-5]에서 보는 바와 같이 발달의 여러 영역이 각각 경로를 유지할 수도 있고 다르게 경로를 취할 수도 있다. 또한 새로운 기술을 숙달하는 데 있어 각 영역이 하나의 통합된 체계를 형성하여 기여한다는 것이다. 나이

[그림 1-5] 발달의 역동적 체계 이론

출처: Berk, L. E. (2005). *Infants and Children* (5th ed.), p. 30.

가 들면서 발달 경로 망(web)은 점점 더 가지를 치게 되고, 더 복잡해지며 효율성이 높아진다.

3) 유아기 경험의 중요성

유아기는 발달에 있어서 매우 중요한 시기이며, 따라서 유아기 동안 경험하는 모든 일이 매우 중요한 의미를 갖는다. 그렇다면 유아기에 극심한 빈곤가정에서 자란 경우 이후 발달에 어떤 영향을 주게 될 것인가? 유아기에 기본 생활 습관이나 학습 습관을 형성하지 못한 유아는 이후 학교생활에 얼마나 지장이 있을까? 초기 경험의 중요성에 대한 많은 의문은 유아기 발달의 이해에 매우 중요한 과제다.

최근에는 거의 모든 유아가 유치원이나 어린이집을 다니고 있고, 특히 하루 종일 또래 친구들과 함께 집이 아닌 곳에서 집단으로 생활하는 경우가 많다. 이러한 유아기의 경험은 그 영향이 장기적이고 심각할까?

발달하는 과정에서 특정 사건이나 경험의 유무가 발달에 절대적인 영향을 끼쳐 그 시기를 놓치면 영구적으로 결함을 초래할 수 있다는 발달의 **결정적 시기** 또는 **민감기 가설**이 있다. 예를 들면, 임산부가 임신 기간 중 특정 시기에 약물이나 질병, 방사선 등에 노출될 경우에 태아가 이상 증상을 나타내는 경우가 있다. 이처럼 태내 발달에 있어서 민감기에 대한 증거는 비교적 명백하다. 또한 생애 초기에 안구 근육에 문제가 생겨 한 가지 물체에 두 눈의 초점을 맞추지 못하면 두 눈의 깊이 지각에 필요한 두뇌 기제가 발달되지 않을 수 있다(Bushnell & Boudreau, 1993). 그러므로 안구근육이 발달하는 생애 초기는 시지각 발달에 있어서 민감한 시기라고 볼 수 있다. 그런가 하면 2세부터 사춘기 이전이 언어발달에서 민감기라고 주장하는 레니버그(Lenneberg)와 같은 학자도 있다(Papalia, Gross, & Feldman, 2003, p. 20). 그러므로 이 시기에 적절한 경험을 하지 못하면 언어를 제대로 습득하지 못한다는 것이다. 이처럼 발달과정에서 특정 시기에 반드시 발달해야 하는 내용이 있고, 그 부분의 발달에 있어서 반드시 필요한 환경과 경험이 있다는 가설을 전제로 유아기 경험의 중요성이 강조된다.

그러나 결정적 시기라는 개념에 대해 학자들은 초기의 극단적 결핍 경험이 발달과정에서 손상을 야기할 수도 있지만, 인간은 놀라운 **탄력성**이 있어서 가끔은 극심한 환경으로부터 받은 손상이 회복되기도 한다고 본다. 특히 인지발달이나 심리사회적 발달 영역에서는 **가소성**이나 **수정 가능성**이 다른 발달 영역에 비해 더 크기 때문에 아직까지 **결정적 시기**에 대한 논쟁은 계속되고 있다. 그러므로 결정적 시기라는 용어보다는 민감기라는 용어를 더 많이 사용하는 추세다.

발달에 있어서 유아기 경험은 매우 중요하고 그 영향은 매우 크다. 하지만 그 효과는 경험의 본질과 기간, 그리고 시기 등과 같은 여러 요소에 달려 있으며 환경과 상황을 개선시킴으로써 초기 경험의 효과를 바꿀 수도 있다고 본다.

4) 유아기 발달의 미래 예측 가능성

유아기 발달을 이해함에 있어서 또 다른 관심사는 유아기에 보여 주는 행동과 발달이 이후의 발달적 특성을 얼마나 예측해 줄 것인가 하는 점이다. 유아기에 화를 잘 내는 유아는 성인이 되어도 화를 잘 낼까? 유아기에 평균 이상의 지능을 보였던 유아는 이후 아동기나 청소년기에도 평균 이상의 지능을 가질까? 유아기에는 보이지 않던 특성들이 아동기에 나타나는 경우는 없을까? 이러한 질문은 유아발달에 대한 이해를 좀 더 깊이 있게 이끌어 준다. 많은 연구자가 수년간 한 개인의 발달을 추적해 보았으나 유아기의 발달이 이후에도 일관된 특성으로 존재할 것이라는 견해와 반드시 그렇지는 않다는 견해가 공존한다. 예측했던 대로 발달한 사람보다 그렇지 않은 사람이 더 많았으며, 살아가면서 생활환경에 큰 변화를 경험하는 경우도 많았다.

그러나 한 아동이 살아가는 생활환경이 크게 변화하지 않고 유사한 경우 유아기의 발달과 경험은 이후에도 지속될 수 있을 것이다. 그러므로 모든 유아기 발달 특성과 경험이 미래 행동을 예측한다고 단정 지을 수는 없지만 대부분의 경우 유아기 발달이 이후 발달을 예측할 수 있을 정도로 미래의 발달에 중요한 영향을 준다는 점은 부인할 수 없다.

따라서 우리는 유아기 발달에 관해 이해함으로써 미래에 출현될 가능성이 있는 바람직하지 않은 행동이나 특성을 사전에 예방할 수도 있고 바람직한 특성을 미리 발견해 내어 더욱 긍정적으로 발전시켜 나가도록 적시에 도움을 줄 수도 있는 것이다.

이영, 이정희, 김온기, 이미란, 조성연, 이정림, 유영미, 이재선, 신혜원, 나종혜, 김수연, 정지나(2009). 영유아발달. 서울: 학지사.

도남희, 민정원, 왕영희, 이예진, 김소아, 엄지민(2013). 한국아동패널 2013. 서울: 육아정책연구소.

Bakwin, H. (1971a). Car sickness in twins. *Developmental Medicine and Child Neurology, 13*(3), 310-312.

Bakwin, H. (1971b). Nail biting in twins. *Developmental Medicine and Child Neurology, 13*(3), 304-307.

Bakwin, H. (1971c). Enuresis in twins. *American Journal of Diseases of Children, 121*(3), 222-225.

Bakwin, H., & Davidson, M. (1971). Constipation in twins. *American Journal of Diseases of Children, 121*(2), 179-181.

Berk, L. E. (2005). *Infants and children: Prenatal through middle childhood* (5th ed.). Boston, MA: Pearson.

Berk, L. E. (2012). *Infants and children: Prenatal through middle childhood* (7th ed.). Boston, MA: Pearson.

Berk, L. E. (2013). *Child development* (9th ed.). Boston, MA: Pearson.

Bransford, J. D., Brown, A. L., & Cocking, R. R. (Eds.). (2000). 학습과학: 뇌, 마음, 경험 그리고 교육. 신종호, 박종효, 최지영, 김민성 공역(2008). 서울: 학지사.

Bronfenbrenner, U. (1979). 인간발달생태학. 이영 역(1992). 서울: 교육과학사.

Bronfenbrenner, U., & Morris, P. A. (1998). The ecology of developmental processes. In W. Damon & R. M. Lerner (Eds.), *Theoretical models of human development* (5th ed.) (pp. 993-1028). New York: Wiley.

Bushnell, E. W., & Boudreau, J. P. (1993). Motor development and the mind: The potential role of motor abilities as a determinant of aspects of perceptual development. *Child Development, 64*(4), 1005-1021.

Fischer, K. W., & Bidell, T. R. (1998). Dynamic development of psychological structures in action and thought. In W. Damon & R. M. Lerner (Eds.), *Theoretical models of human development* (5th ed.) (pp. 467-562). New York: Wiley.

Fulghum, R. (1988). 내가 정말 알아야 할 모든 것은 유치원에서 배웠다. 최정인 역(2009). 서울: 랜덤하우스코리아.

Gibbons, A. (1998). Comparative genetics. *Science, 281*(5382), 1432-1434.

Gottesman, I. I. (1963). Genetic aspects of intelligent behavior. In N. Ellis (Ed.), *Handbook of mental deficiency: Psychological theory and research* (pp. 253–296). New York: McGraw-Hill.

Gottlieb, G. (1998). Normally occurring environmental and behavioral influences on gene activity: From central dogma to probabilistic epigenesis. *Psychological Review, 105*(4), 792–802.

Morrison, J. R., & Stewart, M. A. (1973). The psychiatric status of the legal families of adopted hyperactive children. *Archives of General Psychiatry, 28*(6), 888–891.

Papalia, D. E., Gross, D., & Feldman, R. D. (2003). *Childhood development: A topical approach.* New York: McGraw-Hill.

Papalia, D. E., & Olds, S. W. (1982). 영·유아발달. 이영, 조연순 공역(1988). 서울: 양서원.

Plomin, R. (1994). *Genetics and experience: The interplay between nature and nurture.* Thousand Oaks, CA: Sage.

Rubin, K. H., & Coplan, R. J. (1998). Social and nonsocial play in childhood: An individual differences perspective. In O. N. Saracho & B. Spodek (Eds.), *Multiple perspectives on play in early childhood education* (pp. 144–170). Albany, NY: State University of New York Press.

Rutter, M. (1987). Psychosocial resilience and protective mechanisms. *American Journal of Orthopsychiatry, 57*(3), 316–331.

Scarr, S., & McCartney, K. (1983). How people make their own environments: A theory of genotype-environment effects. *Child Development, 54*(2), 424–435.

Shweder, R. A., Goodnow, J. J., Hatano, G., LeVine, R. A., Markus, H. R., & Miller, P. J. (2006). The cultural psychology of development: One mind, many mentalities. In W. Damon & R. M. Lerner (Eds.), *Handbook of child psychology: Vol 1. Theoretical models of human development* (6th ed.) (pp. 716–792). Hoboken, NJ: Wiley & Sons.

Thomas, A., Chess, S., & Birch, H. G. (1968). *Temperament and behavior disorders in children.* New York: New York University Press.

Wachs, T. D. (2000). *Necessary but not sufficient: The respective roles of single and multiple influences on individual development.* Washington, DC: American Psychological Association.

Waddington, C. H. (1957). *The strategy of the genes.* London: Allen & Unwin.

Wahlsten, D. (1994). The intelligence of heritability. *Canadian Psychology, 35*(3), 244–260.

Willerman, L. (1973). Activity level and hyperactivity in twins. *Child Development, 44*(2), 288–293.

chapter 02

유아발달 이론

유아가 어떻게 발달하고 학습하는지에 대해 학자들은 다양한 관점을 가지고 있다. 각 관점과 이론에 따라 유아발달에서 중요하게 생각하는 부분과 유아발달의 실제에 적용하는 방법이 달라질 수 있다. 이 장에서는 유아발달에 대한 여러 가지 관점과 대표 학자들의 이론을 알아봄으로써 유아발달에 대한 개념을 정립하고 이를 어떻게 실제에 적용할지 생각해 보도록 한다. 이를 위하여 유아발달을 설명하는 많은 이론 중 정신분석학적 관점, 학습적 관점, 인지적 관점, 생물학적 관점, 사회맥락적 관점에 대해 살펴보고자 한다. 정신분석학적 관점은 프로이트의 심리성적 이론, 에릭슨의 심리사회적 이론을, 학습적 관점에서는 스키너의 행동주의 이론, 반두라의 사회학습 이론을 알아본다. 인지적 관점에서는 피아제의 인지발달 이론, 비고츠키의 사회문화적 인지 이론을 알아보고, 생물학적 관점에서는 게젤의 성숙 이론, 로렌츠의 각인 이론, 그리고 윌슨의 사회생물학적 이론을 소개한다. 마지막으로 사회맥락적 관점에서는 브론펜브레너의 생태학적 이론을 알아본다.

1. 정신분석학적 관점

2. 학습적 관점

3. 인지적 관점

4. 생물학적 관점: 진화론적 관점

5. 사회맥락적 관점: 인간생태학 이론

유아발달 이론

1. 정신분석학적 관점

정신분석학적 관점은 인간 행동이 단계에 따라 질적으로 다른 형태로 발달하고 이를 이끄는 힘의 원천을 인간의 정신이라고 보아 인간 행동의 정신적 원인을 분석하는 데 중점을 두었다. 이 관점의 시초는 프로이트의 심리성적 이론이고, 에릭슨은 이를 확장하여 심리사회적 이론으로 발전시켰다.

1) 심리성적 이론

프로이트의 생애

Sigmund Freud
(1856. 5. 6.~1939. 9. 23.)

"인간의 행동은 태어나는 순간부터 존재했거나 이후에 발생한 무의식적 과정에 의해 지배된다." – Sigmund Freud

프로이트(S. Freud)는 오스트리아의 정신과 의사로 정신분석학파의 창시자다. 오스트리아에서 유태인 부모에게 태어난 프로이트는 아버지가 어머니보다 20살 많았고, 아버지에게는 이미 첫 번째 결혼에서 태어난 두 아들이 있었다. 프로이트의 어머니는 가난했음에도 불구하고 프로이트를 제대로 공부시켜야 한다는 신념과 교육열이 강하였다. 프로이트는 1873년 17세의 나이로 비엔나 대학교 의과대학에 입학하여 생리학을 전공하였다. 의대 재학 시절 프로이트는 도서관에서 공부를 하다가 광장으로 나오는 순간 현기증을 느꼈다. 이

때 프로이트는 신체적인 문제가 없음에도 불구하고 현기증을 느끼는 증상이 나타났다는 점에 착안하여 인간의 정신이 신체에 미치는 영향에 대해 관심을 갖게 되었다. 이후 프로이트는 1885년 파리에서 샤르코(Jean Martin Charcot, 1825~1893)의 지도하에 히스테리 환자를 관찰하면서 연구하였고, 이후 최면술, 카타르시스 및 자유연상법 등에 관한 연구과정을 거치면서 정신분석 이론을 체계화하였다. 프로이트의 이론은 이후 정신분석학자이자 딸인 안나 프로이트(Anna Freud)에 의해 더 체계화되고 발전되었다.

출처: Wikipedia, the free encyclopedia, Sigmund Freud 번역, 재구성.
　http://en.wikipedia.org/wiki/ Sigmund_Freud

프로이트는 별다른 신체적 이유 없이 아픈 환자들을 보면서 신체에 대한 정신의 영향력에 대한 연구를 시작하게 되었다. 그는 인간의 모든 행동에는 원인이 있다고 생각하면서 그 원인을 무의식에서 찾으려 했다.

프로이트는 인간의 정신 구조를 빙산에 비유하여 설명하였다([그림 2-1] 참조). 즉, 인간의 정신 구조는 빙산처럼 물 위에 떠 있는 눈에 보이는 작은 부분을 '의식', 물 속에 잠겨 있어 육안으로는 보지 못하지만 가장 큰 부분을 차지하는 '무의식', 파도가 칠 때마다 물 표면으로 나타나기도 하고 잠기기도 하는 '전의식'의 세 가지로 이루어진다. 의식은 우리가 평상시 인식하는 부분으로 조금만 주의를 기울이면 바로 알 수 있고, 무의식은 우리의 의식 밖에 존재하는 정신 구조로서 이에 대해 우리는 인식하지 못하며, 전의식은 주의를 집중하고 노력하면 의식이 될 수 있다. 프로이트는 인간의 정서적 문제의 원인을 우리가 기억하지 못하고 인식하지 못하는 무의식에서 유래한다고 보았는데, 특히 유년 시절에 경험한 억압된 기억이 인생 후기까지 영향을 미치게 된다고 주장하였다(Papalia & Olds, 1998).

프로이트는 생후 5~6년 이내에 유아가 내적 갈등을 겪으면서 성격을 형성한다고 믿었다. 그는 인간의 성격을 세 개의 가상적인 성격 구조인 원초아(id), 자아(ego), 초자아(super ego)로 구성되어 있다고 보았다. **원초아**는 생물학적 충동으로서 태어나는 순간부터 작동하는 성격이다. 이는 쾌락 원리에 따라 즉각적 만족과 긴장 감소를 목적으로 생물학적인 충동을 추구하여 본능대로 행동하고자 한다. 신생아는 주로 원초아의 지배하에 있다. **자아**는

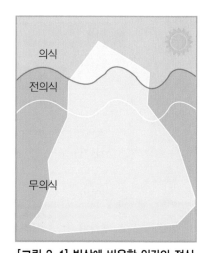

[그림 2-1] 빙산에 비유한 인간의 정신

적응적인 행동으로서 1세경에 발달하는 현실 원리를 따르는 성격 구조다. 자아는 현실적인 방법으로 원초아의 본능적 충동을 만족시키는 방법을 찾고자 한다. **초자아**는 규범과 질서를 지키도록 통제하는 도덕적 통제 지침으로, 사회를 인지하기 시작하는 3~6세경의 유아기에 발달한다. 본능적 충동을 쫓으려는 원초아와 사회적 요구사항을 준수하려는 초자아 사이에서 갈등이 발생하면 자아가 이를 중재하고 통제한다.

프로이트는 유아가 성장하면서 일정한 단계에 따라 성격이 형성된다고 보고 심리성적 발달 단계를 제안하였다(〈표 2-1〉 참조). 그는 인간의 에너지를 삶의 본능과 죽음의 본능으로 구별하고, 이 중 삶의 본능에 속하는 에너지를 성적 에너지인 **리비도**(libido)라고 하였다. **심리성적 발달 단계**는 리비도가 인간의 신체 중 어느 부위에 집중하느냐에 따라 구강기, 항문기, 남근기, 잠복기, 생식기로 구분한다.

프로이트는 심리성적 발달 단계 중 첫 세 단계를 특히 중요하게 생각하였다. 이 단계 동안 충분한 만족을 경험하지 못하거나 지나치게 만족한 유아는 그 단계에 고착하게 된다. 고착(fixation)은 발달이 일어나지 않고 멈추는 것으로 한 단계에 고착하게 되면 다음 단계로 넘어가기 어렵다. 프로이트는 어린 시절의 고착이 성인기까지 영향을 미친다고 주장하였다.

구강기(oral stage)는 출생부터 1세경까지의 기간으로 입 주변이 쾌락의 주된 원천이다. 유아는 마시고 먹는 것뿐만 아니라 손가락이나 젖꼭지를 빨거나 입에 닿는 것은 무엇이든지 빠는 것과 같은 구강 활동을 통해 쾌락을 추구한다. 이런 욕구가 충분히 만족되지 못하거나 지나치게 만족하여 이 시기에 고착하게 되면 유아는 성장

〈표 2-1〉 심리성적 발달 단계

단계	연령	특징
구강기	출생~ 1세(12~18개월)	빨기, 먹기 등 입과 관련된 행동에서 만족을 얻는다.
항문기	1세(12~18개월) ~3세	배설을 참거나 배설하는 행위에서 항문의 감각적 만족감을 얻는다.
남근기	3~6세	이성의 부모에게 집착하고 동성의 부모와 동일시한다. 생식기에서 만족감을 얻는다.
잠복기	6세~사춘기	리비도가 활동을 멈추고 숨어 있는 듯하여 비교적 조용하다.
생식기	사춘기~성인기	성적인 에너지가 왕성하게 활동한다.

출처: Papalia, D. E., & Olds, S. W. (1998). *Human development*, p. 23 재구성.

후 구강기적 성격을 나타낸다. 예를 들어, 구강기에 충분히 만족하지 못한 유아는 손톱을 물어뜯는 습관이 있거나 다른 사람을 무는 행동을 할 수 있다. 반대로 구강기에 지나치게 만족하여 다음 단계로 넘어가는 것을 거부하는 영아는 폭식가나 흡연 애호가가 될 수도 있다.

항문기(anal stage)는 1~3세경까지이며 유아는 배설 활동을 통해 쾌락을 얻는다. 유아가 지나치게 엄격한 배변 훈련을 받아 항문기에 고착하게 되면 정리벽이 있거나, 순서 지키기에 집착하는 등의 항문기적 성격을 형성할 수 있다.

남근기(phallic stage)는 3~6세 시기로서 유아는 중요한 발달적 특성을 나타낸다. 이 시기 유아는 자신의 성기를 자각하고 성기에 자극을 가해 쾌감을 느낀다. 프로이트에 따르면 이 단계의 남아는 어머니를, 여아는 아버지를 이성으로 느끼고 좋아하게 되어 동성의 부모를 애정의 경쟁자로 생각한다. 프로이트는 이러한 현상을 그리스 신화 중 친부모임을 모른 채 아버지를 죽이고 어머니와 결혼까지 한 비극의 왕 오이디푸스의 이름을 따서 오이디푸스 콤플렉스(Oedipus complex)라고 명명하였다. 한편 생식기에 관심을 갖게 된 남아는 여아에게 남근이 없는 것을 거세당한 결과라고 생각하고 자신도 거세당할까 봐 두려움을 갖게 되는데 이를 거세불안(castration anxiety)이라 한다. 반대로 여아는 자신에게 없는 남근을 부러워하는 남근선망(penis envy)를 갖게 된다. 궁극적으로 남근기에 경험하는 불안과 두려움을 극복하기 위해 유아는 동성의 부모를 닮으려고 함으로써 성역할 동일시(sex-role identification)를 발달시키게 된다. 유아가 남근기에 고착하게 되면 성역할을 제대로 습득하지 못한다.

잠재기(latency stage)는 6~12세경까지로 리비도가 활동을 멈춘 듯 겉으로는 평온한 시기처럼 보인다. 이 시기에 유아는 지적으로 활발하게 탐구하고, 기술을 발달시키며, 친구와 함께 운동을 하는 등 사회적 일에 에너지를 집중하면서 자신과 사회에 대해 배우게 된다.

생식기(gential stage)는 심리성적 이론의 마지막 단계로서 12~13세경 사춘기가 오면서 시작된다. 사춘기에 나타나는 2차 성징은 잠재기 동안 내재되었던 성적 에너지인 리비도를 다시 깨워 왕성하게 활동하게 한다. 이때 아동은 성적 에너지를 사회적으로 수용할 수 있는 방법으로 해소할 수 있어야 한다. 이전에는 자신의 신체를 통해 성적인 쾌감을 추구하고 자기애착적인 경향을 보였다면 이 시기부터 아동은 이성에 관심을 가지고 이성애착적인 경향을 나타낸다.

2) 심리사회적 이론

Erik Erikson
(1902. 6. 15. ~1994. 5. 12.)

독일에서 덴마크인 부모에게 태어난 에릭슨(E. Erikson)은 어린 시절부터 평생에 걸쳐 정체감에 대해 관심을 가지고 연구하였다. 에릭슨은 어머니의 혼외 관계로 태어나 출생에 대한 부분을 어린 시절 동안 숨겼다. 어머니인 카를라 아브라함센(Karla Abrahamsen)은 코펜하겐의 유명한 유대인 가족 출신으로 유대인 주식 중매인인 발데마르 이시도르 살로몬센(Waldemar Isidor Salomonsen)과 결혼하여 그녀의 아들인 에릭슨은 에릭 살로몬센으로 등록하였다. 에릭슨의 생부에 대해서는 그가 덴마크인이고 성이 Erik일 것이라는 점 외에는 알려진 바가 거의 없다. 어머니는 아들이 태어난 후 간호사가 되기 위해 다른 곳으로 이주하여 1904년 유대인 소아과 의사인 테오도어 홈부르거(Theodor Homburger)와 결혼하였다. 그리하여 1909년 에릭 살로몬센은 에릭 홈부르거가 되었고 1911년 법적으로 계부의 아들이 되었다.

자아정체감은 에릭슨의 삶에 있어 가장 중요한 문제였다. 어린 시절과 성년기 초기까지 그의 이름은 에릭 홈부르거였으며, 부모는 출생에 관한 사항을 그에게 알려주지 않았다. 에릭슨의 어머니와 계부는 유대인이었으나 그는 푸른 눈의 금발이었기에 유대인 사회에서는 노르만인이라며 괴롭힘을 당했고 학교에서는 유대인이라며 놀림을 당했다.

에릭슨은 빈의 사립학교에서 학생들을 지도하면서 프로이트의 딸인 안나 프로이트를 만나 정신분석학을 알게 되었고, 빈 정신분석연구소에서 정신분석학을 배우면서 아동발달에 관심을 갖게 되었다. 1933년 빈 정신분석연구소를 졸업한 후 에릭슨은 나치 독일을 피해 미국으로 이주하여 보스턴에서 아동 정신분석학자가 되었다. 에릭슨은 매사추세츠 병원과 하버드 정신과 병원에서 일하면서 우수한 임상의학자라는 평판을 얻게 되었다.

에릭슨은 사우스다코타 주의 수(Sioux)족의 거주지에서 몇 년간 아이들을 관찰하여 분석한 것을 기초로 『아동기와 사회(Childhood and Society)』를 출판하였다. 1960년대 에릭슨은 하버드 대학교의 교수로 돌아온 뒤에 1970년 은퇴하여 샌프란시스코 교외에 살면서 저술 활동을 계속하다가 1994년 92세에 사망하였다.

출처: Wikipedia, the free encyclopedia, Eric Erikson 번역, 재구성.
http://en.wikipedia.org/wiki/Erik_Erikson

에릭슨은 프로이트의 이론을 근간으로 하여 자신의 이론을 발전시켰다. 그는 성적 에너지를 강조하였던 프로이트와 달리 사회적 에너지를 강조하였다. 에릭슨은 인간의 성격발달을 개인과 사회적 환경 간의 상호작용 결과로 보고 인간의 전 생애 발달을 8단계로 나누었다(〈표 2-2〉 참조).

〈표 2-2〉 에릭슨의 심리사회적 발달 단계

단계	연령	특징	덕목
1단계 신뢰감 대 불신감	출생~1세	세상이 믿을 수 있고 안전한 곳이라는 신뢰감을 발달시킨다.	희망
2단계 자율성 대 회의감 및 수치감	1~3세	수치감과 회의감을 극복하고 독립심과 자율성을 발달시킨다.	의지
3단계 주도성 대 죄책감	3~6세	죄책감을 극복하고 새로운 것을 시도하는 주도성을 발달시킨다.	목적
4단계 근면성 대 열등감	7~12세	문화적 기술을 발달시켜 사회에 적응하거나 이를 못하면 무능감을 느끼게 된다.	기술
5단계 정체감 대 역할혼미	사춘기	자아정체감을 형성하거나 자신의 역할에 대해 혼란스러워 한다.	충실
6단계 친밀감 대 고립감	청년기	한 사람에게 헌신하고자 하지만 이것이 이루어지지 않으면 고립이나 자기몰두에 빠진다.	사랑
7단계 생산성 대 침체	중년기	자손을 낳아 양육하고 이를 이루지 못하면 정신적 빈곤을 느낀다.	돌봄
8단계 자아통합 대 절망	노년기	일생의 성취에 대해 인정하고 죽음을 받아들인다. 하지만 이를 이루지 못하면 생을 마치는 것에 대해 절망한다.	지혜

출처: Papalia, D. E. & Feldman, R. D. (2011). *A child's world*, p. 30 재구성.

1단계인 출생에서 1세경까지는 기본적 **신뢰감 혹은 불신감**(basic trust vs. mistrust)을 경험한다. 이때 영아는 양육자와 신뢰감을 형성하게 되는데 양육자가 영아의 신호(예: 우유, 기저귀 갈이, 안아 주기 등)에 적절히 반응해 주면 영아는 세상에 대해 신뢰감을 형성하지만 그렇지 않으면 불신감을 형성한다. 이 시기에 인간이 얻으려고 하는 덕목은 '희망'인데, 이때 형성한 세상에 대한 신뢰감은 영아가 긍정적 혹은 부정적 자아 개념을 형성하는 데 기초가 된다.

2단계인 1~3세 사이에 유아는 **자율성 혹은 회의감이나 수치심**(autonomy vs. shame and doubt)을 경험한다. 이 시기에 유아는 스스로 움직일 수 있는 이동 능력을 갖게 되면서 자율성이 발달한다. 유아는 적극적으로 주변 환경을 탐색하며 무엇이든 혼자 하려고 한다. 하지만 아직 자신의 신체를 완벽하게 통제하지 못하고 자조 기능이 미숙하여 대소변 실수를 하는 등 종종 수치심이나 회의감을 느끼는 상황을 유발한다. 이때 양육자는 유아에게 자율적으로 선택할 수 있는 기회를 주고 실패했을 때 수치심을 느끼지 않도록 지도해 주어야 한다. 그렇게 함으로써 유아는 자율성을 발달시키고, 수치심을 느끼지 않게 된다. 이 시기에 추구하는 덕목은 '의지'로 이 시기를 잘 지낸 유아는 자신의 의지대로 자신 있게 행동한다.

3단계인 3~6세에 유아는 **주도성 혹은 죄책감**(initiative vs. guilt)을 경험한다. 이 시기에 유아는 스스로 목표와 계획을 세워 그것을 성공적으로 완수하려고 한다. 따라서 유아가 추구하는 덕목은 '목적'으로 유아의 행동은 목표 지향적이고 경쟁적인 면이 있다. 유아는 목적을 이루고자 주도성을 가지고 행동하지만 아직은 미숙하여 실패를 경험하고 그에 따라 죄책감을 느낄 수도 있다. 이 시기의 유아는 가상놀이를 통해 자신이 어떤 성인이 될 것인지 미리 경험하는 데 이때 성인이 유아를 얼마나 지원하고 인정해 주느냐에 따라 유아는 주도성을 더 잘 발달시킬 수 있다. 만일 성인이 유아에게 지나친 자기 통제를 요구하여 유아가 이를 지킬 수 없을 경우에 유아는 죄책감을 경험하게 된다.

4단계인 7~12세의 아동은 **근면성 혹은 열등감**(industry vs. inferiority)을 경험한다. 이 시기에 아동이 추구하는 덕목은 '기술'이다. 이 시기에 아동은 기본적인 사회적 기능을 습득하기 때문에 이를 바탕으로 아동은 학교와 같은 집단생활 속에서 근면성과 성취감을 배운다. 그러나 학습과 놀이에서 실수와 실패를 자주 경험하는 아동은 열등감과 부적절감을 느끼게 된다.

5단계인 사춘기의 청소년은 **정체감 혹은 역할혼미**(identity vs. identity diffusion)를 경험한다. 이 시기에 추구하는 덕목은 '충실'로, 청소년은 자기 자신을 들여다보고 자아정체감에 대해 고민하며 역할혼미를 느낀다. 이때 청소년이 긍정적인 자아정체감을 형성하면 이후 인생의 모든 단계에서 심리적 위기를 잘 극복할 수 있지만 그렇지 못하거나 부정적인 자아정체감을 형성하면 계속 방황한다.

6단계인 20세경에 청년은 **친밀감 혹은 고립감**(intimacy vs. isolation)을 경험한다. 이 시기의 청년은 직업과 배우자를 선택해야 하는 발달과업에 직면한다. 청년이 추구하는 덕목은 '사랑'으로 청년은 자신에 대한 관심에서 벗어나, 특히 중요한 한 명의 타인과 친밀감을 형성하고자 한다. 이 시기에 청년이 특정한 타인과 친밀한 관계를 형성하지 못하면 사회적 관계에서 고립감을 느낀다.

7단계인 중년기는 **생산성 혹은 침체**(productivity vs. stagnation)를 경험하는 시기로서 중년이 추구하는 덕목은 '돌봄'이다. 사회 구성원으로서 중년기의 성인은 가정, 직업, 학업 등의 다양한 측면에서 생산성을 발휘하여 다음 세대를 준비하는데,

이때 생산성을 제대로 발휘하지 못하면 침체적인 성격을 형성한다.

8단계인 노년기는 **자아통합 혹은 절망**(integrity vs. despair)을 경험하는 시기로서 노년이 추구하는 덕목은 '지혜'다. 노인은 지나온 삶을 되돌아보고, 자신의 삶이 가치 있었다고 느끼며 인생의 의미를 발견할 때 자아에 대한 통합감을 가지면서 다가오는 죽음을 자연스럽게 인정하고 받아들인다. 하지만 노인이 지나온 삶에 대한 후회와 인생의 무력감을 느끼면 다가오는 죽음에 대해 절망을 느끼게 된다. 이 시기의 성공과 실패는 신체적 퇴보와 사회적 은퇴를 얼마만큼 수용할 수 있는가에 달려 있다.

2. 학습적 관점

학습적 관점에서는 인간 행동의 변화를 환경에서 어떤 경험을 하고 어떻게 적응하느냐에 달려 있다고 보기 때문에 발달을 학습의 결과로 간주한다. 결국 이 관점은 유아발달에서 생물학적 요인보다 환경적 요인을 더 강조함으로써 아동은 백지 상태로 태어나 생후 어떤 환경에서 어떤 경험을 하느냐에 따라 다르게 발달할 수 있다고 주장한 로크(Locke)의 경험주의적 철학과 맥을 같이한다. 이러한 점에서 학습적 관점은 직접 관찰하고 측정할 수 있는 유아의 외현적 행동에 초점을 두고 유아의 행동을 변화시키는 궁극적인 법칙을 밝혀내고자 한다. 따라서 발달은 단계로 나뉘지 않는 연속적인 과정으로서 행동의 질적 변화를 강조하며 주로 실험적 방법을 사용하여 연구한다. 학습적 관점을 대표하는 이론에는 행동주의 이론과 사회학습 이론이 있다.

1) 행동주의 이론

행동주의 이론은 관찰 가능한 행동만을 대상으로 연구하는 이론으로서 전 생애적인 과정을 통해 학습이 이루어진다고 본다. 학습이 일어나는 과정을 설명하는 대표적인 접근방법으로 고전적 조건형성과 조작적 조건형성 과정을 들 수 있다.

(1) 고전적 조건형성

러시아의 생리학자인 **파블로프**(Ivan Pavlov, 1849~1936)는 개의 소화과정을 연구하던 중 개에게 먹이를 주기 전에 개가 먹이를 준비하는 소리만 들어도 침을 흘리는 현상을 관찰하였다. 여기에 착안하여 파블로프는 개에게 먹이를 주면서 동시에 종을 울리는 실험을 통해 개가 종소리만 들어도 침을 흘리는 현상을 발견하였다. 이를 **'고전적 조건형성'** 이라고 한다. 고전적 조건형성의 원리는 개에게 먹이(무조건 자극)를 주면 개는 자연스럽게 침을 흘리는데(무조건 반응) 먹이를 줄 때 종소리(조건자극)를 동시에 들려주면 일정 시간이 지난 후에 개는 종소리만 들어도 침을 흘리게 되는 것(조건반응)이다. 즉, 먹이라는 무조건 자극 없이 의미가 없는 조건자극인 종소리를 함께 들려줌으로써 침을 흘리는 의도적 반응을 이끌어 내도록 조건형성을 시키는 것이다.

이후 미국의 행동주의 심리학자인 **왓슨**(John B. Watson, 1878~1958)은 고전적 조건형성을 사람에게 적용시키는 실험을 하였다. 그는 11개월 된 영아인 앨버트에게 흰 쥐를 보여 주면서 앨버트가 쥐를 쓰다듬으려 할 때마다 큰 소리를 들려주어 앨버트를 놀라게 하였다. 이런 과정을 계속하자 앨버트는 흰 쥐만 보아도 두려워하게 되었고, 흰 털이 있는 토끼나 고양이뿐만 아니라 흰 수염이 난 할아버지를 보아도 놀라고 두려워하는 반응을 나타냈다. 이러한 실험 과정은 비윤리적이라는 이유로 비난을 받았으나 인간은 일련의 과정을 통해 특정 자극에 공포심을 갖도록 조건화될 수 있다는 것을 보여 줌으로써 아이를 자신이 원하는 방향으로 키울 수 있다고 주장하였다. 이처럼 행동주의 심리학자들은 전 생애 동안 조건화를 통해 학습이 일어난다고 주장한다.

(2) 조작적 조건형성

유기체를 자극에 반응하는 다소 무력한 존재로 보았던 고전적 조건형성과 달리, 조작적 조건형성은 유기체의 자발적인 반응에 초점을 두었다. 예를 들어, 아기가 옹알이를 하면 엄마는 아기에게 미소를 지어 주고 언어적인 반응을 한다. 이 경우에 아기는 엄마의 주의를 끌기 위해 계속 옹알이를 한다. 즉, 우연히 했던 행동인 옹알이가 엄마의 미소인 조건화된 반응을 유도하는 것이다. 다시 말해 개인이 환경을 조작한 결과에 따라 행동이 변화하는 학습, 즉 반응이 나타나기 때문에 이러한 형태의 학습을 **'조작적 조건형성'** 이라고 한다. 따라서 조작적 조건형성이란 어떤 반응에 대

스키너의 생애

Burrhus Frederic Skinner
(1904. 3. 20.~1990. 8. 18.)

"발달은 개인이 가장 가까운 환경과의 긍정적·부정적 상호작용을 통해 학습한 일련의 행동들이다." – B. F. Skinner

스키너(B. F. Skinner)는 1904년 미국 펜실베이니아 주에서 태어났다. 부유한 가정에서 자란 스키너는 해밀턴 대학교에서 영문학을 전공하여 소설을 쓰고자 하였다. 그러던 중 그는 왓슨의 행동주의를 알게 되어 하버드 대학교의 심리학과 대학원에 진학하여 1931년에 박사학위를 취득하였다. 이후 스키너는 미네소타 대학교와 인디애나 대학교를 거쳐 1974년 하버드 대학교에서 은퇴할 때까지 심리학과의 교수를 역임하였으며, 행동의 실험적 분석을 목적으로 하는 실험연구 학과를 창시하기도 하였다. 그는 '스키너 상자(Skinnerian box)'를 만들어 조작적 조건화 과정을 보여 주었는데, 이를 바탕으로 급진적 행동주의라고 불리는 과학철학을 만들어 냈으며, 그의 연구는 교육학과 심리학에 많은 영향을 끼쳤다.

출처: Wikipedia, the free encyclopedia, B. F. Sknner 번역, 재구성.
http://en.wikipedia.org/wiki/B._F._Skinner

해 선택적으로 보상해 줌으로써 그 반응이 일어날 확률을 증가시키거나 감소시키는 것을 말한다. 여기서 선택적 보상이란 강화와 벌을 의미한다.

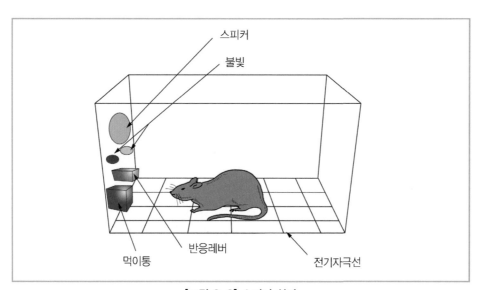

스피커
불빛
먹이통
반응레버
전기자극선

[그림 2-2] 스키너 상자

출처: http://en.wikipedia.org/wiki/Operant_conditioning_chamber

스키너는 스키너 상자 실험을 통해 조건화된 반응을 실험하였다. 그는 상자 속에 비둘기를 넣고 비둘기가 부리로 일정한 스위치를 쪼면 먹이가 나오도록 고안한 장치를 만들어 실험하였다. 즉, 무조건 먹이를 주는 것이 아니라 비둘기가 특정 행동을 해야만 먹이가 나오도록 만든 것이다. 비둘기는 상자 속에서 자유롭게 돌아다니다가 우연히 스위치를 누르게 되는데 이때 먹이가 나오는 경험을 하게 된다. 이러한 과정을 반복함으로써 비둘기는 먹이가 먹고 싶으면 의도적으로 스위치를 누르는 행동을 하게 된다. 이 실험은 우연적인 반응, 즉 우연히 스위치를 누르는 행동 뒤에 수반되는 강화, 먹이라는 자극요인을 통해 의도적인 반응, 의도적으로 스위치를 누르는 행동을 유발시켰다. 결국 먹이라는 보상을 통해 원하는 행동을 조건형성시킨 것이다.

동물의 반응을 기초로 한 이러한 조작적 조건화의 원리는 아동의 행동을 변화시키는 데도 적용할 수 있다. 즉, 유기체는 만족스러운 결과가 따르는 행동은 반복하고, 그렇지 않은 결과가 따르는 행동은 하지 않으려 하는 경향이 있기 때문에 강화나 벌로써 바람직한 행동을 만들어 나갈 수 있다는 것이다.

강화는 의도하는 행동의 발생 빈도를 증가시키는 데 목적이 있다. 강화에는 의도하는 행동을 하면 아이가 좋아하는 간식이나 스티커 등을 주는 **긍정적 강화**(positive reinforcement)와 아이가 싫어하는 것을 제거하는 **부적 강화**(negative reinforcement)가 있다. 부적 강화는 벌과 구분되는데 벌은 의도하지 않는 행동을 통제하는 수단으로써 체벌이나 전기 쇼크 등을 예로 들 수 있다. 또한 강화에는 연속적 강화와 간헐적 강화가 있다. 연속적 강화는 반응의 횟수나 반응 간의 시간차에 상관없이 유기체가 반응할 때마다 강화를 주는 것이고, 간헐적 강화는 반응의 횟수와 반응과 반응 간의 시간 경과에 따라 간헐적으로 강화를 주는 것이다. 강화는 행동 직후 즉시 주는 것이 효과적인데 행동을 시작해서 강화시키고자 할 때는 연속적 강화를 주는 것이 적절하다.

조작적 조건형성을 적용한 **행동조성**(behavior shaping)은 학습시키고자 하는 행동을 작은 단위로 나누어 단계적으로 접근해 감으로써 점진적으로 목표 행동을 달성하는 방법이다. 예를 들어, 유아에게 토끼 만지는 것을 학습시키고 싶다면 먼저 유아에게 토끼 그림을 보여 주고, 이어서 토끼사진을 보여 준다. 다음 단계에서는 유아에게 토끼 인형을 만져 보게 한 후 마지막에 토끼를 직접 만져 보게 하는 일련의 과정을 거쳐 행동을 조성해 줄 수 있다. 행동주의 이론의 원리는 아동을 대상으로 한 교수-학습 방법에 많은 영향을 미쳤다.

2) 사회학습 이론

반두라의 생애

Albert Bandura
(1925. 12. 4.~)

반두라(A. Bandura)는 캐나다 앨버타에서 우크라이나와 폴란드 조상을 가진 부모에게서 막내이자 외아들로 태어났다. 그가 어린 시절을 보낸 곳은 인구가 400명밖에 되지 않는 작은 마을이어서 교육의 기회가 많지 않았다. 이런 이유로 반두라는 어려서부터 배우고자 하는 동기의 중요성을 체험하게 되었고, 부모도 아들이 작은 마을을 떠나 더 큰 세상으로 나아가는 것을 지지해 주었다. 반두라는 브리티시 콜롬비아 대학교에서 심리학을 전공한 후 1952년 미국 아이오와 대학교 대학원에서 사회학습 이론의 선구자 중 한 명인 로버트 시어스(Robert Sears)의 영향을 받아 사회학습과 공격성에 관해 연구하였다. 1977년 출간한 『사회학습 이론(Social Learning Theory)』은 이 분야의 심리학 연구에 큰 영향을 미쳤다.

출처: Wikipedia, the free encyclopedia, Albert Bandura 번역, 재구성.
http://en.wikipedia.org/wiki/Albert_Bandura

사회학습 이론은 아동을 환경이나 자극에 대해 수동적으로 반응하는 유기체로 보는 전통적인 학습 이론과 달리 아동인 유기체는 자신의 발달에 능동적인 역할을 한다는 점을 강조한다. **반두라**는 인간이 동물과 달리 인지적인 존재이며, 발달은 아동과 환경 간의 지속적인 상호작용을 통해 이루어진다는 '**상호결정론**(reciprocal determinism)' 개념을 제시하였다. 아동발달은 능동적으로 개입하는 아동(person), 아동의 행동(behavior), 그리고 환경(environment)의 세 요소 간의 상호작용으로 이루어진다. 즉, 아동이 경험하는 환경이 아동에게 영향을 미치고, 아동의 행동 또한 환경에 영향을 미친다는 것이다. 따라서 아동은 자신의 성장과 발달에 영향을 미치는 환경조성에 능동적으로 참여한다.

초기 사회학습 이론에서는 유아가 모델을 관찰하고 모방하면서 학습한다고 보았다. 여기서 모델이란 부모, 교사, 연예인 등 유아가 쉽게 볼 수 있는 사람이다. 유아는 모델의 행동을 통해 사회적으로 수용되는 적절한 행동이 무엇인지를 학습할 뿐 아니라 특정 행동을 하면 어떤 결과가 오는지도 학습한다. 이러한 과정을 **관찰학습**(observational learning)이라고 한다. 사람은 힘이 있고 자본을 가지고 있으며 보상

받는 행동을 하는 사람, 즉 자신이 속한 문화에서 가치 있는 행동을 하는 사람을 모델로 선택하려는 경향이 있다. 그러므로 모델을 모방하는 것이 유아가 언어와 성역할을 배우고, 공격성 조절, 도덕적 감각을 키우는 가장 중요한 요소가 된다(Papalia & Feldman, 2011).

반두라는 '보보인형 실험'을 통해 공격성이 학습되는 과정을 증명하였다. 이 실험은 아동으로 하여금 실험실에서 인형과 함께 놀게 하였다. 그 후 엄마나 선생님이 보보인형을 때리는 장면을 보게 한 후 다시 실험실로 데려가 놀게 했더니 자신이 보았던 장면과 똑같이 보보인형을 때리는 행동을 나타냈다. 이 실험을 통해 반두라는 어떤 행동에 대한 직접적인 벌과 강화 없이도 아동은 성인이 하는 행동을 관찰한 후 모방을 통해 행동을 학습한다고 결론지었다.

[그림 2-3] 보보인형 실험

출처: http://www.personal.psu.edu/bfr3/blogs/asp/2013/06/bobo-doll.html

이후 반두라(Bandura, 1989)는 사회학습 이론을 사회인지 이론으로 발전시켜 학습에서의 인지 과정을 더욱 강조하였다. 그는 관찰학습이 주의집중 과정, 주의파지 과정, 운동재생 과정, 강화와 동기적 과정을 거쳐 이루어진다고 보았다. 주의집중 과정은 유아가 모델의 행동을 주의 깊게 관찰하는 것이고, 주의파지 과정은 모델의 행동을 모방하여 관찰한 것을 인지적으로 저장하는 것이다. 운동재생 과정은 인지적 시연 과정을 거쳐 새로운 반응 패턴을 획득하는 것이며, 강화와 동기적 과정은 새로운 행동을 학습했다 하더라도 이를 재생할지의 여부를 판단하는 것이다. 예를 들면, 유아는 아빠가 신문 보는 것을 주의 깊게 살펴보고(주의집중 과정), 관찰한 것을 인지적으로 저장하여(주의파지 과정) 실제로 신문을 펼치거나 그와 유사한 잡지 등도 펼쳐본다(운동재생 과정). 이때 이런 행동을 하는 유아를 보고 엄마가 칭찬해 주며 강화하면 다음에 또 이러한 행동을 한다(강화와 동기적 과정). 이러한 성인의 피드백에 따라 유아는 서서히 자신의 행동을 판단하게 되고 궁극적으로 자신의 기준에 맞는 모델을 선택하게 되어 자기효능감(self-efficacy)을 기르게 된다. 자기효능감이란 반두라가 제안한 개념으로 자신이 성공할 수 있는 능력을 가지고 있다는 자신감이라고 할 수 있다(Bandura, 1986).

3. 인지적 관점

인지적 관점은 사고 과정과 이를 반영하는 행동에 초점을 두는데(Papilia & Feldman, 2011), 이의 대표 이론으로는 피아제의 인지발달 이론과 비고츠키의 사회문화적 이론이 있다.

1) 인지발달 이론

피아제는 아동이 주변 세상을 이해하고 적응하려는 노력의 결과로 발달이 이루어진다고 보았고, 특히 인지적 혁명이라고 명할 정도로 새로운 개념을 통해 유기체의 인지발달을 설명하였다. 피아제의 이론은 유아의 사고를 이해하는 데 커다란 영향을 미쳤으며 우리나라 영유아 교육 분야에도 많은 영향을 미쳤다.

피아제는 도식(schema), 적응(adaptation), 동화(assimilation)와 조절(accommodation), 평형(equilibrium) 등과 같은 새로운 개념을 제시하였다. 인간의 모든 행동에는 일정한 도식이 있는데 **도식**은 사고 또는 행동의 조직화된 패턴으로서 경험에 근거하여 구성하는 것이다. 유아가 새로운 정보를 획득할수록 도식은 점점 복잡해진다. **적응**은 새로운 정보를 자신이 이미 알고 있는 인지구조에 포함시키는 것으로 적응을 위해서는 동화와 조절의 두 가지 과정이 필요하다. **동화**는 새로운 정보를 받아들여 이미 존재하는 인지구조에 포함시키는 것이고, 조절은 유아의 인지 구조를 새로

피아제의 생애

Jean Piaget
(1896. 8. 9.~1980. 9. 16.)

"아동은 환경과의 적극적인 상호작용을 통해 그들만의 지식을 구성(construct)해 나간다." – Jean Piaget

피아제(J. Piaget)는 스위스의 철학자이며, 자연과학자이고, 발달심리학자로서 아동의 학습에 대해 발생학적 인식론에 근거한 인지발달 이론을 제시하였다. 피아제는 1896년 스위스의 뇌샤텔(Neuchâtel)에서 태어났다. 아버지인 아르투어 피아제(Arthur Piaget)는 뇌샤텔 대학교의 중세 문학 전공의 교수였다. 피아제는 어린 시절부터 생물학과 자연에 많은 관심을 가졌는데 특히 연체동물에 관심이 많았으며, 고등학교를 졸업하기 전에 몇 편의 논문을 출판하기도 했다. 이후 피아제는 뇌샤텔 대학교에서 자연과학 박사학위를 취득하여 취리히 대학교에서 더 공부하였으나 프랑스 파리로 이주하여 알프레드 비네(Alfred Binet)가 운영하는 학교에서 아이들을 가르쳤다. 이때 그는 아동을 대상으로 지능검사를 실시하였는데 아동들이 특정한 질문에 일관되게 틀린 답을 하는 것에 주목했다. 특히 나이가 어린 아동이 나이가 더 많은 아동이나 어른은 하지 않는 같은 유형의 실수를 반복하고 있음을 발견했다. 1921년에 피아제는 스위스로 돌아가 제네바에 있는 루소 연구소(Jean-Jacques Rousseau Institute)에 근무하였고, 1923년 발렌틴 샤트네(Valentine Châtenay)와 결혼하여 세 명의 자녀를 두었다. 1929년에 제네바의 국제교육국(International Bureau of Education)의 국장에 취임하였고, 1955년 제네바에 발생학적 인식론 국제센터(International Center for Genetic Epistemology)를 창립하여 1980년 사망할 때까지 활발히 활동하였다.

출처: Wikipedia, the free encyclopedia, Jean Piaget 재구성.
http://en.wikipedia.org/wiki/Jean_Piaget

운 정보에 맞게 변화시키는 것이다. 유기체는 지속적으로 동화와 조절을 통한 적응 과정을 거쳐 인지구조의 **평형** 상태를 유지하려고 한다. 예를 들어, 신생아는 엄마가 모유를 주기 위해 입 근처에 젖꼭지를 갖다 대면 타고난 반사행동으로 고개를 돌려 모유를 먹는다. 이러한 경험을 통해 신생아는 젖 빠는 도식을 갖게 되고 모유를 줄 때마다 젖 빠는 도식을 적용한다. 그런데 엄마가 모유 대신 우유병으로 수유를 하게 되면 이는 새로운 자극이 되고 아기가 알고 있던 젖 먹는 방법의 평형 상태가 깨진다. 그리하여 아기는 우유병 빨기를 기존의 젖 빨기 도식에 맞추어 보고(동화) 이런 저런 시도를 하면서 젖 빨기 도식을 조절하여 우유병 빨기에 성공하게 된다. 아기의 인지구조에 모유에 대한 젖 빨기 도식만 있다가 우유병 빨기 도식이 하나 더 늘어나는 것이다. 피아제는 이러한 과정을 통해 아기의 인지가 발달한다고 보았다.

피아제는 모든 유아는 동일한 단계를 거쳐 인지발달이 이루어지는데 다음 단계로 넘어가는 속도는 유아마다 차이가 있다고 주장하였다. 각 단계는 그 이전 단계의 인지구조를 통합하여 나타내는 것이므로 모든 단계는 전 단계보다 수준이 더 높고 질적으로 다른 인지적 특징을 갖는다. 피아제의 인지발달 단계는 **감각운동기**, **전조작기**, **구체적 조작기**, **형식적 조작기**로 구성된다.

〈표 2-3〉 피아제의 인지발달 단계

단계	연령	특징
감각운동기	출생~2세	• 감각운동에 의한 탐색활동을 통해 서서히 주변 상황에 맞추어 의도적인 행동을 하게 된다. • 눈, 코, 입, 귀를 통해 세상과 소통하면서 사고하여 감각운동과 관련된 문제를 해결하는 방법을 터득한다. 예를 들어, 영아는 뮤직 박스 소리를 듣기 위해 스위치를 누르고, 숨겨놓은 놀잇감을 찾고, 보관함에 놀잇감을 넣고 뺄 수 있다.
전조작기	2~6, 7세	• 상징을 이용하여 감각운동기에 배운 것을 표현할 수 있다. • 언어와 상상놀이가 이 단계의 주요 행동 특징이지만 아직 다음 단계에서 나타나는 논리적 사고는 못한다.
구체적 조작기	6, 7~11세	• 지금 현재 주어진 상황에서 논리적 문제해결이 가능하고 사고도 논리적이다(예: 모양이 변해도 물이나 반죽의 양이 변하지 않는다는 것을 안다). • 위계에 따라 물건을 분류할 수 있으나 아직 성인과 같은 수준으로 사고하지는 못하며 추상적 사고도 할 수 없다.
형식적 조작기	11세~성인기	• 추상적 사고를 할 수 있어서 실제 존재하지 않는 가설적 상황을 상상하여 문제를 해결할 수 있으며, 일어나지 않은 일의 가능성에 대해서도 생각할 수 있다. 그리하여 높은 수준의 수학문제를 풀 수 있고 과학적 결과를 예측할 수 있다.

출처: Papalia, D. E., & Feldman, R. D. (2011). *A child's world*, p. 30.
　　Berk, L. E. (2000). *Development through the lifespan*, p. 20 재구성.

2) 사회문화적 인지 이론

비고츠키의 생애

Lev Semyonovich Vygotsky
(1896. 11. 17.~1934. 6. 11.)

비고츠키(L. S. Vygotsky)는 러시아의 심리학자이며 문화-역사 심리학의 창시자다. 그는 러시아의 오르샤에서 은행가인 아버지를 둔 유대인 가정에서 태어났다. 유년시절 비고츠키는 넉넉한 가정환경 덕분에 공립교육과 개인교습을 병행하였고, 1913년 모스크바 국립대학교에서 법학과 문학을 공부하였다. 1917년 비고츠키가 대학교를 졸업하던 해에 사회주의 혁명이 일어났는데 이 시기 그의 행적은 전해지지 않는다. 1924년부터 모스크바의 심리학기관에서 연구원으로 일하게 된 비고츠키는 『교육심리학(Pedagogical Psychology)』(1925)이라는 책을 완성하였다. 1925년 여름 비고츠키 생애 중 유일한 해외여행인 영국여행을 마치고 돌아오자마자 결핵으로 입원하여 완쾌한 후에 심리학계에 반향을 일으킬 여러 원고를 준비하지만 출판하지는 못했다. 1926년부터 1930년 사이에 비고츠키는 인지발달에 대한 프로젝트에 참가하여 학생을 지도하며 인지발달에 대한 그의 이론을 정립하고 발전시켜 나갔지만 공산주의 체제하에서의 그의 이론은 환영받지 못했다. 1934년 37세에 결핵으로 요절하면서 그의 이론은 빛을 발하지 못하는 듯하였으나 1978년에 영어로 출판된 『사회속의 정신(Mind in Society)』을 통해 심리학계에서 그의 이론이 재조명되었다.

출처: Wikipedia, the free encyclopedia, Lev Vygotsky 재구성.
    http://en.wikipedia.org/wiki/Lev_Vygotsky

비고츠키의 사회문화적 인지 이론은 유아가 적극적으로 환경을 탐색하는 존재라는 기본 전제에서는 피아제의 인지발달 이론과 같다. 그러나 피아제 이론이 유아 개인의 내적 활동에 초점을 맞춘 반면, 비고츠키의 이론은 유아의 사고발달을 촉진하는 사회문화적 과정에 초점을 맞추었다는 점에서 차이가 있다. 비고츠키는 주의, 감각, 기억, 지각 등 인간이 생래적으로 가지고 태어나는 기본적인 정신기능이 사회문화적 영향에 의해 더욱 정교한 고등 정신 기능으로 변화한다고 주장하였다. 따라서 사회문화적 인지 이론에서는 유아의 인지발달에 있어 사회와 문화의 역할이 매우 중요하다.

비고츠키에 의하면, 유아는 사회적 상호작용을 통해 발달하기 때문에 사회맥락이 없는 발달이란 있을 수 없고, 개별 유아가 속한 사회맥락과 개별 유아가 경험하는 일들이 각기 다르기 때문에 매우 다양한 발달이 일어날 수밖에 없다. 비고츠키는 유아가 삶을 살아가는 방식의 하나로 인지적 기술을 습득하며 다른 사람과 활동을 같이 함으로써 이러한 기술을 저절로 알게 된다고 보았다. 특히 비고츠키는 언어발달을 강조하였는데 자신의 내적 지식과 사고의 표현 방식으로서의 언어뿐만 아니라 세상에 대해 배우고 사고하기 위한 필수 도구로서 언어를 강조하였다.

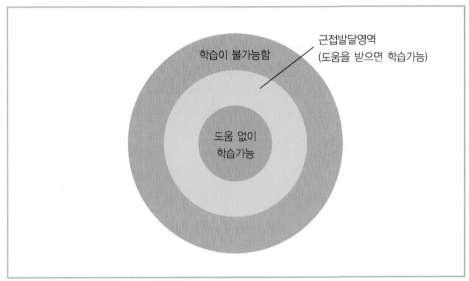

[그림 2-4] 근접발달 영역

출처: http://en.wikipedia.org/wiki/Zone_of_proximal_development

비고츠키는 유아가 발달을 성취하고 내면화하기 위해 성인이나 더 우수한 또래가 유아의 학습에 도움을 줄 수 있다고 주장하였다. 이러한 방식은 유아가 **근접발달 영역**(Zone of proximal development)을 건너는 데 도움이 된다고 하였다. 근접발달 영역은 유아가 혼자 독립적으로 문제를 해결할 수 있는 실제적 발달 수준과 성인이나 유능한 또래로부터 도움을 받아 문제를 해결할 수 있는 잠재적 발달 수준의 중간 영역을 의미한다(조성연 외, 2010, p. 83). 근접발달 영역에 있는 유아는 특정 기술은 거의 습득하였으나 아직 완전히 숙달하지 못한 수준에 있는 것인데 이러한 심리적 근접발달 영역에서 학습이 일어난다. 근접발달 영역에서 유아를 지도하는 성인의 역할은 유아를 지원하여 궁극적으로 유아 스스로 문제를 해결할 수 있도록 도움을 주는 것이다. 예를 들어, 유아가 수영을 배울 때 처음에 교사는 유아가 물 위에 뜰 수 있도록 유아를 잡아주다가 서서히 손을 떼어 유아 혼자 물에 뜰 수 있도록 지도하는 것이다.

비고츠키 이론에 영향을 받은 학자들은(Wood, 1980; Wood, Bruner, & Ross,

1976) 아동교육에 '비계' 개념을 도입하였다. **비계**(scaffolding)란 부모, 교사, 성인이 유아가 스스로 어떤 일을 할 수 있을 때까지 일시적으로 지원해 주는 것이다. 따라서 성인은 유아의 수준에 맞는 적절한 비계를 설정해 주어야 한다. 앞서 수영을 배우는 유아의 예를 들면, 유아가 혼자 물 위에서 뜨는 것을 배울 때까지 성인은 처음에 유아의 몸을 손바닥으로 받쳐 주다가, 손가락으로 받쳐 주고, 마지막에는 아무런 받침 없이 유아가 혼자 뜰 수 있도록 도와주어야 한다는 것이다. 비고츠키는 보편적인 유아발달의 목표란 없으며, 이상적인 사고나 행동은 각 문화권마다 다르기 때문에 문화적 상대성을 인정해야 한다고 보았다.

4. 생물학적 관점: 진화론적 관점

생물학적 관점은 발달의 주요 원동력으로 생물학적인 요인을 들고 있는데, 이의 대표적인 이론에는 게젤의 성숙 이론, 동물행동학, 월슨의 사회생물학 등이 있다.

1) 성숙 이론

성숙 이론은 인간은 태어나면서 물려받은 특질에 따라 정해진 순서로 발달한다는 기본 가정에 근거한다. 즉, **성숙**(maturation)은 인간 성장의 구조적 · 생리적 · 행동적 · 심리적 측면 등 모든 측면에서 변화와 성장이 일어나는 것이고, 인간의 모든 성장은 사전에 결정된 유전적 요소에 의해 기본 방향이 결정되는 성장 모형을 가지고 있다. 환경적 요인은 단지 발달을 수정하고 지원할 뿐이며 인간발달의 주 원동력은 태어날 때부터 가지고 있는 내적인 힘에 의해 이루어지는데 그것이 바로 성숙이다. 따라서 게젤은 부모나 양육자는 개별 아동의 고유한 발달 속도에 따라 발달할 수 있도록 양육할 것을 강조하였다.

게젤은 몇 가지 발달의 원리를 제시하였다. 첫째, 발달 방향의 원리로 발달은 정해진 순서에 따라 이루어지며 머리에서 꼬리, 중심에서 말초 방향으로 이루어진다. 둘째, 상호적 교류(reciprocal interweaving)의 원리로 모든 발달 영역이 함께 통합되어 균형 있게 발달한다는 것이다. 셋째, 기능적 비대칭(functional asymmetry)의 원리로 약간의 불균형이 보다 기능적일 수 있다는 것이다. 예를 들면, 태어날 때부터

게젤의 생애

Arnold Lucius Gesell
(1880. 6. 21.~1961. 5. 29.)

"발달은 주로 생물학적이고 유전적인 내적인 힘에 의해 일어난다." - Arnold Gesell

게젤(A. Gesell)은 심리학자이자 소아과 의사였다. 아동발달이라는 단어를 처음으로 사용하며 과학적인 아동발달 연구를 처음으로 시작하였다. 게젤은 1880년 위스콘신 주에서 5형제 중 장남으로 태어나 여러 동생이 성장하는 것을 보면서 아동발달 과정에 관심을 갖게 되었다. 고등학교 교사로 재직하던 게젤은 1906년 아동심리학의 선구자 중 한 사람인 스탠리 홀(Stanley Hall)이 총장으로 있던 클라크 대학교에서 심리학으로 박사학위를 받는다. 특수학교에서 가르치면서 정신지체 아동 교육에 관심을 갖게 된 게젤은 생리학 연구를 위해 다시 의과대학에서 진학하여 1915년에 의학 박사학위를 취득하였다. 1911년 예일 대학교의 조교수가 되어 아동발달연구소(Clinic of Child Development)를 설립하고 아동연구에 비디오와 사진촬영기법을 이용하고 일방경을 사용하여 아동을 관찰하는 등 최신 기술을 접목하고자 끊임없이 노력하였다. 심리학과 의학을 통합한 정신발달의 실증적 연구에 전념하였던 게젤은 『취학 전 아동의 지적 성장(Mental growth of the preschool child)』(1925), 영아의 각 연령에 맞는 전형적 발달지표를 알려주는 『영아 행동 백서(An Atlas of Infant Behavior)』 등 많은 저서를 남겼다.

출처: Wikipedia, the free encyclopedia, Arnold Gesell 번역, 재구성.
　　　http://en.wikipedia.org/wiki/Arnold_Gesell

더 잘 기능하는 손이 있어서 유아는 오른손잡이, 왼손잡이로 결정된다는 것이다. 넷째, 자기규제(self-regulation)의 원리로 영아 스스로 자신의 수준에 맞게 성장을 조절하고 이끌어 간다는 것이다. 예를 들면, 태어난 지 5일 된 신생아에게 많은 것을 보여 주면 눈을 감거나 다른 쪽으로 고개를 돌리는데, 이것은 관심이 없어서가 아니라 자극이 너무 많아서 받아들이기 어려워 자신의 행동을 조절하는 것이다.

한편, 게젤은 아동발달 연구에 과학적 측정을 적용하여 유아 개개인의 발달적 차이, 성숙의 속도 등을 정기적으로 측정하였으며, 게젤 돔(Gesell Dome)을 고안하여 초기 실험실 상황에서 아동의 행동을 관찰하였다. 그 결과, 유아의 성장 발달에 관한 정보를 조직화하고 연령별 비교를 통해 개별 유아의 발달을 평가하는 규준으로 사용할 수 있는 '행동발달 목록표(Gesell Developmental Schedules)'를 고안하였다. 또한 유아의 연령별 행동을 카메라로 찍은 자료를 정리하여 『영아행동지도(An atlas of infant behavior)』(1934)를 출간하였다. 이러한 일련의 연구와 활동을 통해 게젤은

[그림 2-5] 게젤 돔과 영아 행동지도

출처: http://childstudycenter.yale.edu/86762_Yale_newsletter%205%20on%206-14-11.pdf

유아가 연령에 따라 어떤 행동변화를 나타내는지, 즉 어떻게 성숙하는지를 밝히고 자 하였다. 게젤은 유아 행동의 발달 단계를 행동발달 주기에 따라 0~5세, 5~10세, 10~16세의 세 시기로 나누었다. 이 중 1시기인 0~5세 시기는 기초 시기인데, 이를 다시 14단계로 세분화하여 유아발달을 평가하는 성숙 규준을 마련하였다.

2) 동물행동학적 이론

동물행동학은 로렌츠(Konard Lorenz)와 팀버겐(Nikolaas Timbergen)을 주창자라 고 할 수 있다. **로렌츠**는 동물의 각 종이 가지고 있는 특정 행동을 체계적으로 연구 하여 단순히 본능적인 행동이라고 생각했던 종 특유의 행동이 환경 내의 특정한 자 극에 의해 유발된 필연적인 반응이라는 사실을 밝혀내어 이론화하였다.

로렌츠는 환경 속의 특정 자극이 종 특유의 행동을 유발한다는 것을 밝혀냈는데 입증한 사례 중 가장 유명한 것은 청둥오리의 각인과 관련된 것이다. 로렌츠는 한 어미 오리가 낳은 알을 둘로 나누어서 한쪽은 어미 오리가 부화하게 하고 다른 쪽은 로렌츠 자신이 직접 부화시켰다. 그 결과, 로렌츠가 부화시킨 청둥오리 새끼들은 어 미 청둥오리 대신에 자신을 따라다니는 행동을 보였다. 로렌츠는 이런 새끼 오리의 추종 행동을 **각인**(imprinting)이라 명명하였다. 각인이란 어린 동물이 생후 초기의 특정한 시기 동안 어떤 대상에 노출되어 그 대상에 애착하게 되는 것이다(Crain,

로렌츠의 생애

Konrad Zacharias Lorenz
(1903. 11. 7.~1989. 2. 27.)

로렌츠(K. Z. Lorenz)는 1903년 오스트리아에서 의사의 아들로 태어났다. 그는 어려서부터 동물에 관심을 보였는데, 어류와 조류, 개, 고양이, 토끼 등 동물을 집으로 데려 와서 길렀다. 젊었을 때는 집 근처에 있는 동물원에서 병든 동물을 간호해 주었고, 일기 형태로 조류의 행동을 자세히 기록하기도 했다. 로렌츠는 아버지의 희망에 따라 의학을 공부한 후 의사자격증을 획득했지만 야생동물 연구에 대한 미련을 버리지 못하고 빈 대학교에서 동물학을 연구하여 1933년에 동물학 박사학위를 취득했다. 갈가마귀와 회색기러기같은 조류를 관찰한 일련의 연구논문을 발표하여 국제적인 명성을 얻었다. 1937년에 독일에서 설립한 독일동물심리학회의 학술지인 『동물심리학회지』의 공동편집장이 되어 동물행동학의 선구자적 역할을 담당하였다. 같은 해에 빈 대학교의 비교해부학과 동물심리학의 강사로 임명되었으며, 1948년에는 오스트리아의 알텐부르크 비교행동학 연구소의 소장이 되었다. 1973년에는 팀버겐(N. Timbergen), 프리츠(K. von Fritz)와 함께 노벨생리학상을 공동 수상하였다. 말년에 그는 인간이 사회를 구성하는 동물의 하나로 생각하고 그러한 생각을 인간행동 연구에 적용하였는데, 이 점에 대해서는 철학적·사회학적인 논쟁의 여지가 있다.

출처: 조성연 외(2010). 아동발달의 이해, p. 106.

1980, p. 70). 즉, 청둥오리 새끼의 어미 추종 행동은 부화한 지 몇 시간 이내에 자신의 주변에서 움직이는 물체에 대한 반응임을 보여 주는 것이다. 알에서 깨어난 새끼 청둥오리가 움직이는 물체를 어미로 인식하고 따라가는 행동은 움직이는 대상을 따르려는 생득적 경향성과 알에서 깨어난 후 일정 시간 내에 실제로 움직이는 대상이 제공하는 환경을 만날 때 각인되는 종 특유의 행동인 것이다(조성연 외, 2010, p. 107).

각인 연구를 통해 이런 현상은 **결정적 시기**(critical period)에서만 일어난다는 것이 밝혀졌다. 즉, 각인은 출생 후 일정 기간 내에만 이루어지며 나머지 생애 동안 지속된다. 동물의 모든 행동은 출생 후 일정 기간 내에 각인을 통해 학습되며, 이 시기를 놓쳐 버리고 난 후에는 습득하기가 거의 불가능하다는 것이다. 결정적 시기는 각인 현상이 일어나는 출생 후 일정 기간을 뜻한다. 이는 제한된 시간 내에 유아가 특정한 적응 행동을 습득하도록 생물학적으로 준비되어 있기는 하나 그러기 위해서는 적절한 환경의 지원이 있어야 한다는 것을 의미한다(Berk, 2000, p. 32). 각인은 아동 발달에 폭넓게 적용되어 온 결정적 시기라는 개념을 이끌어 내었다.

[그림 2-6] 로렌츠와 청동오리

출처: http://global.britannica.com/EBchecked/topic/289249/instinct

3) 사회생물학적 이론

윌슨의 생애

Edward Osborne Wilson
(1929. 6. 10~)

윌슨(E. O. Wilson)은 미국 앨라배마 주의 버밍햄에서 태어났다. 어린 시절부터 자연에 관심이 있었던 윌슨은 7세 때 부모가 이혼한 후 아버지와 양어머니 밑에서 여기저기 이사를 다니며 자랐다. 친구와 어울리기보다 강이나 동물원 등에서 동물과 자연을 벗 삼아 지내던 윌슨은 7세 때 낚시를 하다가 한쪽 눈을 실명하고 다른 쪽 눈마저 백내장 수술을 받게 되어 제한된 시력을 갖게 되었다. 비교적 가까이 있는 작은 물체만 볼 수 있는 자신의 한계를 인정한 윌슨은 곤충에 관심을 갖게 되어 18세에 곤충학자가 되기로 결심하고 본격적으로 개미에 대해 연구하였다. 대학에 가기 위해 군대에 지원하지만 시력 때문에 불합격한 윌슨은 앨라배마 대학교에 입학하여 학사와 석사를 마치고 하버드 대학교에서 박사학위를 취득하였다. 1996년 은퇴할 때까지 하버드 대학교 교수로 재직하였고, 2014년 현재 하버드 대학교의 명예석좌교수로 있다.

출처: Wikipedia, the free encyclopedia, Edward Wilson 번역, 재구성.
     http://en.wikipedia.org/wiki/E._O._Wilson

윌슨은 인간의 모든 행동을 생물학적 현상으로 보았다. 그에 따르면 인간은 매우 이기적인 유전인자를 가지고 있고, 모든 행동은 자신의 생존을 보장받는다는 대전제하에 이루어지며, 자신의 유전인자가 후세에 전해진다는 좀 더 영구적 의미의 생존 가능성을 위해 사회적으로 바람직한 행동을 한다. 예를 들면, 결혼이나 배우자를 선택하는 것 등 인간의 모든 행동은 자신의 유전인자를 후세에 남기기 위해 하는 것이다. 또한 남성이 예쁜 여자를 찾는 이유는 인간이 기본적으로 예쁘다고 하는 여자의 얼굴은 좌우가 대칭이고, 그렇게 좌우 대칭되는 얼굴을 가지고 있는 사람이 건강한 사람이기 때문이다. 이에 대해 윌슨은 미를 추구하는 것이 아니라 은연중에 내 유전인자를 받아서 가장 건강하게 자신의 아이를 낳아 줄 사람을 찾는 것이라고 보았다.

사회생물학에서는 유전인자가 신체적 특성뿐만 아니라 근친상간과 같은 금기된 사회적 행동도 결정한다고 믿으며, 생존에 적합한 사회적 행동은 신체적 특성과 유사한 적자생존의 과정을 겪게 된다고 가정한다. 자신의 목숨을 걸고 위험에 처한 자식을 구하려는 어머니의 행동을 예로 들 수 있다. 전통적 동물행동학에 의하면 적자생존 과정은 자신의 생존 가능성을 감소시키는 이런 행동을 좋아하지 않기 때문에 어머니의 이러한 반응은 동물행동학적 기초에 의한 것이 아니다. 그러나 사회생물학은 어머니의 유전인자가 후손에게 전달된다는 보장만 있으면 어떤 행동도 불사하도록 프로그램 되어 있다고 주장한다. 즉, 자녀는 부모로부터 유전인자를 물려받을 뿐만 아니라 앞으로의 생존 기간이 훨씬 더 길기 때문에 진화론적 기제가 어머니로 하여금 자신을 희생하여 자식을 구하게 만든다는 것이다(Porter & Laney, 1980).

윌슨은 유전적 요인이 사회적 행동에 미치는 영향은 개인적 수준에서가 아니라 문화적·사회적 수준에서 훨씬 더 이해하기 쉽다고 주장하였다. 예를 들면, 살인이나 근친상간 금기 등의 사회적 관례나 문화적 규범은 진화적 과정을 반영한 것으로 이러한 진화적 과정은 종의 생존에 가장 적합한 행동과 일치하는 사회적 행동을 선호한다고 주장한다. 따라서 이타적 행동과 같이 바람직한 사회적 행동은 후손에게 전해지고, 근친상간과 같이 바람직하지 못한 행동은 후손에게 전해지지 않게 된다(Green, 1989; Lerner & Von Eye, 1992).

5. 사회맥락적 관점: 인간생태학 이론

사회맥락적 관점은 유아발달이 오직 사회적 맥락 안에서만 이해할 수 있다고 주장한다. 이 관점에서는 유아를 사회와 상호작용하는 독립된 존재가 아니라 사회맥락에서 분리할 수 없는 한 부분으로 본다. 이런 의미에서 본다면 인지적 관점의 비고츠키의 사회인지적 발달 이론도 사회맥락적 관점에 포함할 수 있다. 이 관점의 대표 이론은 브론펜브레너의 인간생태학이다.

브론펜브레너의 생애

Urie Bronfenbrenner
(1917. 4. 29. ~2005. 9. 25.)

브론펜브레너(U. Bronfenbrenner)는 러시아의 모스크바에서 태어나 6세 때 가족을 따라 미국으로 이민을 갔다. 그의 아버지는 발달장애아를 위한 병원의 신경병리학자였다. 브론펜브레너는 코넬 대학교에서 심리학과 음악을 공부한 후, 1940년 하버드 대학교에서 교육학 석사학위를 취득하고, 1942년 미시간 대학교에서 발달심리학 박사학위를 취득하였다. 그는 제2차 세계대전 중 미군에 지원하여 심리학자로서 활동한 후 미시간 대학교에서 교수생활을 시작하여 1948년부터는 코넬 대학교 교수로 재직하다 은퇴하였다. 그의 연구는 주로 아동발달에 영향을 미치는 사회적 변인에 대한 것으로 인간생태학 이론을 창시하였으며, 이는 1965년 헤드스타트 프로그램을 시작하는 근간이 되기도 하였다. 브론펜브레너는 300편 이상의 논문과 14권의 저서를 남기고 2005년 88세로 사망하였다. 그는 발달심리학계에 큰 영향을 미쳐 아동발달에 영향을 미치는 환경적 요인에 관심을 갖는 계기를 마련하였다.

출처: Wikipedia, the free encyclopedia, Bronfenbrenner 재구성.
http://en.wikipedia.org/wiki/Urie_Bronfenbrenner

브론펜브레너의 인간생태학 이론은 아동이 주변의 인접한 구조로부터 확산된 구조의 생태계 속에서 발달한다고 보고 아동을 사회문화적 맥락에서 이해해야 한다고 본다. 브론펜브레너는 아동의 생활에 직간접적으로 작용하는 사회적 환경의 상호연계성을 체계화하여 아동이 속한 환경체계를 미시체계, 중간체계, 외체계, 거시체계와 시간체계의 다섯 가지 수준으로 나누었다.

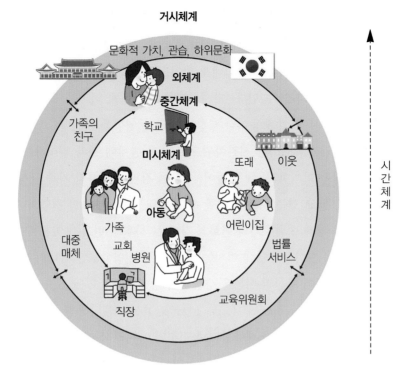

[그림 2-7] 인간생태학 체계

미시체계(microsystem)는 아동이 매일 접하는 가정, 학교, 이웃 등의 환경과 그 안에서 이루어지는 부모, 친구, 교사, 이웃과의 관계로 이루어진다. 예를 들어, 아기가 태어나면 부모의 생활 패턴이 바뀌고 부모의 기분과 태도는 아기에게 영향을 미친다.

중간체계(mesosystem)는 두 가지 이상의 미시체계 간의 관계로 개념화할 수 있는데, 브론펜브레너는 미시체계 간의 관계가 유아의 발달에 영향을 미친다고 보았다. 이 체계에는 가정과 학교의 관계(예: 부모-교사 모임 등), 가족과 또래와의 관계(예: 동네 놀이 친구를 통하여 가족끼리 알게 된 관계 등) 등이 속할 수 있다. 예를 들어, 엄마가 직장에서 힘든 하루를 보냈다면 저녁 때 자녀와의 상호작용에 부정적인 영향을 미칠 수 있다. 아이가 부모의 직장에 직접 가지는 않지만 아이는 그로 인해 영향을 받는다.

외체계(exosystem)는 아동과 직접 상호작용하지는 않지만 아동의 미시체계에 영향을 주는 사회적 환경과 기관을 포함한다. 예를 들어, 한 사회의 교육 체계는 아동의 진로탐색에 영향을 미치고, 친사회성을 강조하는 텔레비전 프로그램을 본 아동은 친사회적 행동을 더 많이 하게 된다.

거시체계(macrosystem)는 미시체계, 중간체계, 외체계를 모두 감싸며 그 사회에서 매우 중요하게 여기는 문화적 신념, 이데올로기, 경제적·정치적 체계 등을 말한다. 예를 들면, 아동이 민주주의 사회에서 자라느냐 사회주의 사회에서 자라느냐에 따라 아동의 발달이 다를 수 있다. 거시체계가 개인에게 미치는 영향력은 쉽게 눈에 보이지는 않지만 우리의 행동이나 생활에 상당한 영향을 미친다.

시간체계(chronosystem)는 시간차원으로서 전 생애에 걸쳐 일어나는 변화와 사회역사적인 환경을 의미한다. 예를 들어, 시간이 경과함에 따라 가족 구성원에 변화가 있을 수 있고, 살고 있는 지역이 변할 수도 있다. 또한 부모의 취업과 같은 작은 일부터 전쟁이나 경제 순환주기의 변화와 같은 큰 사회적 변화가 있을 수도 있다.

브론펜브레너는 아동발달에 미치는 여러 환경적 영향뿐만 아니라 타고난 생물학적 특성을 강조하여 자신의 이론을 생물학적 생태 이론(bioecological theory)으로 재명명하였다(Bronfenbrenner & Morris, 1998, p. 1003). 왜냐하면 사람은 발달을 이끌어 가는 원동력으로 타고난 생물학적 특성뿐만 아니라 심리학적 특성, 재능과 기술, 능력, 기질을 통해 자신의 발달에 영향을 미치기 때문이다.

이상으로 유아발달을 설명하는 대표 이론들을 살펴보았는데 각각의 이론은 유아발달에 대한 다양한 접근을 보여 준다. 각각의 이론을 유아발달에 적용하는 데 있어서 각각의 이론 간 비슷한 부분도 있지만 상충하는 부분도 있다. 성숙 이론이 생물학적 영향에 초점을 맞추고 유아의 신체발달에 중점을 둔다면, 정신분석학적 접근의 심리성적 이론과 심리사회적 이론은 유아의 정서발달과 성격발달에 초점을 둔다. 행동주의 이론과 사회학습 이론은 유아의 발달을 연속적인 것으로 보는 반면, 정신분석학적 접근과 피아제의 인지발달 이론은 단계적인 유아발달을 제시한다. 피아제의 인지발달 이론은 유아의 내적 발달에 초점을 둔 반면, 비고츠키의 사회문화적 인지발달 이론은 사회문화적 영향력을 강조한다.

이처럼 모든 이론은 유아발달과 학습에 대하여 나름의 논리적 설명을 하지만 이 중 어느 한 이론이 유아발달의 모든 부분을 설명하지는 못한다. 중요한 것은 이러한 이론들이 부모, 교사, 양육자가 유아발달을 이해하는 데 영향을 준다는 점이다(Wortham, 2002 p. 35). 즉, 부모, 교사 등의 성인은 여러 가지 이론을 숙지하고 각 이론에서 유아를 지도하고 양육하는 데 적용할 수 있는 점을 찾아내야 한다. 각 관점별 대표 이론과 주요 학자 및 기본 관점과 시사점을 제시하면 〈표 2-4〉와 같다.

〈표 2-4〉 발달 이론의 다섯 가지 관점

관점	주요 이론	주요 학자	기본 관점	장단점
정신분석학적 관점	• 심리성적 이론 • 심리사회적 이론	• 프로이트 • 에릭슨	행동의 원인은 정신에서 찾을 수 있다.	• 인생 초기 경험의 중요성, 유아기의 중요성을 밝힌다. • 부모-자녀 관계를 중시하여 부모역할과 자녀양육에 대한 관심을 유발한다. • 이론의 과학적 검증이 어렵다.
학습적 관점	• 행동주의 이론 • 사회학습 이론	• 스키너 • 반두라	행동은 환경에 의해 변화한다.	• 학습에 있어서의 유전적 요인이나 인지적 요인을 충분히 설명하지 못한다.
인지적 관점	• 인지발달 단계 이론 • 사회문화적 인지 이론	• 피아제 • 비고츠키	행동은 인지발달에 따라 변화한다.	〈피아제〉 • 아동을 능동적인 존재로 본다. • 사회와 문화의 영향을 거의 고려하지 않는다. • 사용했던 연구방법인 임상적 면접법은 객관성과 신뢰성이 결여된다. 〈비고츠키〉 • 인지검사에서 학습 잠재력을 고려함으로써 신중한 검사결과의 해석을 유도한다.
생물학적 관점	• 성숙 이론 • 각인 이론 • 사회생물학적 이론	• 게젤 • 로렌츠 • 윌슨	내재되어 있는 생물학적 요인에 따라 발달한다.	• 유전에 의한 발달 과정을 과학적 방법으로 설명하고자 한다. • 지나치게 유전적 요인만을 강조한다.
사회맥락적 관점	• 인간생태학적 이론	• 브론펜브레너	발달은 자신이 속한 사회적 맥락의 영향을 받는다.	• 아동을 둘러싼 환경을 체계화하고 도식화하여 생태학적 연구의 기초를 마련한다. • 체계를 검증하는 것이 어렵다. • 아동의 능동적 발달 과정과 생물학적 성숙의 영향을 간과하였다.

■● 참고문헌

김정희, 김현주, 손은경, 송연숙, 정인숙(2003). 아동발달심리. 서울: 동문사.

이영, 이정희, 김온기, 이미란, 조성연, 이정림 외(2009). 영유아발달. 서울: 학지사.

조성연, 이정희, 천희영, 심미경, 황혜정, 나종혜(2010). 아동발달의 이해. 서울: 신정.

Bandura, A. (1986). *Social foundations of thoughts and action: A social cognitive theory.* Englewood Cliffs, NJ: Prentice-Hall.

Bandura, A. (1989). Regulation of cognitive processes through perceived self-efficacy. *Developmental Psychology, 25*(5), 729.

Berk, L. E. (1996). *Infants and children: prenatal through middle childhood* (2nd ed.). Boston, MA: Pearson.

Berk, L. E. (2000). *Development through lifespan.* Boston, MA: Pearson.

Bronfenbrenner, U. (1979). 인간발달 생태학. 이영 역(1995). 서울: 교육과학사.

Bronfenbrenner, U., & Morris, P. A. (1998). The ecology of developmental process. In W. Damon (Series ed.) & R. Lerner (Vol. Ed.), *Handbook of child psychology: Vol. 1. Theoretical models of human development* (5th ed., pp. 993-1028). New York: Wiley.

Crain, W. C. (1980). 발달의 이론. 서봉연 역(1983). 서울: 중앙적성출판사.

Green, M. (1989). *Theories of human development: A comparative approach.* Englewood Cliffs, NJ: Prentice Hall.

Lerner, R. M., & Von Eye, A. (1992). Sociobiology and human development: Arguments and evidence. *Human Development, 35*, 12-33.

Papalia, D. E., & Olds, S. W. (1998). *Human development* (7th ed.). New York: McGraw-Hill.

Papalia, D. E., & Feldman, R. D. (2011). *A child's world: Infancy through adolescence* (12th ed.). New York: McGraw-Hill.

Porter, R. H., & Laney, M. D. (1980). Attachment theory and concept of inclusive fitness. *Merrill-Palmer Quarterly, 26*, 35-51.

Wilson, E. O. (1975). *Sociobiology: The new synthesis.* Cambridge, MA: Harvard University Press.

Wood, D. (1980). Teaching the young child: Some relationships between social interaction, language, and thought. In D. Olson (Ed.), *The social foundations of language and thoughts* (pp. 280-296). New York: Norton.

Wood, D., Bruner, J., & Ross, G. (1976). The role of tutoring in problem solving. *Journal of Child Psychiatryand Psychoology, 17*, 89-100.

Wortham, S. C. (2002). *Early childhood curriculum* (3rd ed.). Upper Saddle River, NJ: Merrill Prentice Hall.

chapter 03

유아발달 연구방법

　유아발달을 이해하기 위해 연구자는 과학적 접근방법에 기초하여 관련 변인을 통제함으로써 유아의 발달적 특성에 대한 연구를 수행하여 그 결과를 기술하고 설명해야 한다. 과학적 연구는 연구 문제나 가설의 설정과 그것의 전개와 검증, 구체적이고 실증적 자료에 기초한 결과 분석 및 그에 따른 결론의 도출이라는 추론 과정을 거친다. 이러한 일련의 과정을 통해 연구자는 유아의 발달적 특성에 대해 깊이 있고 통찰력 있는 이해를 도모한다. 특히 유아를 대상으로 연구할 경우에 연구자는 유아에게 심리적 · 신체적 위해가 가해지지 않고 유아의 인권과 복지를 최대한 존중하는 범위에서 연구가 이루어질 수 있도록 윤리적 측면에 대해 심도 있게 고려해야만 한다. 이 장에서는 유아발달 연구의 목적, 유아발달 연구를 위한 자료수집 방법, 연구설계, 유아발달 연구의 접근방법 및 유아발달 연구에서의 윤리적 문제 등에 대해 살펴보고자 한다.

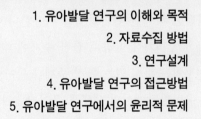

1. 유아발달 연구의 이해와 목적

2. 자료수집 방법

3. 연구설계

4. 유아발달 연구의 접근방법

5. 유아발달 연구에서의 윤리적 문제

유아발달 연구방법

1. 유아발달 연구의 이해와 목적

1) 과학적 연구의 이해

연구란 새로운 지식을 발견하거나 탐구하는 과정이나 방법 혹은 체계적인 방법을 통해 일반화할 수 있는 지식을 도출하는 것으로 정의할 수 있다. 연구는 의문이나 호기심, 문제의식 등에서 출발할 수 있으며, 이에 대한 해답을 찾기 위해 과학적 절차라는 특별한 접근방법을 사용한다(이은해, 이미리, 박소연, 2006, p. 12). 그러므로 과학적 절차에 따라 무한한 주제에 대해 광범위하게 연구를 수행할 수 있지만 대개 연구자는 관심 있는 특정 주제나 분야에 초점을 두고 관련 문제를 해결하고자 한다.

유아발달에서의 연구도 유아발달과 관련한 다양한 주제에 대해 체계적이고 경험적으로 접근하여 해답을 찾으려는 것이라고 할 수 있다. 이런 경우에 유아발달 연구는 과학적 연구의 특성을 지닌다. 즉, 과학적 연구는 일반적으로 따라야 할 원리와 체계적인 절차가 있으며, 누적된 경험적 증거가 필요하다. 과학적으로 얻어진 지식은 원칙적으로 '좋다' 혹은 '나쁘다'와 같은 도덕적 평가의 대상이 될 수 없고, 산출된 결과는 비판의 대상이 될 수 있으며, 사용한 연구방법이나 산출된 연구결과는 공개해야 한다(이은혜 외, 2006, pp. 12-13).

2) 유아발달 연구의 목적

유아발달을 연구하는 목적은 유아발달을 이해하기 위해 유아발달과 관련한 현상을 기술하고 설명하며, 기존의 정보를 활용하여 발달 과정을 예측하고 통제함으로써 유아발달에 대한 전반적인 지식을 획득하여 현실에 적용하는 데 있다.

첫째, **기술**은 유아발달상의 특정 연령에서 보편적으로 일어나는 행동이나 현상을 있는 그대로 투영하여 제시하는 것으로서 주로 관찰방법이나 측정 등을 통해 이루어진다. 예를 들어, 유아의 언어적 특징이나 운동 기능의 발달, 놀이의 유형이나 특징 등을 관찰하여 기술하는 것이다.

둘째, **설명**은 유아발달에서의 어떤 현상의 결정 요인이나 선행 조건을 밝히는 것이다. 즉, 유아발달에서의 특정 행동이 어떻게, 왜 유발되었는지에 대한 것을 설명해야 한다. 예로서, 4세아 중에서 두 손을 모아 공을 받을 수 있는 유아가 있는 반면, 그렇지 못한 유아도 있는데 설명은 왜 같은 연령대에서 발달적 특징이 다르게 나타나는지에 대해 밝히는 것이다.

셋째, **예측**은 기존의 다양한 정보를 통해 미래에 일어날 수 있는 유아발달의 현상이나 특징을 미루어 짐작하는 것이다. 예를 들면, 게젤(Gesell)의 표준행동목록을 통해 유아의 신체발달이 어떻게 이루어지는지 알 수 있으며, 피아제(Piaget) 이론에 근거한 다양한 실험 결과를 통해 유아의 물활론적 사고가 어떻게 발달해 가는지를 예측할 수 있다.

넷째, **통제**는 유아발달에서의 기대되는 결과를 얻기 위해 어떤 현상의 결정 요인을 조작하는 것이다. 적절한 예측과 통제를 위해서는 제반 조건에 대한 충분하고 정확한 지식이 필요하다. 그러므로 예측과 통제는 특정 행동에 대한 선행 조건이나 원인에 대한 지식이 충분할 때에만 가능하다.

2. 자료수집 방법

유아의 발달이나 특성을 파악하기 위해 다양한 연구방법으로 자료를 수집하여 분석한다. 유아를 대상으로 할 때 많이 사용하는 방법으로는 관찰법, 면접법, 질문지법, 실험 등을 들 수 있다. 또한 유아의 성격이나 지능 등의 다양한 측면의 특성은 검사도구를 활용하여 측정하고 평가할 수도 있다.

1) 관찰법

관찰법은 유아의 행동을 연구하는 데 있어 역사적으로 가장 오래된 방법이다. 유아는 언어발달이 미숙하여 의사소통이 원활하지 않을 뿐만 아니라 연령이 어릴수록 타인의 존재에 대해 그리 영향을 받지 않고 행동한다. 그러므로 자연적인 상황에서 유아의 외현적인 행동을 이해하고자 할 때 관찰법은 매우 적합한 연구방법이다. 그러나 관찰법은 다른 연구방법에 비해 시간과 경비가 많이 들고, 유아의 감정이나 사고 등과 같은 내면적 특성을 이해하는 데 어려움이 있으며, 관찰자가 여러 명인 경우에는 일치된 관찰 결과를 도출하기에도 어려움이 있다.

관찰법은 있는 그대로의 자연 상황에서 유아의 행동을 관찰하는 **자연관찰**과 관찰하려는 상황을 구조화하여 유아의 행동을 관찰하는 **구조화된 관찰**로 구분한다. 자연관찰은 연구자가 관심 있어 하는 일상 행동을 직접 관찰할 수 있는 반면, 구조화된 관찰은 정해진 환경에서 나타나는 행동에서의 개인차를 보다 분명하게 알 수 있다. 또한 관찰법은 연구자가 관찰 장면에 직접 참여해서 관찰하는 참여관찰과 연구자가 직접 참여하거나 개입하지 않고 관찰만 하는 비참여관찰로 구분하기도 한다. 유치원이나 실험실의 일방경(one-way mirror)을 통한 관찰은 대표적인 비참여관찰 방법이다.

관찰법의 종류에는 서술식으로 기록하여 자료를 수집하는 일기식 기록(diary description), 표본식 기록(specimen record), 일화기록(anecdotal record), 사건표집법(event sampling) 등이 있으며, 빈도나 체크 등의 표기식으로 기록하여 자료를 수집하는 시간표집법(time sampling), 행동목록법(behavior checklist), 평정척도법(rating scale) 등이 있다.

2) 면접법

면접법은 유아와 일대일로 대화를 나누거나 상호작용을 통해 유아의 태도나 의견 등과 관련한 정보를 수집하는 방법이다. 면접법은 의사소통이 가능한 유아를 대상으로 상황에 따라 융통성 있게 구두로 질문하여 정보를 수집한다. 따라서 면접법은 관찰법이나 질문지법으로는 파악하기 어려운 유아의 감정과 의지 등과 같은 내면의 심리상태를 파악하는 데 유용하며, 응답률이 매우 높을 뿐만 아니라 면접하는 동안 유아가 나타내는 비언어적인 행동이나 주변 환경에 대한 정보도 함께 수집할 수 있다. 그러나 면접법은 유아와 친밀감(rapport)을 형성해야만 충분한 정보를 수집할 수 있고 면접원을 훈련하는 데 상당한 시간이 소요될 뿐만 아니라 다수의 연구대상을 확보하는 데도 어려움이 있다.

　면접법은 특정 주제에 관한 정보를 얻기 위해 면접의 절차와 방법, 질문 등을 사전에 구체적으로 준비하여 면접을 진행하는 **구조화 면접**(structured interview)과 면접 질문이나 내용, 순서 등을 유아의 특성이나 상황에 따라 융통성 있게 진행함으로써 보다 심층적인 정보를 얻고자 하는 **비구조화 면접**(unstructured interview) 혹은 **임상적 면접**(clinical interview)이 있다.

3) 질문지법

　질문지법은 일련의 질문을 통해 개인의 사고, 능력, 감정, 태도, 신념이나 과거 행동에 관한 정보를 비교적 손쉽고 빠르게 얻을 수 있는 방법이다. 질문지법은 문해능력이 미숙한 유아에게는 사용할 수 없고, 주로 부모나 교사를 대상으로 유아에 대한 정보를 얻고자 할 때 사용한다. 질문지법에서 연구대상이 응답하는 데 사용하는 도구를 '질문지'라고 한다.

　질문지법은 응답하는 형식에 따라 응답하는 사람이 형식에 구애받지 않고 자유롭게 응답하는 개방식 질문과 주어진 형식에 따라 응답하는 폐쇄식 질문이 있다. 개방식 질문은 응답자가 자유롭게 응답하는 만큼 응답하는 데 시간이 소요되어 응답률과 회수율이 낮을 수 있지만, 질문지 문항을 만드는 기초자료를 수집하는 데는 용이하다. 반면, 폐쇄식 질문은 응답자가 주어진 문항에 체크 등의 간단한 방법으로 응답하기 때문에 응답율과 회수율은 높지만, 사회적으로 바람직한 방향으로 응답하거나 동일한 방식으로 응답하는 등의 편파된 응답을 할 수 있다.

4) 검사법

　검사법은 유아의 다양한 측면의 능력, 기술, 지식 등을 측정하기 위해 사용하는 방법이다. 현재 우리나라에는 다양한 검사도구가 표준화되어 시판되고 있다.

(1) 한국판 유아발달검사

한국판 유아발달검사(Korean Child Development Inventory: K-CDI)는 이레톤 (Ireton, 1992)이 부모가 일상생활에서 관찰할 수 있는 영유아의 행동에 대한 연령별 발달을 기술하기 위해 개발한 것을 김정미와 신희선(2006)이 15개월~6세 유아를 대상으로 표준화한 것이다. K-CDI는 사회성, 자조행동, 대근육 운동, 소근육 운동, 표현언어, 언어이해, 글자, 숫자의 8개 영역 270문항과 현재 나타나는 유아의 증상과 문제를 부모가 체크하는 30문항으로 구성되어 있다. K-CDI는 어머니 혹은 양육자나 교사가 제시된 문항에 대해 '예' 혹은 '아니요'로 응답하도록 되어 있으며, 약 30~40분 정도 소요되고, 문항별로 연령 규준이 있다.

(2) 한국판 카우프만 아동용 지능검사

한국판 카우프만 아동용 지능검사(Kaufman Assessment Battery for Korean Children: KABC-II)는 카우프만과 카우프만(Kaufman & Kaufman, 1983)이 개발한 후 3~18세 아동으로 연령 범위를 확대하여 개정한 도구를 문수백(2014)이 표준화한 것이다. KABC-II는 5개의 하위 척도와 18개의 하위 검사로 구성되어 있다. 5개 하위 척도와 18개 하위 검사는 '순차처리'의 수회생, 단어배열, 손동작, '동시처리'의 블록세기, 관계유추, 얼굴기억, 그림통합, 빠른길 찾기, 삼각형, 형태추리, 이야기완성, '학습력'의 이름기억, 이름기억지연, 암호해독, 암호해독지연, '계획력'의 형태추리, 이야기완성, '지식'의 표현어휘, 수수께끼, 언어지식이다. 이 중 유아에게 사용할 수 있는 하위 척도는 순차처리, 동시처리와 학습력이다. KABC-II는 개별검사이며, 검사 시간은 60~90분 정도 소요된다.

(3) 한국판 유아용 웩슬러 지능검사

한국판 유아용 웩슬러 지능검사(Korean-Wechsler Preschool & Primary Scale of Intelligence-Revised: K-WPPSI-R)는 웩슬러(Wechsler, 1967)가 3~7세 3개월 된 유아의 지능을 측정하고자 개발한 후 1989년에 개정한 도구를 박혜원, 곽금주, 박광배(2002)가 표준화한 것이다. K-WPPSI-R는 모양 맞추기, 도형, 토막짜기, 미로, 빠진 곳 찾기, 동물 짝짓기(보충검사)의 동작성 소검사와 상식, 이해, 산수, 어휘, 공통성, 문장(보충검사)의 언어성 소검사로 구성되어 있다. K-WPPSI-R는 총 12개의 소검사가 있지만 지능지수를 산출하기 위해서는 두 개의 보충검사를 제외한 10개의 소검사만을 사용하여 검사한다. K-WPPSI-R의 실시 시간은 60~70분 정도 소요된다. 이 검사는 3개월 간격으로 연령별 규준을 제시하고 있다.

(4) 그림 어휘력 검사

그림 어휘력 검사(Peabody Picture Vocabulary Test)는 던과 던(Dunn & Dunn, 1959)이 2세 반부터 8세경 유아의 수용어휘 능력을 측정하기 위해 개발하여 개정한 검사를 김영태, 장혜성, 임선숙, 배현정(1995)이 표준화하였다. 그림 어휘력 검사는 명사, 동사, 형용사, 부사의 4개 품사와 동물, 건물, 음식, 가구, 가정용품, 신체부위, 직업, 도형, 식물, 학교 및 사무실의 비품, 기구 및 장치, 악기, 교통기관의 범주에 대한 112개 문항으로 구성되어 있다. 이 검사는 시간 제한이 없다. 한 문항당 4개의 응답용 그림이 있는데 유아는 하나를 선택하여 손가락으로 가리키면 된다. 이 검사의 규준은 백분위 점수와 그에 따른 등가연령으로 제시되어 있다.

(5) 유아 종합창의성검사

유아 종합창의성검사(Korean-Comprehensive Creativity Test for Young Children: K-CCTYC)는 전경원(1995)이 4~6세 유아를 대상으로 언어, 도형, 신체 영역에서의 창의성을 측정하기 위해 개발한 후, 2000년에 개정하여 재표준화하였다. 유아 종합창의성검사는 언어(빨간색 연상하기), 도형(도형 완성하기), 신체(동물 상상하기, 색다른 나무치기)의 세 영역에 대해 4개씩의 소검사로 구성되어 있으며, 유창성, 융통성, 독창성, 상상력을 측정한다. 언어검사와 도형검사는 집단검사이고, 신체검사는 개별검사다. 이 검사는 소검사의 순서를 바꿔 실시해도 되며, 30~40분 정도 검사 시간이 소요되고, 백분위점수 규준이 있다.

(6) 자아개념검사-유아용

자아개념검사-유아용(Self-Concept Inventory: SCI)은 이경화와 고진영(2006)이 4~5세 유아의 자아개념을 측정하기 위해 6개 영역의 30문항으로 구성하여 표준화한 개별검사다. 6개 영역은 신체능력, 친구관계, 부모관계, 언어, 수학, 일반자아이며, 각 영역당 5개 문항으로 이루어져 있다. 이 검사의 질문 문항은 그림으로 제시되며, 유아에게 처음에는 '예' 혹은 '아니요'로 응답하게 한 후, 나중에 그 정도를 질문하여 4점 리커트(Likert) 척도로 평정한다.

(7) 한국판 아동용 회화통각검사

한국판 아동용 회화통각검사(Korean-Children Apperception Test: K-CAT)는 벨락 (Bellak, 1949)이 3~10세의 유아기와 아동기에 나타나는 여러 가지 심리적 문제를 투사적 방법으로 이해하기 위해 동물 자극을 이용하여 만든 검사를 김태련, 서봉연, 이은화, 홍숙기(1993)가 번안하여 4~12세 아동을 대상으로 국내 표준화한 검사다. K-CAT는 9매씩의 표준도판과 보충도판으로 구성되어 있다. 검사자는 표준도판 9매를 순서대로 유아에게 보여 주면서 여러 가지 질문을 하고, 이에 대한 반응을 기록한다. 보충도판 9매는 유아의 문제와 관련되어 있는 도판만 골라 실시한다. 이 검사는 투사적 기법을 활용하기 때문에 충분히 훈련받은 사람만이 실시할 수 있다.

3. 연구설계

연구설계는 연구자가 연구문제를 선정하고, 대상을 표집하며, 자료를 수집하고 해석하는 일련의 과학적 탐색을 실행하기 위한 계획이다. 유아의 행동을 연구하는 데 사용하는 기본적인 연구설계로는 상관연구, 실험연구 등이 있다.

1) 상관연구

상관연구는 연구대상에게 어떤 처치를 가하지 않고 있는 그대로의 상태에서 발달이나 제 현상에 영향을 미치는 여러 변인 간의 상호 관련성을 밝히고자 할 때 사용하는 방법이다. 상관연구는 비실험연구로 상관계수를 사용하여 관계를 분석하고 해석한다(조성연 외, 2010, p. 140). 상관계수는 −1.0~＋1.0의 범위를 지니는데 부호에 관계없이 크기가 클수록 두 변인 간의 관계가 강한 것을 의미한다. 상관계수 0은 변인 간에 아무런 관계가 없다는 것을 의미한다.

상관연구는 변인 간의 양방적인 관계를 설명하기 때문에 관계 정도만 예측할 뿐 일방적인 인과관계는 설명할 수 없다. 예를 들면, 어머니의 독재적인 양육태도와 유아의 공격성의 관계에 대한 상관연구를 하여 두 변인 간에 양의 상관계수가 산출되었다면, 이는 어머니가 독재적이어서 유아가 공격적일 수도 있지만 유아가 공격적이어서 어머니가 독재적인 양육태도를 보일 수도 있는 것이다.

2) 실험연구

실험연구는 연구자가 독립변인을 의도적으로 조작하고 그 영향을 관찰하는 연구로서 변인 간의 인과관계를 추론하고자 할 때 사용하는 방법이다(이은해 외, 2006, p. 129). 독립변인은 연구자가 임의로 변화시킬 수 있는 변인으로써 원인이 되는 것이고, 종속변인은 연구자가 궁극적으로 관심을 가지고 있는 현상으로써 독립변인에 따라 나타나는 결과다.

실험연구는 연구 상황이 실험실이면 실험실 실험, 연구 상황이 현장이면 현장 실험으로 구분한다. 실험실 실험은 엄격하게 통제된 상황에서 독립변인을 조작하여 그 결과에 따라 나타나는 현상에 관심을 둔다. 대표적으로 반두라(Bandura)의 TV 공격성 실험을 예로 들 수 있다. 반면, 현장 실험은 자연스러운 상황에서 통제할 수 있는 변인을 통제하면서 독립변인을 조작하여 실험하는 것이다. 예를 들면, 놀이실 상황에서 놀잇감의 유무에 따른 유아의 또래관계에 대해 알아보고자 하는 연구다. 실험실 실험과 현장 실험 모두 일련의 처치를 가하는 실험집단에서 연구를 진행하고, 비교를 위해 통제집단을 둘 수 있다.

4. 유아발달 연구의 접근방법

연구의 접근방법은 연구자가 연구하는 기본적인 방식으로서 연구 추론 방식에 따라 귀납적 접근과 연역적 접근, 연구를 설계할 때의 시간 차원에 따라 종단적 접근과 횡단적 접근, 자료수집과 분석방법에 따라 질적 접근과 양적 접근 등 다양한 유형으로 분류한다. 최근 질적 접근에 의한 연구가 활발하게 이루어지고 있으나 여전히 양적 접근에 의한 연구가 다수를 차지하고 있다. 특히 양적 접근에 의한 연구는 다수의 연구대상을 표집하여 시간적 차원에서의 종단적 혹은 횡단적 연구를 진행하므로 여기서는 종단적 접근방법과 횡단적 접근방법 및 이들 방법을 보다 효율적으로 실시하고자 고안한 단기간 종단적 접근방법에 대해 살펴보고자 한다(이영 외, 2009, pp. 90-93; 조성연 외, 2010, pp. 133-137).

1) 종단적 접근방법

종단적 접근방법(longitudinal approach)은 어떤 한 시점에서 한 연령 집단의 연구 대상을 표집하여 수년간 반복적으로 관찰하고 측정하여 자료를 수집함으로써 시간 이 지남에 따른 발달 과정을 살펴보는 방법이다. 예를 들어, 2006년에 태어난 3세 유아 100명을 표집하여 2015년까지 10년간 계속 추적하여 연구하는 것이다.

종단적 접근방법은 개체로서의 전체성을 강조하여 발달 과정에 대한 개인 간과 개인 내적인 측면의 전반적인 정보를 보다 정확하게 제공해 줄 수 있어 인간의 발달 적 변화를 이해하고 설명하는 데 유용하다. 그러나 이 접근방법은 오랜 시간 동안 연구를 진행하기 때문에 시간과 노력, 비용이 많이 들고, 시간 경과에 따라 최초의 연구대상이 많이 탈락할 수 있으며, 그로 인한 연구결과의 편파성을 배제하기 어렵 고, 심지어 연구대상의 탈락 등으로 관찰이나 조사가 불가능해질 수도 있다. 또한 연구대상을 편파적으로 선정할 경우, 특정 집단에서 얻은 연구결과를 일반화할 수 있다는 문제점도 있다. 더불어 오랜 시간 동안 반복적으로 동일한 검사도구를 사용 할 수밖에 없고, 연령 증가에 따라 같은 영역에 대해 상이한 검사도구를 사용하게 됨에 따라 연구대상의 피로와 기억 및 학습 효과로 인해 연구결과를 일반화하는 데 도 문제가 있을 수 있다. 대표적인 종단적 접근방법에 의한 연구로는 36년간 계속되 었던 미국의 버클리 성장 연구(Berkeley Growth Study), 30년간 지속되었던 펠즈 연 구소(Fels Research Institute)의 종단연구가 있다. 우리나라에서는 한국행동과학연구 소에서 지난 1975년부터 30여 년간 아동의 전인적인 발달을 위한 종단적 연구가 진 행된 바 있다.

2) 횡단적 접근방법

횡단적 접근방법(cross-sectional approach)은 한 시점에서 여러 연령의 연구대상을 동시에 표집하여 자료를 수집함으로써 연령 간의 발달적 특징을 전반적이고 개략적 으로 탐색하려는 방법이다. 예를 들면, 2014년의 한 시점에서 3~12세까지의 아동 을 연령당 100명씩 총 1,000명을 표집하여 자료를 수집하여 분석하는 것이다.

횡단적 접근방법은 빠른 시간 내에 여러 연령층의 연구대상을 표집하여 연구하기 때문에 시간과 노력, 비용이 적게 들어 경제적이고 빠른 시간 내에 연구결과를 얻어

별 수 있다. 또한 이 방법은 연구대상의 탈락률이 낮고 표본 선정에 따른 편파성의 문제도 일정 부분 극복할 수 있으며, 동일한 역사적 · 문화적 상황에서 연구대상을 표집하기 때문에 동일한 조건에서 자료를 수집할 수도 있다. 이런 장점으로 실제 연구 현장에서 연구자는 횡단적 접근방법에 의한 연구를 많이 실시하고 있다. 그러나 횡단적 접근방법은 다양한 지역에서 혹은 여러 특성을 지닌 연구대상을 표집할 경우에 가외변인(extraneous variable)을 통제하기 어렵다. 또한 이 방법은 다른 연령층을 표집하여 연구하기 때문에 엄밀한 의미에서의 발달적 변화에 대한 정보를 제공한다고 보기에도 무리가 있어 발달에서의 인과관계를 규명하는 것이 어렵다.

3) 단기간 종단적 접근방법

단기간 종단적 접근방법(short-term longitudinal approach)은 샤이에(Schaie, 1965)가 종단적 접근방법과 횡단적 접근방법의 장점과 단점을 고려하여 연구를 보다 효율적으로 수행할 수 있도록 절충한 방법으로써 동시대 집단(cohort) 연구다. 동시대 집단이란 같은 해에 태어난 집단을 의미하기도 하고, 같은 시대를 사는 집단을 의미하기도 한다. 동시대 집단을 예로 들면, 2015년도에 태어난 사람이나 IMF의 어려운 시기를 함께 경험한 집단 등을 들 수 있다. 단기간 종단적 접근방법의 예를 들면, 2006년에 3~7세 유아를 각각 100명씩 500명을 표집하여 동일한 연구대상에게 2011년까지 자료를 수집하여 연구하는 것이다. 즉, 2006년에 3세였던 유아는 2011년에 8세가 되고, 7세였던 유아는 12세가 됨으로써 연구자는 6년의 기간 동안 3세부터 12세까지의 10년간의 종단적 자료를 얻을 수 있다.

단기간 종단적 접근방법은 초기에 중복되는 연령집단을 표집하여 시간 경과에 따라 반복 측정하기 때문에 종단적 접근방법에 비해 연구 기간을 단축할 수 있다. 즉, 이 접근방법은 짧은 시간 동안 다양한 연령층에 대한 발달적 특성과 변화 양상 및 집단 간 차이를 비교할 수 있고, 비록 짧은 기간이지만 집단 내의 차이를 비교할 수도 있다. 또한 이 접근방법은 종단적 접근방법에 비해 시간과 노력, 비용이 적게 들며, 연구대상의 탈락률도 낮고, 연구대상의 표집으로 인한 편파성도 줄일 수 있으며, 동시에 동시대 집단의 효과도 알 수 있다. 그러나 횡단적 접근방법에 비해서는 시간과 노력, 비용이 많이 든다.

이상의 세 가지 접근방법을 그림으로 예시하면 [그림 3-1]과 같다.

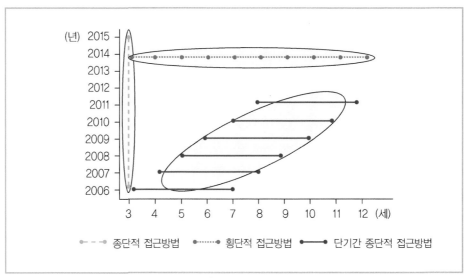

[그림 3-1] 종단적 접근방법, 횡단적 접근방법, 단기간 종단적 접근방법

출처: 조성연, 이정희, 황혜정, 나종혜, 양성은(2008). 아동관찰 및 행동연구, p. 71.

5. 유아발달 연구에서의 윤리적 문제

유아를 대상으로 다양한 연구방법을 적용하여 산출한 연구결과는 유아에 대한 이해를 도모함으로써 인류 사회에 기여한다. 산출한 연구결과가 인류 사회에 없어서는 안 될 매우 중요한 것이라 할지라도 연구자가 지식을 탐구하고 진리를 추구함에 있어 반드시 지켜야할 윤리와 규범이 있다. 연구자는 자신의 전문성뿐만 아니라 그 연구에 참여하는 연구대상에 대해서도 책임을 져야 한다. 연구자는 연구와 관련한 윤리적 문제, 즉 심신의 위해, 사생활 침해나 비밀보장, 사회적 책임, 연구대상과 현상에 대한 편견, 개인적 이득을 위해 연구결과를 다른 용도나 목적으로 사용하는 등 연구에서의 진실성 문제에 대해 심각하게 고민해야만 한다. 특히 연구대상이 유아인 경우에는 유아 스스로 연구에 참여하는 것을 선택할 수 없기 때문에 연구자는 유아의 인권이나 복지 등에 대한 문제를 무엇보다 우선적으로 고려해야 한다. 캐번(Cavan, 1977)은 연구에 대한 윤리를 "타인의 권리에 대해 원리원칙을 따르는 것"이라고 정의하면서 이는 윤리적인 한계 내에서 진리를 추구할 것인지를 선택하는 것이라고 보았다. 여기서는 연구윤리와 관련하여 연구대상의 권리와 복지 및 연구의 진실성에 대해 살펴봄으로써 연구에서의 윤리적 문제를 생각해 보고자 한다.

1) 연구대상의 권리와 복지

연구자는 연구를 진행하는 각 단계에서 연구의 잠재적인 윤리적 문제에 당면할 수 있다. 연구자가 이러한 문제를 현명하게 극복하는 것도 연구자로서 수행해야 할 역할 중의 하나다. 우리나라에서는 2004년 1월 29일 「생명윤리 및 안전에 관한 법」을 제정하였다. 당시 이 법은 생명과학 기술에 있어서의 생명윤리 및 안전을 확보하여 인간의 존엄과 가치를 침해하거나 인체에 위해를 주는 것을 방지하고, 생명과학 기술이 인간의 질병 예방 및 치료 등을 위하여 개발·이용될 수 있는 여건을 조성하는 것을 목적으로 제정되었다. 이후 이 법은 2012년 2월 1일에 인간을 대상으로 하는 모든 연구에 적용하는 것으로 개정되어 2013년 2월 2일부터 발효되었다. 이 법에 따르면, 연구자가 6인 이상인 기관은 **기관생명윤리위원회**(Institutional Review Board: **IRB**)를 설치하여 보건복지부 산하의 질병관리본부에 등록해야 하고, 인간을 대상으로 하는 모든 연구는 IRB에서 사전 심의를 받도록 명문화하였다. 「생명윤리 및 안전에 관한 법」에 의하면 인간을 대상으로 하는 연구란 사람을 대상으로 물리적으로 개입하거나 의사소통, 대인 접촉 등의 상호작용을 통하여 수행하는 연구 또는 개인을 식별할 수 있는 정보를 이용하는 연구(제2조)로 명문화되어 있다.

인간 대상 연구에서 윤리적 문제가 본격적으로 대두된 것은 제2차 세계대전 후 독일의 나치가 자행한 비윤리적 인체 실험이 밝혀지면서부터이고(한국아동권리학회 편, 2005, p. 28), 연구에서의 윤리적 문제가 활발히 논의되기 시작한 것은 1960년대 중반부터라고 할 수 있다(이은해 외, 2006, p. 35).

인간을 대상으로 하는 연구에서의 연구대상을 보호하기 위한 제도적 장치인 IRB의 설립 근간은 대표적으로 **뉘른베르크 강령**(Nuremberg Code, 1947), **헬싱키 선언**(Declaration of Helsinki, 1962), **벨몬트 보고서**(Belmont Report, 1979) 등을 들 수 있다. 뉘른베르크 강령에서는 의학 실험을 할 때 반드시 충족해야만 하는 것으로 연구대상의 자발적 동의와 충분한 정보에 근거한 동의(informed consent)가 이루어져야 하고, 과학적으로 자격을 갖춘 사람만이 실험을 실시해야 하며, 연구대상에게 불필요한 신체적·정신적 고통과 위해를 피해 실험을 해야 한다는 것 등을 명시하였다. 헬싱키 선언은 뉘른베르크 강령의 영향으로 제18차 **세계의사협회**(World Medical Assembly) 총회에서 채택되었다. 이 선언은 건강한 연구대상에게 하는 실험에서 지켜야 할 윤리적 원칙을 환자를 대상으로 하는 실험에서도 반드시 준수해야 한다는 점을 명시하였다. 이를 위해 헬싱키 선언은 충분한 정보에 근거한 동의를 받아야 한다는 점을 강조하였는데 이는 향후 인간 대상 연구의 일반적인 윤리 원칙이 되었다. 벨몬트 보고서는 미국 정부의 매독연구에서 비롯된 것으로써 인간을 대상으로 하는 연구에서 연구대상을 보호하기 위한 윤리 원칙과 지침을 제시하였다. 특히 이 보고서는 가장 피해를 받기 쉬운 아동, 정신지체자 등과 같은 사회적 약자를 인체 실험으로부터 보호해야 한다는 점을 강조하면서 인간 존중, 선행, 정의를 기본적인 윤리 기준으로 강조하였다. 이 외에도 인간을 대상으로 하는 연구에서의 윤리적 측면을 강화하기 위해 1991년 세계보건기구(WHO)와 세계의학회(The Council for International Organizations of Medical Sciences: CIOMS)가 공동으로 인간을 포함하여 생의학 연구를 위한 세계윤리지침을 제정하여 공포하였다. 특히 CIOMS에서는 아동연구에서의 주의할 점에 대한 가이드라인을 제시하였다. 즉, 아동을 대상으로 연구할 경우에는 연구목적이 아동의 보건 상 필요한 사항과 관련된 지식을 얻기 위한 것이어야 하며, 반드시 부모나 법정대리인의 허락을 받아야만 하고, 아동의 능력 범위 내에서 아동의 승낙(assent)을 받아야 하고, 아동이 연구에 참여하거나 계속 참여하기를 거부할 경우에 아동의 의견을 존중해야만 한다는 점을 제시하였다.

　유아발달을 연구하는 연구자가 연구를 진행함에 있어서는 성인을 대상으로 할 때와 다른 측면에서의 윤리적 문제가 있다. 유아는 스스로 연구에 참여하기보다는 법정대리인이나 보호자의 동의에 의해 연구에 참여하게 됨으로써 연구에 참여하고 있다는 사실에 대한 인지도가 매우 낮고, 때로 참여하는 연구에 의해 심리적인 영향을 받을 수도 있다. 이와 관련하여 헐리와 언더우드(Hurley & Underwood, 2002), 러년(Runyan, 2000) 등은 아동이 12세 정도가 되어야 연구를 대략적으로 이해하고 스스로 연구 참여 여부를 결정할 수 있다고 보았다. 그러므로 연구자가 유아를 대상으로 연구할 경우에 윤리적인 문제를 심각하게 고려해야만 한다. 이와 관련하여 포스터(Foster, 1995)는 유아를 대상으로 한 연구는 다음과 같은 세 가지 윤리적인 문제에 답할 수 있어야 한다고 주장하였다. 첫째, 연구가 중요한 문제에 대해 의문을 가지고 그 문제에 대한 답을 줄 수 있는가? 둘째, 연구과정에서 연구대상 유아에게 일어날 수 있는 위험의 정도는 허용할 만한 수준인가? 셋째, 연구대상 유아로부터 자율적 동의를 획득함으로써 연구대상 유아의 권리를 존중하고 있는가?(한국아동권리학회 편, 2005, p. 22 재인용).

　이런 점에서 IRB가 심의할 때 주로 역점을 두는 내용은 다음과 같다(교육과학기술부, 한국연구재단, 2011, p. 76).

- 연구계획서에 대한 윤리적 · 과학적 타당성이 충분히 제시되어 있는가?
- 연구대상에 대한 위험성이 최소화되어 있는가?
- 연구대상이 얻을 수 있는 예상 이익과 비교하여 조금이라도 위험성이 있다면 연구대상이 감수해야 할 위험이 합리적인가? 그리고 그 실험결과를 통해 얻을 수 있는 지식에 중요성이 있는가?
- 연구대상의 선별은 공정한가?
- 연구대상이나 법정대리인에게 실험에 대해 충분히 알린 후 동의를 받았는가?
- 연구대상이 실험에 대해 자세한 설명을 듣고 이해하였다는 동의서를 받았는가?
- 연구대상의 개인정보를 보호하고 데이터의 비밀을 보장하기 위한 적절한 계획이 있는가?

미국의 아동발달연구학회(Society for Research in Child Development: SRCD)(2000)는 유아를 포함하는 아동연구의 16개 윤리 기준을 제시한 바 있다. 16개의 윤리 기준 중 인간 대상 연구와 관련된 내용을 요약하면 다음과 같다.

첫째, 유아에게 신체적 · 심리적으로 피해를 줄 수 있는 연구절차를 사용해서는 안 된다. 연구 진행 도중 유아의 복지를 위협할 수 있는 경우에는 부모나 보호자, 현장의 전문가와 상의해야 한다.

둘째, 유아에게 연구 참여에 대한 동의를 구하기 전에 연구에 참여함으로써 영향을 받을 수 있는 모든 측면을 알려주어야 하고, 연구 도중 언제든지 그만둘 수 있다는 자유를 보장해 주어야 한다. 또한 유아뿐만 아니라 부모, 보호자나 법정대리인 혹은 연구 도중 상호작용할 수 있는 교사 등으로부터도 연구 참여에 대한 서면 동의를 받고, 각자의 책임 한계에 대해서도 분명하게 동의를 받아야 한다. 연구대상은 어떤 상황에서도 충분한 정보에 근거하여 동의해야 한다.

셋째, 연구 참여에 대해 적절한 보상을 해 주어야 하나 과하지 않아야 한다.

넷째, 연구대상의 개인 정보는 **익명성**을 보장해 주어야 하며, 연구대상의 모든 정보는 비밀을 보장해 주어야 한다. 연구자는 허가받은 목적 이외에 연구대상이 제공한 정보의 사용을 금해야 하고, 연구 종료 후 연구대상이 이해할 수 있는 용어로 연구결과를 알려주어야 한다. 또한 연구결과를 보고할 때에도 연구대상에게 부담이

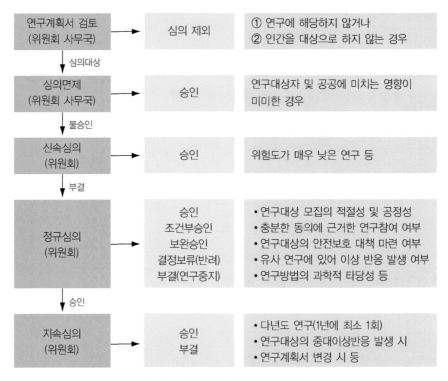

[그림 3-2] IRB 심의 과정(예시)

출처: 보건복지부, 질병관리본부(2013. 2.). 생명윤리: 생명윤리법 관련 기관 관리안내, p. 49.

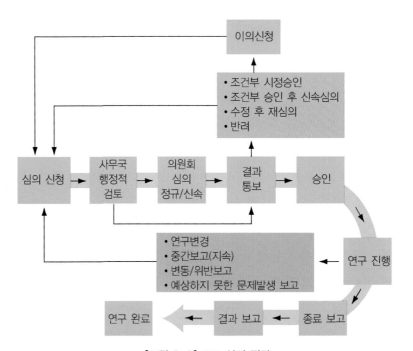

[그림 3-3] IRB 심의 절차

출처: 호서대학교 생명윤리위원회 리플렛(2014), p. 5.

되지 않도록 사회적·정치적·인간적 함의에 대해 충분히 이해함으로써 연구결과 제시에 세심한 주의를 기울여야 한다.

2) 연구의 진실성

인간을 대상으로 하는 연구가 윤리적으로 자리매김하기 위해서는 연구 부정행위가 발생하지 않도록 주의를 기울이면서 연구의 진실성을 확보하는 것이 매우 중요하다. **연구윤리**는 연구의 계획, 수행, 보고 등과 같은 연구의 전 과정에서 책임 있는 태도로 바람직한 연구를 추진하기 위해 지켜야 할 윤리적 원칙이다. 이는 연구 부정행위가 발생한 원인을 진단하거나 이를 예방하기 위한 대책을 마련하는 과정에서 더욱 뚜렷하게 드러난다. 연구 부정행위의 해악은 단지 연구자 개인의 양심을 위반하는 것에 그치는 것이 아니라 동료 연구자의 시간과 노력을 소모시켜 해당 분야의 발전을 심각하게 저해하고, 해당 분야의 연구 활동에 대한 지원을 위축시키는 결과를 유발할 수도 있다. 뿐만 아니라 일반인과 사회전체에까지 심각한 피해를 야기할 수도 있다(교육과학기술부, 한국연구재단, 2011, p. 12). 따라서 연구윤리는 연구절차의 규범인 동시에 연구를 수행하는 연구자의 행위규범이라고 할 수 있다(서이종, 2013, p. 3).

진실성이 결여된 연구를 통해서는 진리에 도달할 수 없고 인류 사회의 발전에도 기여할 수 없다. 진리를 추구하는 연구자라면 누구나 객관적으로 연구를 진행해야 하며 스스로 연구윤리를 엄격히 준수해야만 한다. 만일 연구자가 윤리적인 딜레마에 부딪히면 다른 연구자나 전문가에게 자문을 구하는 것이 연구자로서의 바른 자세다.

연구의 진실성을 위해 우리나라에서는 「학술진흥법」에 근거하여 교육부 훈령으로 「연구윤리 확보를 위한 지침」(2014)을 마련하여 연구 부정행위에 대한 규준을 제시하였다. 이 지침에 의하면 연구자는 연구에 전념하고, 연구윤리를 준수하여 연구 부정행위를 예방하기 위해 노력하여야 하며, 위조, 변조, 표절, 부당한 논문저자 표시, 부정행위 조사에 대한 고의적 방해와 제보자 위해 행위 등을 연구 부정행위로 간주한다. 대표적인 연구 부정행위로 위조, 변조, 표절, 부당한 논문저자 표시 등을 들 수 있다.

- **위조**: 존재하지 않는 데이터 또는 연구결과 등을 허위로 만들어 내는 행위
- **변조**: 연구 재료 · 장비 · 과정 등을 인위적으로 조작하거나 데이터를 임의로 변형 · 삭제함으로써 연구 내용 또는 결과를 왜곡하는 행위
- **표절**: 타인의 아이디어, 연구내용 · 결과 등을 적절한 인용 없이 사용하는 행위
- **부당한 논문저자 표시**: 연구내용 또는 결과에 대해 공헌하거나 기여한 사람에게 정당한 이유 없이 논문저자 자격을 부여하지 않거나, 공헌 또는 기여를 하지 않은 자에게 감사 표시나 예우 등을 이유로 논문저자 자격을 부여하는 행위
- 본인 또는 타인의 부정행위 의혹에 대한 조사를 고의로 방해하거나 제보자에게 위해를 가하는 행위
- 그 밖에 인문 · 사회 및 과학기술 분야 등 각 학문 분야에서 통상적으로 용인되는 범위를 심각하게 벗어난 행위 등

미국의 아동발달연구학회(Society for Research in Child Development, 2000)는 연구자의 위법행위, 즉 자료의 누락, 잘못된 분석, 표절, 왜곡된 제시 등에 대해 강력한 지도력을 행사할 수 있으며, 위법이라고 밝혀진 회원에 대해서는 제명 결정을 내릴 수 있도록 규정하고 있다.

참고문헌

곽금주(2002). 아동 심리평가와 검사. 서울: 학지사.
교육과학기술부, 한국연구재단(2011). 연구윤리의 이해와 실천. 대전: 한국연구재단.
교육부(2012). 연구윤리 확보를 위한 지침. 서울: 교육부.
교육인적자원부 보도자료(2007. 4. 26). 연구 부정행위 근절, 학계 원로가 나섰다: 대학 및 학회에 연구윤리 지침 마련, 교육과정 개발 권고. 서울: 교육인적자원부.
김영태, 장혜성, 임선숙, 배현정(1995). 그림어휘력검사 실시요강. 서울: 서울장애인종합복지관.
김정미, 신희선(2006). K-CDI 아동발달검사. 서울: 특수교육.
김태련, 서봉연, 이은화, 홍숙기(1993). 아동용 회화 통각 검사. 서울: 한국가이던스.
문수백, 여광응, 조용태(2003). 한국판 시지각 발달검사. 서울: 학지사.
문수백(2014). KABC-II 전문가 지침서. 서울: 학지사.
박혜원, 곽금주, 박광배(2002). K-WPPSI(한국 웩슬러 유아지능검사) 지침서. 서울: 특수교육.

보건복지부, 질병관리본부(2013. 2). 생명윤리: 생명윤리법 관련 기관 관리안내. 서울: 보건복지부, 질병관리본부.

서이종(2013). 학문 특성별 연구윤리 가이드라인 제정을 위한 기본 방향 탐구. 2013년 연구윤리 포럼: 연구윤리 정착을 위한 '연구윤리 가이드라인'의 기본 방향, 3-16.

이경화, 고진영(2006). 자아개념검사 실시요강. 서울: 학지사.

이영, 이정희, 김온기, 이미란, 조성연, 이정림, 유영미, 이재선, 신혜원, 나종혜, 김수연, 정지나 (2009). 영유아발달. 서울: 학지사.

이은해, 이미리, 박소연(2006). 아동 연구방법의 이해. 서울: 학지사.

전경원(2001). 유아 도형 창의성 검사 요강. 서울: 학지사.

조성연, 이정희, 천희영, 심미경, 황혜정, 나종혜(2010). 아동발달. 서울: 창지사.

조성연, 이정희, 황혜정, 나종혜, 양성은(2008). 아동관찰 및 행동연구. 서울: 신정.

한국아동권리학회 편(2005). 아동권리보호와 연구윤리. 서울: 학지사.

호서대학교 생명윤리위원회 리플렛(2014).

Bellak, L. (1949). *Children's Apperception Test*. New York: C. P. S.

Cavan, S. (1977). Review of J. D. Douglas's 'Investigative social review: Individual and team field research'. *The American Journal of Sociology, 83*(3), 809-811.

Dunn, D. M., & Dunn, L. M. (1959). *Peabody Picture Vocabulary Test*. Circle Pines, MN: American Guidance Service.

Hurley, J., & Underwood, M. (2002). Children's understanding of their research rights before and after debriefing: Informed consent, confidentiality and stopping participation. *Child Development, 73*(1), 132-143.

Ireton, H. R. (1992). *Child development inventory manual*. Minneapolis, MN: Behavioral Science Systems.

Kaufman, A. S., & Kaufman, N. L. (1983). *Kaufman Assessment Battery for Children*. Circle Pines, MN: American Guidance Service.

Runyan, D. K. (2000). The ethical, legal, and methodological implication of directly asking children about abuse. *Journal of Interpersonal Violence, 15*(7), 675-681.

Schaie, K. W. (1965). A general model for the study of developmental problems. *Psychological Bulletin, 64*, 92-107.

Society for Research in Child Development (2000). *Directory of members 1999-2000*. Ann Arbor, MI: SRCD.

Wechsler, D. (1967). *Manual for the Wechsler Preschool and Primary Scale of Intelligence*. New York: The Psychological Corporation.

chapter 04

신체 및 운동발달

유아기는 영아기보다 신체 성장이 완만한 속도로 진행한다. 유아기의 신체발달은 어느 정도 예측 가능하지만 개인차가 있어 발달의 정도는 조금씩 다르다. 유아기는 신체와 체중이 증가하고, 근육과 골격이 성장하며, 신장 대 두위의 비율이 줄어든다. 이러한 신체발달에 맞추어 걷기와 달리기, 뛰기와 던지기, 받기, 자전거 타기 등 대근육 운동 능력이 커지고 눈과 손의 협응력이 발달하면서 젓가락 사용하기, 글씨 쓰기, 혼자서 옷 입고 벗기 등의 소근육 운동 기술이 섬세하고 정교해진다. 유아기의 신체 활동은 신체기능 뿐만 아니라 안전능력, 인지 및 사회성 발달을 위해서도 반드시 필요하다. 이 장에서는 유아기의 신체발달, 운동발달, 뇌발달 및 신체발달에 영향을 미치는 요인을 알아보고 신체 및 운동발달을 위한 부모와 교사의 역할에 대해 살펴보고자 한다.

1. 신체발달
2. 운동발달
3. 뇌발달
4. 신체발달에 영향을 미치는 요인
5. 신체발달을 위한 부모 및 교사의 역할

신체 및 운동발달

1. 신체발달

1) 신장과 체중의 변화

유아기는 영아기에 비해 신장과 체중의 성장 속도가 비교적 완만하다. 출생 시 신생아의 신장은 남아의 경우 평균 50.12cm, 여아는 49.35cm이며, 이후 평균 5~7cm 정도 매년 성장하여 5세 무렵에는 출생 시의 2배 정도의 신장이 된다. 3세의 평균 신장은 남아는 93.13cm, 여아는 91.93cm이며, 5세는 남아 107.20cm, 여아 106.14cm가 된다(질병관리본부, 2007). 일반적으로 남아가 여아보다 약간 더 큰 경향이 있으며 개인차도 있다. 출생 시의 신장은 성인기의 신장과 거의 상관관계가 없으나 유아기의 신장은 성인기의 신장과 0.7 정도의 상관관계가 있어 성인기의 신장을 예측할 수 있는 지표가 된다. 유아기의 신장은 유전적으로 부모의 신장과 관련이 있다고 하며, 부모의 신장으로부터 자녀의 신장이 얼마나 클 것인가를 예측해 볼 수 있다. 또한 신장의 증가는 유아마다 성장패턴을 가지고 있어 또래 보다 빨리 자라다가 나중에는 천천히 자라기도 하고, 그와 반대로 보통 또래들보다 신장이 작다가 후기에 빨리 자라기도 한다(심성경 외, 2014, p. 75).

그리고 유아기 체중은 남아가 여아보다 약간 더 무겁다. 남아의 체중은 출생 시 3.41kg, 여아는 3.29kg이며, 12개월부터 5세까지 평균 매년 2~3kg씩 증가하여 5세 경에는 출생 시 몸무게의 5배, 6세에는 성인의 30%정도로 성장한다. 특히 체중은 개인차가 심한 편으로 최근에는 비만 유아의 수가 증가하고 있어 5세 정도의 소아 비만은 성인 비만으로 갈 우려가 있다(김미영, 2014, p. 39).

[그림 4-1] 3~5세 남아

[그림 4-2] 3~5세 여아

〈표 4-1〉 남녀 유아의 체중과 신장 표준치

연령	남아		여아	
	체중(kg)	신장(cm)	체중(kg)	신장(cm)
출생 시	3.41	50.12	3.29	49.35
⋮	⋮	⋮	⋮	⋮
12~15개월	10.41	78.22	9.84	76.96
⋮	⋮	⋮	⋮	⋮
21~24개월	12.33	86.15	11.70	84.97
⋮	⋮	⋮	⋮	⋮
2.5~3세	14.04	93.13	13.42	91.93
⋮	⋮	⋮	⋮	⋮
3.5~4세	15.91	100.30	15.28	99.20
⋮	⋮	⋮	⋮	⋮
4.5~5세	18.07	107.20	17.35	106.14
⋮	⋮	⋮	⋮	⋮
5.5~6세	20.39	113.62	19.57	112.51

출처: 질병관리본부(2007). 2007년 소아·청소년 표준 성장도표(해설) p. 135.

이와 같이 유아의 평균 신장과 체중에 비해 개별 유아가 더 작거나 큰 이유는 선천적인 요인들, 즉 호르몬, 아동기에 발현되는 신체적 문제, 임신 중 어머니의 태내환경, 출생 후 다양한 환경 등이 원인이라고 본다. 출생 후 만성적으로 아픈 유아는 거의 아프지 않은 유아에 비해 더 작고, 신체적으로 학대를 받거나 방임된 유아는 적절한 성장 호르몬이 분비되지 않아 신체적 성장에 제한적인 영향을 받을 수도 있다. 유아기의 작은 신장에 대한 심리적이고 사회적인 결과에 대한 연구는 거의 없다. 대부분의 연구는 평균 신장 또는 키가 큰 유아와 작은 유아의 심리적이고 사회적 기능의 차이는 거의 없거나 전혀 없다고 한다(Santrock, 2010, pp. 325-326).

한편 출생 시 머리의 크기는 전체 신장의 1/2 정도였다가 영아기에 1/4로 변화하며, 유아기에는 점차 머리의 비율이 작아져 6세 정도에는 1/6의 크기가 된다. 이 시기는 아직 머리가 몸에 비해 상대적으로 크기는 하지만 점차 팔다리가 길어지고 체지방 또한 계속적으로 감소하면서 불룩하게 나왔던 배가 들어가고 몸통이 가늘어지는 등 신체 비율이 달라진다(김미영, 2014, p. 39).

2) 근육과 골격의 변화

유아기에는 뼈의 길이나 넓이, 구성 등이 계속적으로 변화하며, 성장점이 연골로 바뀜에 따라 뼈의 성장이 완성된다. 유아는 몸의 자세가 불안정하며, 걷기 시작하면서부터 안쪽으로 굽은 다리가 곧게 펴지기 시작하여 6~7세경 무릎과 팔의 자세가 곧게 된다.

유아기의 골격발달도 개인차가 있어 일반적으로 여아가 남아보다 더 빠르게 발달한다. 근육발달은 체중의 발달과 거의 같은 속도로 이루어지며, 근육 조직보다 지방 조직이 먼저 발달한다. 지방 조직은 생후 8개월까지 급격히 증가하다가 그 이후 증가율이 둔화되는 반면, 근육의 크기는 5~6세경에 급격히 증가한다. 유아의 근육의 넓이와 두께 등의 발달은 7세 이후에 더 진행되며, 특히 어깨나 엉덩이 등의 근육은 성차가 나타나기 시작한다(심성경 외, 2014, p. 77). 그러나 전반적으로 유아의 근육발달은 아동기까지 신장의 발달 속도를 따르지 못하며, 지방 조직이나 근육 조직은 사춘기 이후에 급격히 발달한다.

골격의 발달은 발달의 일반적 수준을 예측할 수 있는 지표인데 손과 손목뼈로 골격 연령과 발달 연령을 추측할 수 있다. 태내기에서부터 20개월까지 연골에서 경골로 대치되는 발달은 꾸준히 이루어진다. 골격의 두께, 수, 형태로 골격의 성장 정도와 영양 상태를 알 수 있다(한은숙, 2010, p. 192).

한편 유아는 성인에 비해 골격 조직이 부드럽고 유연하기 때문에 어른에 비해 충격에 대한 손상이 적으며 회복도 빠른 편이다. 그러나 유아기는 대소근육의 발달에 따라 활발한 움직임이 많고 호기심이 많아 새로운 시도를 많이 하는 시기이기 때문에 안전사고가 빈번하게 발생할 수 있다. 유아는 계속 성장하는 과정에 있기 때문에 만약 안전사고로 골절을 겪게 되는 경우에는 성장판이 손상될 수 있고, 성장판의 손상은 신체발달과 밀접한 관계를 갖고 있어서 손상시 팔다리의 기형이나 키가 더 자라지 않는 등의 부작용이 발생할 수 있으므로 사고가 발생하지 않도록 예방이 중요하며 만약 손상을 당했을 때에는 즉시 전문적인 치료가 요구된다(김상희 외, 2014, p. 92).

3) 치아의 발달

유아가 2세경이 되면 20개의 유치가 전부 형성된다. 4~5세경에 유아는 유치를 갈기 시작하여 윗니와 아랫니의 앞니부터 빠지기 시작하는데 매년 4개 정도 영구치로 대체된다. 영구치는 좌우, 위아래에 각각 8개씩 총 32개인데, 사랑니가 나지 않는 경우도 있어서 영구치는 대략 28~32개다. 그런데 5세 이후에도 손가락을 빠는 버릇을 가진 유아의 경우, 치열이 고르지 않게 되며, 또한 음식을 씹을 기회가 많지 않은 유아의 경우, 턱이 발달하지 못하고 점점 좁아져서 이가 날 자리가 부족하여 덧니로 나올 가능성이 많다(김미영, 2014. p. 68), 그러므로 유아기에 부모가 유아의 치아 상태에 관심을 기울이지 않으면 유아는 입술 깨물기, 혀 내밀기, 손톱 깨물기와 같은 좋지 않은 습관이 생기게 되고 치아가 바르게 물리지 않는 부정 교합, 충치 등이 발생할 수도 있다. 유아가 부정 교합이 심하면 발음 장애나 성장 장애를 일으킬 수도 있다(유효순 외, 2014, p. 75). 특히 어금니는 위치상 유아가 닦기 어려우므로 성인이 유아의 칫솔질을 도와줄 필요가 있다. 유아의 치아발달을 위해 성인들은 유아가 올바른 영양을 섭취하도록 도우며, 식사 후와 잠자기 전에 양치질 하는 습관을 들이도록 하는 것이 중요하다.

2. 운동발달

1) 대근육 운동발달

유아가 자신의 운동 기술을 연습하고 발달시킬 수 있는 다양한 기회를 제공받는 것은 매우 필요하다. 유아는 스스로를 신체적으로 유능한 존재로 인식함으로써 점차적으로 균형감각과 공간 능력을 발전시켜 간다(문혁준 외, 2014, p. 137). 유아가 팔이나 다리, 몸통 등을 이용하여 움직이는 것을 대근육 운동이라고 한다. 유아의 운동 기술은 체중의 중심이 하체로 내려가면서 증가하고 유아는 더 쉽고 편하게 균형을 잡을 수 있게 된다. 머리가 큰 영아는 이동운동의 하나인 걷기를 할 때 중심을 잘 잡지 못하고 넘어지는 경우가 많이 발생하지만 점차 체중의 중심이 아래로 내려간 유아기 말기에는 성인과 거의 비슷한 수준으로 몸의 균형을 잡아 넘어지지 않고 자유롭게 움직일 수 있다.

연령별 유아의 대근육 운동발달을 살펴보면 다음과 같다.

(1) 3세

유아는 3세경 점프하거나 기어오르기, 앞뒤로 달리기 등과 같은 단순한 동작을 즐기며, 자신이 어떤 활동을 할 수 있다는 것을 보여 줌으로써 자부심과 성취감을 갖게 된다. 유아는 그네를 밀어 주면 탈 수 있고, 20cm 정도 되는 그네 높이에서 뛰어내릴 수 있으며, 성인의 도움 없이 미끄럼을 탈 수도 있다. 또한 유아는 세발자전거를 탈 수 있으며, 발끝으로 걸을 수도 있고, 한 발로 넓이 뛰기를 할 수도 있다. 유아는 공을 던질 때 주저하면서 아직 팔목을 사용하지 못하고 주로 어깨와 팔꿈치를 이용하여 던진다.

(2) 4세

4세 유아는 모험심이 더욱 강해져서 정글짐을 기어오르거나 다양한 방식으로 놀이 기구를 이용할 수 있고, 발을 번갈아 가며 계단을 내려올 수 있으며, 30cm 높이에서 뛰어내릴 수도 있다. 유아는 음악의 리듬에 맞추어 몸을 움직일 수 있고 능숙하게 한 발로 뛸 수도 있다. 또한 유아는 공을 잡을 수 있고, 정확한 몸 자세로 앞으로 곧게 던질 수 있으나 던지는 높이를 조절하는 것은 어려워한다.

(3) 5세

5세 유아는 보다 능숙하고 균형 잡힌 자세로 놀이를 할 수 있으며 더욱 대담한 놀이에 참여한다. 유아는 미끄럼 타기, 그네 타기 등을 능숙하게 할 수 있으며, 50cm 높이에서 뛰어내릴 수 있고, 한 발씩 교대로 깡충 뛰기와 줄넘기를 할 수 있으며, 스케이트 타기를 시작할 수도 있다. 또 유아는 옆으로 던지기를 할 수 있는데 다리 움직임이 공을 던지는 전체 몸자세와 잘 조화되어 어느 정도 유연한 자세를 취할 수 있다.

[그림 4-3] 공놀이하는 유아

[그림 4-4] 3세와 5세의 자전거 타기

2) 소근육 운동발달

유아기에는 눈과 손의 협응 능력이 발달하면서 소근육 운동 기능도 보다 정교하게 발달한다. 유아에게 있어서는 소근육 운동 기술을 습득하는 것이 대근육 운동 기술을 습득하는 것보다 더 어렵다. 왜냐하면 눈과 손의 협응으로 이루어지는 행동을 습득하려면 사물을 인식해야 하고 반복적인 감각 경험을 쌓아야 하기 때문이다. 일반적으로 소근육 운동 기술은 여아가 더 빨리 획득하고, 대근육 운동 기술은 남아가 더 빨리 획득한다. 소근육 운동 기술이 발달함으로써 유아는 스스로 먹고 입을 수 있어 자신을 유능하고 독립적인 존재로 인식한다.

[그림 4-5] 젓가락 사용하기 　　　　　[그림 4-6] 색종이 접기

(1) 3세

유아는 엄지와 검지를 이용하여 작은 물건을 얼마 동안 잡을 수 있지만 여전히 서툴고, 8~9개의 블록을 위로 쌓을 수 있지만 일렬로 반듯하게 놓는 것은 어려워하고, 퍼즐 맞추기도 아직 미숙하다(최경숙, 박영아, 2005, p. 213). 또한 유아는 주어진 그림 위에 스티커를 바르게 붙일 수 있고, 주어진 모양이나 선을 따라 그릴 수 있으며, 도형이나 십자 모양, X자 모양 등을 그릴 수 있다.

(2) 4세

유아는 눈과 손의 협응 능력이 현저하게 향상되어 더 많은 수의 블록으로 보다 반듯하게 탑 쌓기를 할 수 있을 뿐만 아니라 탑을 쓰러뜨리지 않고 정확하게 쌓으려고 주의를 집중한다. 또한 유아는 가위로 곡선과 직선을 따라 오릴 수 있고, 단순한 형태로 오려서 풀로 붙일 수 있다. 뿐만 아니라 간단한 모형을 보고 여러 가지 블록을 이용하여 그것을 따라서 만들 수 있다.

(3) 5세

유아는 눈과 손의 협응 능력이 매우 향상됨에 따라 소근육 운동 기술이 보다 정교하게 발달하여 다양한 블록을 이용한 놀이를 할 수 있어 단순한 탑 쌓기를 넘어 다양한 주제를 가지고 쌓기 활동을 할 수 있다. 또한 유아는 자신의 이름이나 아는 숫자를 쓸 수 있으며, 잡지의 그림을 가위로 오릴 수 있다.

유아기에 소근육 발달을 돕는 활동으로 유아들이 자주하는 활동인 미술활동을 들수 있다. 유아들은 미술활동을 통해 오감을 발달시킬 수 있으며, 특히 시지각이 발달한 유아들이 생각과 손의 협응이 잘 이루어지면 남들이 표현하지 못하는 독특한 내용의 그림을 표현할 수 있다. 하지만 손의 협응이 잘 이루어지지 않으면 언어적인 표현에 자신감이 줄어드는 경우가 있다. 그러나 유아가 미술에 흥미를 갖게 되면 시지각이 발달하고, 뇌와 손의 협응력이 향상되어 대근육과 소근육이 발달하게 된다(백중열, 2013, p. 143).

한편 주로 쓰는 손에 대한 선호는 영아기까지는 분명치 않아 오른손과 양손의 사용 비율이 비슷하다. 주로 쓰는 손에 대한 선호를 보이는 것은 대략 3세경부터 시작되며, 3~4세경에는 어느 쪽 손을 사용하는 것이 더 편한지에 대한 선호도가 확립되어 오른손잡이와 왼손잡이가 결정되는데 대부분의 사람은 몸의 오른쪽을 지배하는 좌뇌가 우세하므로 대부분 오른손잡이고 90% 이상의 유아가 오른손잡이로 확립된다. 양쪽 대뇌가 더 대칭인 사람은 다른 사람에 비해 상대적으로 우뇌가 지배적이어서 왼손잡이가 된다. 연령이 증가하면서 오른손이나 양손을 사용하는 비율이 왼손을 주로 사용하는 비율보다 훨씬 많은 것으로 나타났다. 최근에는 오른손잡이가 되게 하는 유전자가 존재한다는 가설이 있어 이 이론에 따르면 부모의 양쪽이나 어느 한 쪽으로부터 이 유전자를 받은 사람들은 오른손잡이가 되지만, 이 유전자를 받지 않은 사람의 절반은 오른손잡이가 되고 나머지는 왼손잡이나 양손잡이가 된다고 한다. 이 유전자를 받지 않은 사람들은 우세손이 무작위로 결정되기 때문에 왜 일란성 쌍생아들의 우세손이 서로 다른지에 대한 설명도 가능하며, 또 부모 모두 오른손잡이인 경우에도 자녀의 8%가 왼손잡이가 되는지에 대한 설명을 할 수 있다(Klar, 1999; 이영 외, 2009, p. 247, 재인용).

우리나라 아동 대부분은 오른손을 **우세손**으로 사용하고 있으며, 연령이 증가할수록 더 두드러지게 나타나고 있다(김미영, 2014, p. 51). 이 시기 동안 지나치게 유아가 오른손만을 사용하도록 훈련시키는 것은 바람직하지 않으며, 무엇보다 유아가 편하게 생각하는 손을 사용할 수 있도록 지도하는 것이 필요하다.

〈표 4-2〉 유아기 대근육 발달과 소근육 발달

	대근육 발달	소근육 발달
3세	• 발자국 모양을 따라 걷는다. • 바닥에서 위로 점프를 한다. • 도움을 받아 앞으로 공중제비 돌기를 한다. • 굴러오는 큰 공을 잡는다. • 세발자전거를 탄다. • 공을 던질 때 팔 아래쪽으로 던진다.	• 물주전자의 물을 흘리지 않고 따른다. • 인형 옷을 벗기고 입힌다. • +를 그릴 수 있다. • 여덟 개 블록으로 탑 쌓기를 한다. • 검지를 이용해 풀칠한다. • 종이를 가위로 자른다. • 원에 가깝게 그림을 그린다.
4세	• 한 발로 깡충 뛰기를 한다. • 던져 주는 공을 잡는다. • 목표점을 향해 공을 발로 찬다. • 수레나 인형 유모차를 밀고 당긴다. • 달리다가 멈춘다. • 공을 튕기고 받기를 한다.	• 세모나 네모, X모양, 숫자, 철자를 보고 베낀다. • 선을 따라 가위로 자른다. • 여러 용기에 담긴 것을 다른 그릇에 따른다. • 빨래집게를 눌러 꽂는다. • 10개의 구슬을 실에 꿴다. • 신발 끈을 꿰고 묶는다.
5세	• 줄넘기를 한다. • 발을 번갈아 가며 깡충 뛰기를 한다. • 보조바퀴가 달린 두발자전거를 탄다. • 목표점을 향해 공을 굴린다. • 롤러스케이트를 탄다. • 양발을 번갈아 가며 깡충 뛰기를 한다. • 굴러오는 공을 발로 찬다. • 유연한 자세로 공을 던진다.	• 양손 중 한쪽 손의 사용을 선호한다. • 두 개의 짧은 단어를 따라 쓴다. • 직사각형, 원, 삼각형을 그린다. • 손바닥을 바닥에 대고 윤곽을 따라 그린다. • 종이를 반으로 접은 후 다시 반으로 접는다.

출처: 김경화, 이주연(2013). 유아발달론, p. 147.

3. 뇌발달

영유아기는 '뇌성장 급등기'로서 뇌의 성장이 빠르게 이루진다. 출생 시 신생아의 뇌는 성인 뇌의 25% 정도인 350g 정도 밖에 되지 않지만 3세경 1,000g 정도로 성장한다. 유아의 뇌는 10세 정도까지 빠르게 자라며 사춘기가 지나면서 성인 뇌 무게인 1,300~1,500g에 도달한다(서유헌, 2010, p. 20). 뇌의 성장과 발달은 그 속도가 일정하지 않으며 뇌의 각 부분들은 각기 다른 시기에 빠른 속도로 성장한다(이영 외, 2009, p. 245).

유아기의 두뇌발달은 신체적·인지적·정서적 발달의 기초가 된다. 뇌의 발달은 크기와 형태, 뇌세포 간의 연결의 밀집도 그리고 뇌세포 간의 전달 속도가 변화하면서 이루어진다. 성인은 약 500~1,000억 개의 뇌세포가 있으며, 약 1,000조개 가량의 뇌세포를 연결하는 시냅스가 있다(최경숙, 송하나, 2010, p. 93).

1) 뇌의 구조와 기능

뇌는 크게 7개의 부분으로 구성되어 있다. **대뇌**는 머리의 대부분을 차지하고 있으며 뇌 중에서 가장 늦게 진화하여 만들어졌는데 모양은 껍데기를 벗겨 낸 호두 알맹이와 비슷하다. 대뇌는 좌뇌와 우뇌의 두 반구로 이루어졌는데, 이 두 반구는 뇌량을 통해 연결되어 있으며 긴밀한 상호 협력체계를 갖추고 있다. 좌·우뇌를 연결하는 뇌량은 10세 때까지 많이 발달한다. **소뇌**는 좌우 한 쌍으로 되어 있으며 표면에는 가로로 난 홈이 많고 몸의 평형을 유지하는 역할을 한다. **중뇌**는 안구 운동, 홍채 수축 등 눈과 관련된 업무와 호르몬 분비, 체온 조절, 식욕 조절 등의 역할을 한다. **연수**는 심장박동, 호흡, 소화 등 생명 유지에 필수적인 활동을 담당하여 연수를 다치면 뇌사가 일어나 치명적인 상태에 처한다. **척수**는 뇌간에서 연속적으로 이어져 있고, 뇌의 맨 아랫부분을 이루고 있으며, 백색의 가늘고 긴 원기둥 모양이다. 척수는 운동 신경과 감각 신경 그리고 자율 신경이 지나가는 통로이며 외부로부터 이들을 보호한다. 뇌간은 대뇌와 소뇌 사이에 위치한다. **시상**은 간뇌의 약 4/5를 차지하는데 감각의 대기실과 같은 역할을 하여 모든 감각 정보가 일단 여기에 모여 있다가 대뇌의 감각 중추로 올라간다. **대뇌피질**은 대뇌를 둘러싸고 있는 부분으로 사고, 판단, 창조 등 고도의 정신활동이 이루어지며, 140억 개의 신경세포가 모여 있는 곳이다. 머리가 좋고 나쁨에 대한 판단은 대뇌피질의 각 영역이 얼마나 잘 발달하였는지에 따라 판별이 난다. 인간이 만물의 영장이라고 자부할 수 있는 것도 이 대뇌피질이 다른 포유류보다 훨씬 발달했기 때문이다. 대뇌피질은 꼬불꼬불한 고랑처럼 홈이 파여 있고 표면에 굵직하게 나 있는 몇몇 홈을 기준으로 앞쪽은 전두엽, 위쪽은 두정엽, 뒤쪽은 후두엽, 양옆은 측두엽이다. 전두엽은 가장 넓게 차지하고 있는 부위로 사고와 언어에 관한 일을 관장하는데, 정신병은 전두엽 장애로 발생한다. 두정엽은 신체를 움직이는 일과 입체 공간적 인식 기능을, 측두엽은 언어적 능력과 청각에 관련된 일을, 후두엽은 눈으로 보고 느끼는 시각적인 정보를 담당한다(서유헌, 2010).

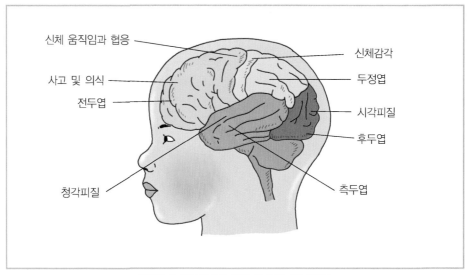

신체 움직임과 협응
사고 및 의식
전두엽
청각피질
신체감각
두정엽
시각피질
후두엽
측두엽

[그림 4-7] 두뇌의 왼쪽 모습과 대뇌피질

출처: 김상희 외(2014). 유아발달, p. 95.

2) 뇌의 발달

유아의 뇌는 3세경 그 무게가 성인 뇌의 90%에 이르고, 6세경 성인 뇌의 80% 이상을 완성하며, 성인과 비슷한 크기로 발달한다(이영 외, 2009, p. 245). 이 중 인간의 종합적인 사고와 창의력, 판단력, 감정을 조절하는 전두엽은 유아기에 빠르게 발달하며, 성인이 된 후에도 계속 발달한다. 그러므로 부모와 교사는 유아에게 다양한 영역의 정보를 풍성하게 전달해 줄 수 있도록 오감을 통한 학습을 제공해 주는 것이 중요하다.

또한 유아기는 좌뇌와 우뇌 중 사태를 전체적으로 처리하고 감성, 직관, 감정, 음악적 감각, 공간 감각, 방향 감각, 예술적 감각, 종교적 감성 등과 관련이 있는 **우뇌**의 발달이 주를 이룸으로써 우뇌의 성장 고조기다. 반면 **좌뇌**는 논리, 지성, 언어, 과학적 사고 등을 관장하는데 유아기 이후 7~9세가 성장 고조기다. 이는 4~7세 무렵에 좌뇌는 천천히 발달하는 데 반해서 우반구는 빠르게 발달한다는 것이다(김유미, 2007, p. 7; 김신옥 외, 2014, 230). 이처럼 좌뇌와 우뇌가 서로 구분되어 다른 기능을 하는 것을 **대뇌 국소화**(cerebral lateralization) 또는 편재화라고 한다. 뇌의 기능이 구분되어 있다고 해서 우뇌와 좌뇌가 서로 완전히 독립된 것은 아니며, 이들을 연결하는 뇌량이 각각의 기능을 통합하는 역할을 한다.

뇌량은 유아기에 급격히 발달하는데 양반구를 연결하는 커다란 신경 섬유 뭉치다. 뇌량의 수초화는 1세 무렵에 시작하지만 4~5세 무렵인 유아기에 급속하게 발달한다. 그러므로 유아기에 다양하고 풍요로운 경험으로 두뇌를 활성화할수록 수초와 수상돌기 가지가 많아지고 뇌량이 두꺼워지면서 두뇌 영역 간이나 양반구 간의 처리 속도가 빨라진다(김신옥 외, 2014, p. 231).

뇌의 구조와 기능 및 발달시기를 정리하면 다음과 같다(〈표 4-3〉 참조).

〈표 4-3〉 뇌의 구조와 기능 및 발달시기

구조		위치	역할 및 기능	발달시기
뇌간 (자율 신경계)	뇌간	뇌의 가장 아래쪽에 위치, 중뇌(윗부분), 뇌교(가운데 부분), 연수(가장 아랫부분)로 구성	• 호흡, 심장박동, 소화활동, 흡수, 생화학적 반응 등 무의식적인 조절과 생명유지에 필수적인 활동	태아기~생후 15개월까지 발달
	소뇌	후두엽 바로 아래 위치 (좌우 한 쌍으로 구성)	• 운동 기능, 평형감각, 동작패턴, 저장 및 인출, 동작 통로 활동수정, 감각 대기실과 같은 역할	출생~2세까지 발달
변연계	시상	뇌간 바로 윗부분에 위치	• 감각 정보가 대뇌피질에 전달되도록 하는 기능, 통증 지각	
	시상하부	시상 아래 위치	• 신체의 정상적인 상태 유지, 성욕, 수면, 공격적 행동, 쾌락 조절	
	편도	시상하부 아래 해마 위에 위치	• 정서 조절(두려움, 공격성)	해마보다 빨리 3세에 성숙
	해마	편도 아래 위치	• 과거의 기억 유지, 기억 내용을 피질에 급파해서 장기기억으로 저장, 기억 담당 기능	4세 정도에 완전히 성숙
대뇌피질	전두엽	피질의 가장 넓은 부위로 이마 안쪽에 위치	• 언어, 사고, 판단, 추리, 지혜 등 인간의 고등기능을 담당 • 고도의 정신활동, 인간의 의식·의지 담당, 감각동작 처리와 인지, 브로커 영역: 말을 할 수 있음	영아기 후반~청년기, 성인기까지 계속 성장하며 언어관장 피질은 영아기 후반~학령 전까지 급속 발달
	두정엽	두뇌의 맨 위에서 뒷부분에 걸쳐 위치	• 고차적인 공간지각 능력, 감각 처리, 언어 처리, 주의집중, 신체감각을 담당 • 신체를 움직이는 일과 입체 공간적인 인식기능을 담당	출생 후부터 영유아까지 계속 발달
	후두엽	두뇌의 뒷부분의 중심부 아래 위치 머리 뒷통수에 해당	• 눈으로 보고 느끼는 시각정보 담당, 미술 작품이나 무용 등 감상의 이미지 훈련 시 활성화	출생 후 3·4개월~1년까지 계속 발달
	측두엽	왼쪽·오른쪽 양옆의 귀 주변과 귀 뒷부분에 위치	• 언어적응력과 청각에 관련된 일을 하며, 베르니케 영역 언어이해와 해석	출생 후 3·4개월~1년까지 계속 발달

출처: 전남련 외(2012). 영아발달, p. 202.

4. 신체발달에 영향을 미치는 요인

1) 유전

유아의 신체발달 중 신장과 체중은 환경적 영향을 받지만 유전인자가 성장 호르몬의 분비를 통제함으로써 신체 크기나 성장 속도에 영향을 미쳐 일차적으로 유전의 영향을 많이 받는다. 일반적으로 일란성 쌍생아의 경우 같은 유전적 형질을 가지고 있으며 이들의 외모와 호흡, 맥박수, 2차 성징의 출현, 노쇠 과정 등 생리적 지표와 신체적 특성이 이란성 쌍생아보다 일치도가 더 높다(이영 외, 2009, p. 31). 켄터키(Kentucky)의 루이빌(Louisville) 종단연구에서 쌍생아가 2세가 될 때까지 베일리 검사도구를 사용하여 성장과 발달을 조사한 결과, 발달적 성숙 정도와 조숙도에 있어서 연령별 변화 양상이 일란성 쌍생아가 이란성 쌍생아보다 더 유사한 것으로 보고되어 유전적 영향이 중요함을 입증하였다(이영, 조연순, 2002; 이영 외, 2009, p. 31 재인용).

2) 환 경

(1) 영양

유아기는 신체성장과 더불어 뇌발달이 왕성한 시기이므로 충분한 영양을 공급해 주는 것이 매우 중요하다. 유아기의 충분한 영양소의 공급은 신체발달과 질병의 예방 및 면역력 강화 등에 영향을 미치고 지적 · 정서적 발달에도 영향을 준다. 따라서 유아기 1일 권장량을 중심으로 유아에게 적합한 식단을 제공해 주어야 한다.

유아는 한꺼번에 많이 먹지 못하므로 식사 사이에 배가 고플 수 있기 때문에 간식을 제공해야 하며 식사와 간식 사이에 적당한 시간 간격을 유지하여 유아가 허기와 포만감을 적절히 조절할 수 있는 정도의 양을 제공하며 간식 시간을 정해 놓고 규칙적으로 주는 것이 바람직하다.

(2) 수면

유아기는 영아기에 비해 수면시간이 줄어드는데 이는 낮잠 시간이 줄어드는 것으로 밤에 자는 시간에는 차이가 없다. 유아기의 규칙적인 수면은 건강한 신체발달과 관계가 있어 만성적인 수면 부족은 유아의 성장을 방해하여 비만이 될 가능성을 높인다. 잠드는 시간이 늦어질수록 성장 호르몬과 성 호르몬의 분비도 줄어들어 유아는 신체적 성장에 방해를 받는다(정희영, 2014, p. 115).

한편 일부 유아들은 **악몽**과 **야경증**을 겪기도 한다. 악몽은 아침경에 더 빈번하게 나타나며 거의 모든 유아가 경험한다. 그러나 지속적으로 악몽을 경험한다면 지나친 스트레스에 노출되고 있는지 살펴보아야 한다. 아침에 깨서 악몽의 내용을 기억할 수 있다. 야경증은 잠든 지 2~3시간 후에 갑자기 깨어서 놀라 불안 상태로 울부짖거나 뛰어다니다가 진정되어 잠자리에 들지만 기억을 전혀 하지 못한다. 수면의 또 다른 증세는 몽유병으로 이는 수면 중에 걸어 다니는 현상으로 가장 깊은 수면 상태에서 나타난다. 수면 중에 어두운 곳을 걸어 다니므로 사고의 위험을 제외하고는 비정상적이거나 심각한 문제를 가지고 있다고 보지는 않으며 대부분의 경우 이런 증상은 사라지게 된다(유효순, 2014, p. 93).

따라서 유아의 건강한 신체발달을 위해서는 규칙적인 수면으로 심신이 충분히 쉴 수 있도록 바람직한 환경을 조성해 주어야 하고 잠자기 전에 책을 읽어 주거나 조용한 음악을 들려주는 등 규칙적인 수면 습관이 형성될 수 있도록 해 주어야 한다.

(3) 스트레스

유아가 극심한 애정 결핍을 느끼거나 정서적으로 장시간 스트레스를 받게 되면 성장과 관련한 뇌하수체 호르몬의 분비가 변화되어 성장 지연을 나타내기도 한다. 정서적 박탈은 시상하부와 뇌하수체 간의 관계에 영향을 미쳐 내분비계를 억제함으로써 성장 호르몬의 생산을 감소시키는데 그 결과 2~15세 사이에 나타나는 결핍성 왜소증(deprivation dwarfism)을 유발한다. 결핍성 왜소증은 키가 작은 것이 특징적인데 영양실조의 증상을 보이지는 않지만 대개 성장 호르몬 수치가 비정상적으로 낮고 골격이 미성숙하다(유효순 외, 2014, p. 94).

또한 유아가 스트레스를 받으면 혈액 속 코르티솔(cortisol) 호르몬이 상승한다. 코르티솔 호르몬은 스트레스에 노출되었을 때 분비되는 호르몬이다. '타액 검사'를 통해 유아기의 여러 스트레스 요인과 코르티솔의 연관성을 살펴본 한 연구(Gunnar et al., 2006; 유효순 외, 2014 재인용)에서는 코르티솔의 차이는 유아의 기질, 애착 안정성, 보육방식, 보육환경의 질 등과 관련이 있었다. 스트레스 환경에서 유아의 코르티솔 수치는 상승하였고 그렇지 않은 상황에서는 하강하거나 영향을 주지 않았다.

5. 신체발달을 위한 부모 및 교사의 역할

1) 교사 역할

유아기는 급속한 성장이 이루어지는 시기이므로 교사는 유아의 신체발달이 최대한 잘 이루어질 수 있도록 연령에 적합한 교육활동을 제공해 주어야 한다. 3-5세 연령별 누리과정은 유아의 신체발달을 위해 다섯 가지 교육 목표를 제시하고 있다. 전반적으로 누리과정의 교육 목표는 유아가 자신의 신체를 긍정적으로 인식하고 즐겁게 신체 활동에 참여함으로써 유아기에 필요한 기초 체력과 기본 운동 능력을 기르고 건강하고 안전한 생활 습관을 실천하는 능력과 태도를 기르는 것이다(교육과학기술부, 보건복지부, 2013, p. 38). 이를 위해 연령별 누리과정에서는 신체 운동·건강 영역에 대해 다섯 가지 내용을 중심으로 세부 내용을 제시하였다. 첫째, 감각 능력을 기르고, 자신의 신체를 긍정적으로 인식하도록 하는 신체 인식하기다. 둘째, 신체를 조절하고 기본 운동 능력을 기르는 신체 조절과 기본 운동하기다. 셋째, 자발적으로 신체 활동에 참여하고, 바깥에서 신체 활동하고, 기구를 이용하여 신체 활동하기 등의 신체 활동에 참여하기다. 넷째, 몸과 주변을 깨끗이 하고, 바른 식생활과 건강한 일상생활 및 질병 예방하기 등의 건강하게 생활하기다. 다섯째, 안전하게 놀이하고, 교통안전 규칙을 지키며, 비상 시 적절히 대처하기 등의 안전하게 생활하기다.

교사는 개별 유아의 필요를 충족시켜 주도록 유아의 특성과 개인차를 고려하여 융통성 있게 하루 일과를 계획하여 진행해 나가야 한다. 이를 위해 교사는 실·내외 환경을 안정적이고 심미적으로 구성하고, 유아의 신체 크기와 요구에 적합하도록 구성해야 한다. 또한 교사는 유아가 과도한 자극에 노출되지 않도록 활동을 조절해 주고, 영양소가 고루 들어 있는 간식과 식사를 제공해 주어야 한다. 뿐만 아니라 유아기는 자신의 신체 움직임에 대한 통제와 조절을 비교적 원활하게 할 수 있으므로 교사는 유아가 주변 자연환경을 적극적으로 탐색하면서 자연스럽게 실외 활동을 경험할 수 있는 기회를 자주 제공해 주도록 한다. 교사는 실외 활동 시간을 매일 계획하되 날씨, 계절, 유아의 건강 상태, 전염성이나 질병 유행 등을 고려하여 융통성 있게 제공해 준다. 유아의 연령과 흥미, 발달수준에 적합한 신체·운동 놀이 환경을 제공하기 위해 유의해야 할 사항은 다음과 같다(심성경 외, 2014, pp. 91-92).

(1) 3세 유아

● 그리기, 색칠하기, 가위질하기와 관련된 미술놀이와 노래 따라 부르기, 리듬 악기를 자유롭게 두드리는 음률활동을 위한 공간과 자료를 제공한다.
● 뛰어 내리고, 밀고, 끌고, 기어오를 수 있는 놀이기구와 공간을 제공한다.
● 안전하게 대근육 활동을 할 수 있는 단순한 놀이기구(예: 미끄럼틀, 그네, 터널 등)를 제공한다.
● 발로 밀고 다닐 수 있는 소형 탈 것이나 흔들 배나 목마 등 흔들림을 즐길 수 있는 기구를 제공한다.

(2) 4세 유아

● 다양한 형태의 구성물을 만들어 쌓기 놀이를 할 수 있는 공간과 자료를 제공한다.
● 지적 자극에 민감한 시기로 감각적 탐색을 기초로 하는 탐색놀이와 생활 속에서 과학을 발견하고 응용할 수 있는 놀이(예: 비눗방울 놀이, 물레방아 돌리기 놀이 등)를 제공한다.
● 모험적인 욕구를 충족시킬 수 있도록 난이도 조정이 가능한 기구(예: 높낮이 조정 가능한 평균대)를 제공한다.
● 미적 감각 능력이 발달하도록 다양한 자료를 제공하고 사용하는 방법과 기술을 안내한다.
● 동작으로 표현하기, 악기 연주하기, 음악 듣고 따라 부르기 등 음률활동을 제공한다.

(3) 5세 유아

● 세부적인 기술과 섬세한 표현이 요구되는 미술놀이(예: 오리기, 접기, 점토 놀이 등)와 목공놀이(예: 연장 다루기)를 제공한다.
● 섬세한 운동 기술을 다양하게 시험해 보는 놀이와 놀이기구(예: 팽이, 매트, 자전거 타기, 줄넘기하기, 철봉 매달리기, 나무 오르기 등)를 제공한다.
● 주도적이고 적극적인 신체놀이(예: 원게임, 편게임, 집단 게임 등)를 제공한다.

특히 유아기는 신체적 움직임이 많아짐에 따라 유아의 활동 범위가 넓어져 안전사고의 위험도 많다. 유아는 자신이 하고 있는 활동에만 주의를 집중하고, 호기심이 많아져 주변을 자유롭게 탐색하려 함으로써 주변의 위험 상황에 빠르게 대응하지 못하여 안전사고의 가능성이 높다. 그러므로 교사는 유아의 안전사고를 예방하기 위해 지속적으로 주의를 기울이고 안전지도를 게을리하지 않아야 하며, 동시에 유아에게도 안전교육을 실시해야 한다.

한편 교사는 가정에서 부모와 함께 할 수 있는 다양한 활동을 가정통신문이나 홈페이지 등을 이용하여 부모에게 알려줌으로써 가정에서도 유아의 발달 수준과 흥미에 맞는 다양한 신체 운동 활동과 규칙적인 운동을 할 수 있도록 가정과 기관이 협력할 수 있는 방안을 모색하도록 한다.

2) 부모 역할

부모는 유아의 신체발달을 지원하기 위해 유아의 짧은 주의집중력을 감안하여 짧은 시간에 활발하게 움직일 수 있는 활동을 계획하는 것이 바람직하다. 운동은 삶의 중요한 부분이므로 생애 초기에 운동에 대해 긍정적 태도를 갖는 것이 좋다. 유아가 새로운 운동 기술과 소근육 발달 및 협응력을 기를 수 있도록 부모는 다양한 신체 활동 자료와 기회를 제공해 주는 것이 무엇보다 필요하다. 그러므로 부모는 대근육 활동 자료와 소근육 활동 자료를 균형 있게 제공해 주고 신체와 움직임의 발달 정도에 따라 적절한 자료를 구비하여 제공해 주어야 한다.

유아는 신체를 통한 다양한 활동 속에서 운동 능력을 발달시키며 정서적 만족과 인지적 능력을 학습할 기회를 경험한다. 유아기는 영아기에 비해 던지기, 오르기, 미끄럼 타기, 내려오기, 좁은 곳 통과하기 등 대부분의 신체 활동이 정교해지고 안정되어 가기 때문에 부모는 유아가 다양한 신체 활동을 일상생활에서 자주 경험할 수 있도록 해 줌으로써 안정된 자세와 몸의 균형을 유지하면서 건강한 생활을 할 수 있도록 도와주어야 한다. 따라서 부모는 유아가 자신의 신체에 대해 더욱 적극적으로 관심을 기울이고 탐색하는 방향으로 변화해 가는 것을 이해해야 한다. 이를 통해 유아는 자신의 신체와 운동 능력에 대해 보다 긍정적으로 인식할 수 있으므로 부모는 유아에게 다양한 신체 활동을 자주 경험할 수 있도록 환경을 마련해 주어야 한다.

소아 비만의 관리

비만은 더 이상 어른들만의 문제가 아니다. '어릴 땐 잘 먹어야 튼튼하지. 살은 나중에 커서 빼도 늦지 않아.' 하고 방관하는 것은 비만을 더욱 가중시킬 수도 있다. 어른의 비만과 달리 유아 비만은 여러 가지 면에서 더욱 위험한 '건강 위험 요소'가 된다. 어렸을 때의 비만은 세포 수가 증가해 성인이 되어서도 비만이 될 확률이 높다. 요즘은 '몸짱' 지상주의가 유아의 성격에까지 영향을 미치게 된다. 지나친 비만은 대인 관계에 있어서 자신감 결여, 내성적이고 소심한 성격으로의 변화 등과 같이 정서적인 면에 영향을 미친다. 유아에게 무조건 '식사 제한'을 할 수는 없으므로 반드시 성장 측면에서 관찰하고 원인을 파악해 대책을 세워 주어야 한다.

먼저 먹는 음식의 종류를 바꾸어 본다. 유아기 비만의 가장 큰 원인은 식습관에 있다. 쑥쑥 커야 할 때이니 아무것이라도 잘 먹으면 된다는 생각 그리고 잘 먹는 것이 예뻐서 좋아하는 음식 위주로 주게 되는 것이 원인인 경우가 많다. 비만인 유아를 보면 대부분 지방이 많은 음식과 단 음식을 선호한다. 케이크, 인스턴트식품, 패스트푸드 등은 아무리 작은 양의 간식이라 하더라도 점차 양이 늘어나므로 주의해야 한다. 간식은 후식 개념으로 식후 30분~1시간 사이에 당분이 적은 과일, 감자, 고구마, 옥수수 등이 좋다.

집에서 먹는 음료는 한두 가지로 제한한다. 무제한으로 먹는 주스류가 생각보다 칼로리와 당분이 많아 유아를 뚱뚱하게 만드는 주범이 된다. 집에 주스류를 사 놓지 않는 것이 좋으며 보리차, 옥수수차 등을 끓여서 갈증이 날 때는 주스 대신 물을 마시는 습관을 들여야 한다.

단백질과 지방 섭취를 제한한다. 유아에게 우유를 하루 400cc 정도만 먹게 하고, 무지방, 저지방 우유를 준다. 고급 단백질 섭취를 위해 고기를 먹이지 않을 수는 없다. 수육, 닭 가슴살, 장조림 형태의 지방이 적은 형태로 요리하고 너무 짜지 않게 만들어 준다.

튀김 음식은 되도록 주지 않는다. 과자, 라면, 중국 음식 등 각종 튀김 음식은 칼로리는 높지만 몸에는 그리 이롭지 않다. 특히 과자는 첨가물, 방부제 등이 많이 포함되어 있어 암을 유발할 수 있고, 대뇌의 뇌하수체를 파괴할 가능성이 있으며, 성장은 물론 일반 대사에도 이상을 불러 올 수 있다는 보고가 있다.

운동은 필수다. 체지방도 줄이고 성장에 특히 도움을 많이 줄 수 있는 줄넘기, 농구, 트램펄린 등과 같은 높이뛰기와 몸을 많이 움직이는 운동을 틈틈이 자주 하도록 한다. 이때 유아에게만 시키지 말고 가족이 함께 참여하여 즐거운 운동 놀이가 되도록 도와주는 것이 좋다.

다음은 비만도를 알아보는 공식이다.

$$비만도(\%) = \frac{실측\ 체중 - 신장별\ 표준\ 체중}{신장별\ 표준\ 체중} \times 100$$

정상 체중보다 10~20% 초과하면 과체중, 20~30% 초과하면 경도 비만, 30~50% 초과하면 중등도 비만, 50% 이상 초과하면 고도 비만으로 분류한다. 이 외에도 비만을 평가하는 방법으로 체질량 지수를 산출하여 알아보는 방법 등이 있다.

출처: 양옥승, 정채옥, 조유나(2011). 행복한 부모 행복한 아이, pp. 85-87 재구성.

TIP

행복한 자녀로 키워 주세요

• 오감을 통한 자극을 주세요.

3세경까지는 뇌의 기본 골격과 기본적 신경회로가 만들어지므로 다양한 자극을 주는 것이 필요하다. 3~5세까지는 주로 종합적 사고능력과 도덕성을 담당하는 뇌의 전두엽이 많이 발달한다. 6~12세경에는 언어, 수학 · 물리적 사고를 담당하는 뇌의 측두엽과 두정엽이 많이 발달하므로 시각, 청각, 미각, 후각, 촉각의 오감을 활용할 수 있는 자극을 주는 것이 뇌를 고루 발달시키는 데 좋다.

• 부모의 스킨십이 필요해요.

피부는 뇌와 같이 외배엽에서 유래하는 신경회로로서 뇌와 아주 긴밀하게 연결되어 있다. 자녀를 자주 안아 주고, 쓰다듬어 주면 정서적 안정에 도움이 될 뿐만 아니라 두뇌 발달도 촉진시킨다.

• 음식을 꼭꼭 씹어서 먹도록 하세요.

음식을 꼭꼭 씹어 먹는 습관을 길러 주면 음식을 씹을 때 뇌에 자극을 주어 뇌신경 회로를 활성화시켜 기억력을 향상시킨다. 또한 탄수화물, 단백질, 지방은 뇌 기능을 주도하는 신경전달물질을 만드는 주재료가 될 뿐만 아니라 신경세포막을 튼튼하게 만드는 데 필수적이다. 따라서 자녀가 편식을 하지 않도록 하고, 3대 영양소를 골고루 섭취할 수 있도록 식단을 제공해 주는 것이 뇌를 발달시키는 데 기본이다.

• 잠을 충분히 재우세요.

밤에 충분한 잠을 자야 뇌 세포가 쉴 수 있게 되고, 낮 동안의 기억을 재정비하여 기억력을 향상시킬 수 있다. 잠이 부족하면 뇌가 충분히 쉬지 못해서 신경정신질환이나 신체질환이 발생하기도 한다.

- 손을 사용하는 활동을 제공해 주세요.

뇌에서 가장 넓은 면적을 차지하는 것이 손을 관할하는 부위인데 운동중추신경계 면적의 30%에 해당한다. 손 근육이 발달하는 시기는 생후 18개월 이후지만 갓난아기 때부터 손을 움직이도록 하면 뇌 발달에 도움이 되므로 시기와 관계없이 손으로 할 수 있는 놀이를 지속적으로 자주 제공해 주는 것이 좋다.

- 즐거운 마음으로 공부하게 하세요.

기억력을 높이고 싶다면 감정표현에 솔직한 것이 좋다. 감정중추에는 기억중추인 해마가 붙어 있어 즐거울 때 기억이 더 잘 되고, 감정을 억제하면 소수의 세포만이 기억과정에 참가하여 기억력이 떨어진다. 부모가 자녀를 억압하고 명령하는 태도로 대하면 자녀는 기가 죽고 감정을 숨기므로 자녀를 민주적으로 대하는 것이 성격발달과 뇌발달에 좋다.

- 인성교육이 뇌발달에 필수적이에요.

영·유아기는 인성교육을 담당하는 전두엽이 빠르게 발달하므로 부모가 바른 생활태도를 보여 줌으로써 생활 속에서 자연스럽게 인성교육을 통해 뇌가 잘 발달할 수 있는 환경을 만들어 주어야 한다.

- 일찍, 많이 가르치려고 하지 마세요.

학교에서 배울 내용을 영어, 문자·숫자지도, 학습지 등을 통해 미리 배우는 선행학습은 자녀의 두뇌를 지치고 힘들게 하여 학습 거부반응, 다른 사람과의 대화 기피, 친구들과 잘 어울리지 못하는 등 여러 가지 후유증을 유발할 수 있다. 부모는 너무 일찍, 너무 많이 가르치려 하지 말고, 자녀 스스로 학습에 관심과 흥미를 가질 수 있도록 환경을 만들어 주고 기다려 주어야 한다.

출처: 서유헌(2003). 행복한 아이 불행한 아이. 한국유아교육학회 2003 연차학술대회: 한국 유아교육의 정체성 확립을 위한 대화의 토대, p. 31-48 재구성.

참고문헌

교육과학기술부, 보건복지부(2013). 3-5세 연령별 누리과정 해설서. 서울: 교육과학기술부, 보건
　　복지부.

김경화, 이주연(2013). 유아발달론. 경기: 공동체.

김미영(2014). 유아발달. 경기: 정민사.

김상희, 김지신, 박웅임, 한세영(2014). 유아발달. 경기: 파워북.

김신옥, 민혜영, 이혜란, 홍길회(2014). 유아발달의 이해. 서울: 창지사.

김유미(2007). 유아의 정서발달에 대한 뇌과학적 고찰. 열린유아교육연구, 12(1), 167-184.

문혁준, 김경은, 서소정, 성미영, 안선희, 임정하, 하지영, 황혜정(2014). 유아발달. 서울: 창지사.

백중열(2013). 교사를 위한 유아미술교육 이론과 실제. 경기: 공동체.

서유헌(2003). 행복한 아이 불행한 아이. 한국유아교육학회 2003 연차 학술대회 자료집: 한국 유아교
　　육의 정체성 확립을 위한 대화의 토대, 31-48.

서유헌(2010). 뇌 발달에 기반을 둔 뇌기반 교육. 한국유아교육학회 2010년 정기학술대회: 영유아기
　　뇌 발달과 유아교육, 17-25.

심성경, 변길희, 박주희, 류경희, 박수경(2014). 유아발달. 서울: 창지사.

손홍숙(2011). 아동발달론. 경기: 공동체.

양옥승, 정채옥, 조유나(2011). 행복한 부모 행복한 아이. 서울: 굿네이버스.

유효순, 원혜경, 김정희, 문명희(2014). 유아발달. 서울: 창지사.

이영, 이정희, 김온기, 이미란, 조성연, 이정림, 유영미, 이재선, 신혜원, 나종혜, 김수연, 정지나
　　(2009). 영유아발달. 서울: 학지사.

이영, 조연순(2002). 영유아 발달. 서울: 양서원.

전남련, 강은숙, 나현행, 성은숙, 이은임, 김기선 외(2014). 영아발달. 경기: 양서원.

정희영(2014). 유아발달. 경기: 파워북.

질병관리본부(2007). 소아 · 청소년 표준 성장도표(해설). 서울: 질병관리본부.

최경숙, 박영아(2005). 아동발달. 서울: 학지사.

최경숙, 송하나(2010). 발달심리학. 경기: 교문사.

한은숙(2010). 영유아발달과 교육(개정판). 경기: 정민사.

Gunnar, M. R., & Fisher, P. A. (2006). Bringing basic research on early experience and stress
　　neurobiology to bear on preventive interventions for neglected and maltreated children.
　　Development and psychopathology, 18(3), 651-677.

Klar, A. J. (1999). Genetic models for handedness, brain lateralization, schizophrenia, and
　　manic-depression. *Schizophrenia research, 39*(3), 207-218.

Santrock, J. W. (2010). 영유아발달. 이경민, 이경선, 한석실, 이정화, 박호철, 조부월 외 공역
　　(2014). 경기: 문예미디어.

chapter 05

인지발달

인지는 인간이 지식을 습득하고 이를 문제해결 과정에서 사용하는 정신적 과정으로 매우 복잡하고 포괄적인 개념이다. 이는 주의, 지각, 학습, 사고, 기억, 상상력, 창의력, 추론 등과 같은 정신 활동을 포함한다. 이러한 정신 활동이 연령이 증가함에 따라 나타나는 변화를 인지발달이라 한다. 인지발달이 어떤 요인과 기제에 의해 이루어지는지에 대해서는 학자마다 다양하다. 피아제는 사고의 질적 측면과 변화 과정에, 정보 처리 이론은 유아의 주의, 기억, 상위인지의 발달과 이 과정들이 유아의 인지발달에 미치는 영향에, 심리측정적 접근은 결과지향적인 접근으로서 지능의 양적 측면과 개인차에 관심을 둔다. 이 장에서는 피아제의 인지발달적 접근, 정보 처리적 접근, 심리측정적 접근 등을 중심으로 유아의 사고, 기억, 지능, 창의성 발달에 대해 살펴보고자 한다.

1. 사 고
2. 기 억
3. 지 능
4. 창의성
5. 인지발달을 위한 부모 및 교사의 역할

인지발달

1. 사 고

유아기는 피아제(Piaget)의 사고발달 단계 중 **전조작기**(preoperational stage)에 해당한다. 이전 단계인 감각운동기의 영아가 감각과 운동적 경험을 통해 세상을 이해했다면 전조작기의 유아는 상징과 심상을 사용하는 정신적 표상을 통해 사고할 수 있다. 피아제는 유아의 사고가 아직 논리적이지 못하고 미숙하다는 것을 이유로 이 단계를 '전조작적'이라고 명명하였다. 그러나 후기 피아제 학파는 피아제가 사용한 과제나 방법 대신 유아에게 좀 더 친숙한 자료나 방법을 제시하면 유아가 과제를 좀 더 잘 해결할 수 있다는 것을 발견하였다(Deak, Ray, & Brenneman, 2003; Sapp, Lee, & Muir, 2000). 이러한 결과를 토대로 후기 피아제 학파의 학자들은 유아가 구체적 조작기의 아동보다 직관적이고 자기중심적이며 비논리적인 것은 사실이지만 피아제가 생각했던 것만큼은 아니라고 주장한다. 즉, 후기 피아제 학파는 유아가 피아제가 주장한 것보다 더 많은 능력을 갖고 있다고 본다.

1) 상징적 사고

상징적 사고는 특정 대상이나 경험을 내적으로 표상하기 위해 상징을 사용하는 능력이다. 전조작기에 발달하는 상징적 사고는 유아의 사고발달에 매우 중요한 의미를 지닌다. 유아는 이야기하기, 가상놀이, 그림 그리기 등을 통해 그림, 단어, 몸짓 등의 다양한 상징을 사용하여 실제의 사물이나 사건 혹은 상황을 표현할 수 있다.

[그림 5-1] 베개를 안고 아기 재우는 척하는 유아

유아는 감각운동기 말에 표상을 형성하기 시작하면서 언어라는 상징을 통해 자신이 표상하고자 하는 바를 표현한다. 예를 들어, 유아는 '컵'이라는 단어를 통해 실제 컵을 표현할 수 있고, '마시다'라는 단어로 마시는 행동을 표현할 수 있다. 그리하여 유아는 눈앞에 실제 컵이 없거나 마시는 행동을 실제로 하지 않아도 '컵'과 '마시다'라는 단어를 통해 컵으로 무엇인가를 마시는 행위를 표현할 수 있다.

가상놀이(pretend play)는 가상적인 사물이나 상황을 실제 사물이나 상황으로 상징화하는 놀이다. 유아가 베개를 안고 아기 재우는 척하기([그림 5-1] 참조), 엄마의 목소리와 억양을 흉내 내며 엄마인 척하기, 모래와 물로 음식을 만들어 마치 실제 음식인 것처럼 먹는 시늉하기 등이 그 예다. 유아가 '베개'를 안고 아기 재우기 행동을 하는 것에서 유아는 베개라는 상징물을 통해 아기 재우는 상황에 대한 표상을 재현하는 것이다. 연령이 증가함에 따라 가상놀이는 구체물을 가지고 구체적인 대상이나 상황을 표상하는 것에서 벗어나 그 속성만으로 현상을 재현할 수 있고, 혼자 하는 것에서 점차 두 명 이상이 역할을 맡아서 표상하는 사회극놀이로 변해간다. 가상놀이를 통해 유아는 현실의 상황이나 물건을 상상하여 시도하고 재현해 봄으로써 세상에 대한 지식을 획득하고 문제해결력을 키우며 역할에 적합한 행동을 배운다.

유아는 그림을 그리면서 자신이 표상하고자 하는 것을 상징적으로 나타낸다. 예를 들어, 해를 그리는 경우 유아는 물활론적 사고를 하기 때문에 해가 사람처럼 얼굴이 있다고 생각하여 그 안에 눈, 코, 입을 그린다. 유아가 이처럼 그림을 그리는 것은 자신의 머릿속에 있는 해의 심상을 표현하는 것이다.

2) 중심화

전조작기 유아는 사물이나 사건을 두 가지 이상의 측면에서 동시에 고려하여 통합적으로 사고하지 못한다. 피아제는 이를 **중심화**(centration)라고 명명하고 전조작기 사고의 한계라고 주장하였다. 유아의 자기중심적 사고(egocentric thinking)와 직관적 사고(intuitive thinking)는 중심화의 대표적인 예다.

(1) 자기중심적 사고

자기중심적 사고는 다른 사람의 관점에서 사물이나 사건을 고려하지 못하고 자신의 관점에서만 사고하는 것이다. 전조작기 유아는 자신이 생각하는 대로 다른 사람도 생각하고 자신이 느끼는 대로 다른 사람도 느낀다고 여기기 때문에 타인의 관점이나 감정을 이해하지 못한다. 이러한 사고는 이기적이고 독단적인 사고와 차이가 있다. 예를 들어, 유아는 엄마의 생일 선물로 장난감을 선물하곤 하는데 이는 자신이 갖고 싶은 장난감을 엄마도 갖고 싶을 것이라고 생각하기 때문이다.

유아의 자기중심적 사고를 알아보기 위해 피아제와 인헬더(Piaget & Inhelder, 1969)는 '**세 산 실험**(three mountains experiment)'을 고안하였다. 세 산 실험은 크기가 다른 세 개의 산 모형을 탁자 위에 놓고 한쪽에 유아를 앉히고 다양한 쪽에 인형을 둔 후에 유아에게 인형이 보는 산의 모습이 그려진 카드를 고르라고 한다([그림 5-2] 참조). 그러면 전조작기 유아는 인형의 위치와 관계없이 자신의 위치에서 본 그림을 선택한다. 그러나 유아가 7~8세가 되면 세 산 실험에서 인형의 위치에서 본 산의 모습이 그려진 카드를 정확하게 고를 수 있다. 이는 유아가 탈중심화(decentration),

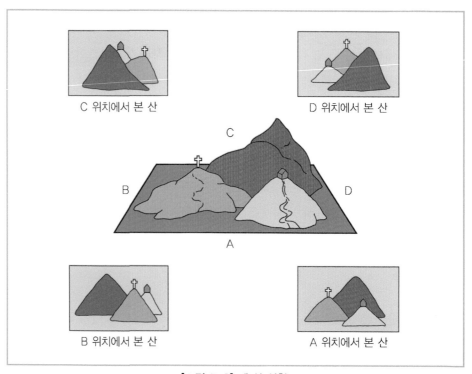

[그림 5-2] 세 산 실험

출처: 신건호, 신현기, 이헌남, 이혜경, 조인숙(1998). 아동발달, p. 49.

즉 자기중심적 사고에서 벗어나 다른 사람의 입장에서 사고할 수 있게 되었다는 것을 의미한다. 그러나 유아가 자신이 직접 경험하지 않은 상황에 대해서는 자기중심적 사고를 보이지만 친숙하거나 경험해 본 상황에 대해서는 다른 사람의 관점에서 이해할 수 있다는 연구결과도 있다(Papalia, Olds, & Feldman, 2009).

유아의 자기중심적 사고는 대화에서도 나타난다. 유아는 반복, 개인독백, 집단독백 등과 같이 상대방에 관계없이 자신의 생각만을 전달하곤 한다. 집단독백(collective monologue)은 타인과 대화를 하면서 외견상으로는 서로 대화를 나누고 있는 듯이 보이지만 실제로는 상대방의 이해나 응답을 기대하지 않고 자기 말만 하는 것이다. 유아는 또래와 놀이를 하면서 종종 집단독백을 한다. 다음은 비행 시범을 구경한 5세 수진이와 지훈이가 하는 집단독백의 예다.

수진: 어제 대단했어. (어제 본 비행 시범이 대단했음을 의미함.)
지훈: 빨간 것이 있었어. 많이 있었는데 전부 한 줄로 갔어.
     (어제 본 비행기 편대를 의미함.)
수진: 나는 어제 자동차를 타고 갔는데 차에서 보니 빈 차가 많이 지나갔어.
     (비행기 편대에 의해 연상된 것임.)
지훈: 나는 그걸 그리고 싶어. (비행기를 그리고 싶다는 뜻임.)

[그림 5-3] 전조작기 유아의 집단독백

(2) 직관적 사고

직관적 사고는 사물이나 사건의 한 가지 지각적 속성에 주의를 집중하여 판단하는 사고다. 전조작기 유아는 직관적 사고로 인해 눈에 보이는 대로 판단하는데 피아제는 이를 보존 개념으로 설명하였다. **보존**(conservation) **개념**은 어떤 대상의 외형이 바뀌어도 그 속성이나 본질은 변하지 않는다는 것이다. 피아제는 전조작기 유아가 보존 개념을 형성하지 못한다고 보았다.

전조작기 유아의 보존 개념을 알아보기 위해 피아제는 무게, 양, 부피, 길이 등에 관한 다양한 실험을 하였다. **양 보존**을 알아보기 위한 실험에서는 같은 모양인 두 개의 컵에 똑같은 높이로 물을 채워 유아에게 보여 준 후 물의 양이 같은지 물어본다. 대부분의 전조작기 유아는 그렇다고 대답한다. 그 후 한쪽 컵의 물은 그대로 두고 다른 쪽 컵의 물은 가늘고 긴 컵에 옮겨 부은 후 두 개의 컵에 있는 물의 양이 여전히 같은지 물어본다. 그러면 대부분의 유아는 가늘고 긴 컵의 물이 더 많다고 대답한다. **수 보존**을 알아보기 위한 실험에서는 동일한 수의 구슬을 한쪽은 그대로 두고 다른 한쪽의 구슬은 길게 늘어놓아 제시하면 대부분의 유아는 길게 늘어놓은 쪽에 구슬이 더 많다고 대답한다.

유아는 컵에 있는 물이 높아서 양이 더 많다고 대답하고, 구슬이 길게 늘어져 있어서 수가 더 많다고 대답한다. 이러한 실험결과는 유아가 보존이라는 논리적 개념에 의해 사고하는 것이 아니라 지각에 의존해 직관적으로 사고한다는 것을 보여 준다. 또한 이러한 실험결과는 유아의 중심화된 사고 경향을 나타낸다. 즉, 양 보존 실험에서는 밑면적과 높이를 동시에 고려하지 못하고 높이에만 중심화한 것이고, 수 보존 실험에서는 구슬이 놓인 전체 길이와 간격을 동시에 고려하지 못하고 길이에만 중심화한 것이다.

유아가 보존 개념을 획득하는 연령은 과제의 종류에 따라 차이가 있다. 유아는 수 보존 개념을 5~6세경, 길이 보존 개념을 6~7세경, 양, 무게, 면적 보존 개념을 7~8세경, 부피 보존 개념을 11~12세경에 획득한다. 피아제는 유아가 동일한 정신적 조작을 요하는 것처럼 보이는 보존 과제에서 상이한 수준의 이해력을 보이는 이유를 설명하기 위해 수평적 격차(horizontal décalage)라는 용어를 사용하였다. 수평적 격차가 발생하는 이유는 유사하게 보이는 문제들이 실제로는 복잡한 정도가 다르기 때문이라는 것이다. 피아제가 수행한 보존 개념 실험은 다음과 같다(〈표 5-1〉 참조).

〈표 5-1〉 피아제의 보존 개념 실험

보존 과제	초기 제시	변형
수	두 줄의 구슬을 동일한 간격으로 배열하여 제시한다. 	한 줄의 구슬은 그대로 두고, 다른 한 줄의 구슬 간격을 넓혀 제시한다.
길이	길이가 같은 두 개의 막대를 평행하게 제시한다. 	한 개의 막대는 그대로 두고, 다른 하나의 막대를 오른쪽으로 옮겨 제시한다.
양	같은 크기의 컵에 동일한 양의 물을 부어 제시한다. 	한 개의 컵의 물은 그대로 두고, 다른 한 개의 컵의 물을 긴 컵에 옮겨 제시한다.
질량	같은 양의 찰흙을 동그란 공 모양으로 만들어 제시한다. 	공 모양의 찰흙 중 하나를 소시지 모양으로 길게 만들어 제시한다.

무게	양팔 저울에 공 모양의 찰흙을 평행하게 올려놓은 후 두 개의 찰흙 공 무게가 같은지 묻는다. 	공 모양의 찰흙 하나를 소시지 모양으로 길게 만든 후 양팔 저울에 올려놓기 전에 두 개의 찰흙 공 무게가 같은지 묻는다. 
면적	면적이 같은 종이판 위에 동일한 크기와 수의 색종이 조각을 한쪽에 모아 제시한 후 두 마리 소가 같은 양의 풀을 먹는지 묻는다. 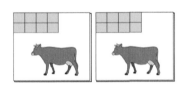	한쪽 종이판 위의 색종이 조각을 흩어놓고 두 마리 소가 같은 양의 풀을 먹는지 묻는다. 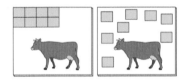
부피	무게와 모양이 같은 찰흙 공을 동일한 양의 물이 담긴 같은 모양의 컵에 넣고 물의 올라간 높이가 같은지 묻는다. 	찰흙 공 하나를 소시지 모양으로 길게 만든 후 두 개의 찰흙 공을 물에 넣으면 물의 올라간 높이가 같을지 묻는다. 

피아제는 전조작기 유아가 가역성(reversibility)이나 탈중심화(decentration)와 같은 인지적 조작을 습득하지 못했기 때문에 보존 개념 문제를 해결하지 못하며, 이들에게 보존 개념을 가르칠 수도 없다고 주장하였다. 그러나 많은 연구자들은 보존 개념이 없는 4세 유아도 훈련을 통해 보존 개념을 획득할 수 있다는 것을 입증하였다 (Gelman, 1969; Hendler & Weisberg, 1992).

3) 개념발달

전조작기 유아의 개념은 아직 불완전하지만 몇 가지 독특한 특징이 있다. 이 시기의 유아가 나타내는 대표적인 개념으로는 분류, 서열, 인과관계, 실재론, 물활론 등이 있다.

(1) 분류

분류(classification) **개념**은 사물을 유목이나 범주로 나누거나 모으는 것이다. 분류를 하려면 사물 간의 공통성을 추론할 수 있어야 하며, 그 준거가 되는 모양이나 색깔 등을 다른 사물에도 적용할 수 있어야 한다. 유아에게 색깔과 크기가 다른 세모, 원, 네모 모양의 물건을 주고 같은 속성끼리 분류하도록 하면, 2~4세 유아는 '이것은 비슷해 보이니까 함께 놓아야 해' 하며 물체의 유사성에 따라 직관적으로 분류한다. 4~6세 유아는 분류를 하기는 하지만 분류 기준이 명확하지 않고 시시각각 변한다. 예를 들어, 유아는 같은 색깔의 원, 세모, 네모 모양의 물건을 모았다가 모양을 기준으로 물건을 모은다. 유아가 7~8세가 되면 모양이나 색깔 등의 일관성 있는 분류 기준에 따라 사물을 분류할 수 있다. 사물이나 사건을 일정한 규칙에 따라 분류하는 것은 논리적 사고가 가능하다는 것을 의미한다.

(2) 서열화

서열화(seriation)는 길이나 부피 등과 같은 속성에 따라 사물을 순서대로 배열하는 것이다. 길이가 다른 여러 개의 막대기를 주고 길이에 따라 순서대로 배열하라고 하면 3~4세 유아는 길이에 관계없이 늘어놓는다. 유아가 5~6세가 되면 일부는 순서대로 배열하지만 전체를 정확하게 배열하지는 못한다. 6~7세경에는 막대의 길이에 따라 순서대로 정확히 늘어놓는다.

(3) 인과관계

인과관계는 어떤 현상의 원인과 결과 간의 관계를 아는 것이다. 전조작기 유아는 사물이나 사건의 인과관계를 논리적으로 추론하지 못한다. 유아의 인과관계 개념은 목적론, 인공론, 전환적 추론 등과 같은 특징을 지닌다.

목적론(finalism)은 세상의 모든 사물이나 자연 현상이 사람의 필요에 의해 만들어졌다고 믿는 것이다. 유아가 사람을 시원하게 해 주기 위해 바람이 불고, 사람에게 아름다움을 주기 위해 단풍이 물든다고 생각하는 것이 그 예다. 이러한 목적론적 사고 때문에 유아는 종종 '왜?'라는 질문을 한다. 예를 들어, 유아가 '바닷물은 왜 파래요?' 라고 질문할 때 유아는 이에 대한 과학적인 대답을 듣고자 하는 것일 수도 있지만 사람이 바닷물의 색깔을 파랗게 만들었는데 왜 파란색으로 만들었는지에 대해 알고 싶은 것일 수도 있다.

인공론(artificialism)은 인간이 사물이나 자연 현상을 만들었다고 믿는 것이다. 유아는 사람이 건물이나 도로를 만든 것처럼 태양이나 나무도 사람이 만들어서 그곳에 두었다고 생각한다.

전환적 추론(transductive inference)은 두 사건이 비슷한 시간에 일어나거나 동시에 일어나면 직접 관련이 없어도 이 두 사건 간에 인과관계가 있다고 생각하는 것이다. 예를 들어, 항상 낮에 낮잠을 자던 여아가 낮잠을 자지 않고 "나는 낮잠을 안 잤어요. 그래서 낮이 아니에요."라고 말한다거나 동생을 미워했는데 동생이 아프면 자신이 동생을 미워해서 아픈 것이라고 말하는 것 등을 예로 들 수 있다. 유아는 '낮' 과 '낮잠' 이 평상시에는 비슷한 시간에 일어났기 때문에 '낮잠' 이 '낮' 을 결정하는 것이라고 추론하고, 자신이 동생을 미워해서 아픈 것이라고 생각하는 것이다. 그러나 유아가 이해할 수 있는 상황이거나 물리적으로 익숙한 사건인 경우에 유아는 원인과 결과를 정확하게 연결하여 논리적으로 생각할 수 있다는 연구결과도 있다(Wellman & Gelman, 1998).

(4) 실재론

실재론(realism)은 정신적인 현상에 물리적인 속성을 부여하는 것으로서 마음속에 생각한 것이 실제로도 존재한다고 믿는 것이다. 실재론적 사고는 유아의 꿈에 대한

[그림 5-4] 꿈에서 본 선물을 실제로 찾으려는 유아

생각에서 찾아볼 수 있다. 즉, 전조작기 유아는 자신이 꾼 꿈이 실제 일어난 것이라고 믿는다. 예를 들어, 유아는 아버지가 도깨비를 쫓아가는 꿈을 꾸면 깨어나서도 그것이 실제로 일어난 일이며 아버지도 그 내용을 알고 있다고 생각한다. 또 잘 때 선물을 받는 꿈을 꾼 유아가 깨어나서 꿈에서 본 선물을 찾아다니는 것도 이에 해당된다([그림 5-4] 참조).

실재론적 사고는 유아의 **도덕적 사고**에서도 나타난다. 도덕성을 판단할 때 유아는 행위자의 의도보다는 결과를 가지고 판단한다. 예를 들어, 유아는 일부러 돌을 던져 한 개의 컵을 깬 경우와 식탁에서 밥을 먹다가 실수로 세 개의 컵을 깬 경우 중에서 실수로 세 개의 컵을 깬 경우가 더 나쁘다고 생각한다.

(5) 물활론

물활론(animism)은 생명이 없는 사물도 생명과 감정이 있다고 믿는 것이다. 전조작기 유아는 모든 물체가 사람처럼 숨쉬고, 느끼고, 생각한다고 믿는다. 유아가 생물과 무생물을 구분하는 기준은 성인과 질적으로 다르다. 예를 들어, 유아는 장난감 자동차를 던지면 장난감 자동차가 아프고, 시계가 멈추면 배가 고프기 때문이라고 생각한다. 4~6세경의 유아는 보이는 모든 대상이 살아 있다고 생각하지만 6~8세경의 유아는 움직이는 것에만 생명을 부여한다.

그러나 유아도 친숙한 사물에 대해서는 생물과 무생물을 어느 정도 구분할 수 있다는 지적도 있다(이영 외, 2009, p. 260). 예를 들어, 3~4세 유아에게 돌, 사람, 인형과 같이 친숙한 사물의 차이에 대해 질문하면 유아는 사람은 살아 있지만 돌은 생각이나 감정이 없고, 인형은 스스로 움직이지 못하기 때문에 살아 있지 않다고 대답한다. 이처럼 유아가 친숙한 사물보다 친숙하지 않은 사물에 대해 좀 더 물활론적으로 사고하는 이유는 피아제의 주장처럼 무생물이 살아 있다고 생각해서가 아니라 친숙하지 않기 때문에 스스로 움직이는 것처럼 보여서 살아 있는 것으로 추측하기 때문이라는 견해도 있다(Shaffer & Kipp, 2014, p. 241).

2. 기 억

유아기에 들어서면서 유아의 기억 능력은 급격히 발달한다. 기억은 경험한 것을

뇌에 저장하였다가 나중에 다시 인출하여 사용하는 인지 과정으로서 정보 처리 과
정에서 중심적인 역할을 한다. 기억의 특징과 발달을 설명하는 대표적인 이론으로
정보 처리 이론을 들 수 있다. 정보 처리 이론은 주의를 기울이고, 기억하고, 문제를
해결하기 위해 정보를 사용하는 과정에 관심을 갖는다.

1) 기억 과정과 구조

기억 과정은 정보를 받아들이는 부호화 과정, 받아들인 정보의 저장 과정, 저장된
정보를 꺼내 쓰는 인출 과정이 있다. 기억은 부호화된 정보를 적절하게 저장하여 인
출하는 과정이 필요하다. 가장 영향력 있게 정보 처리 과정을 설명하는 것으로 **앳킨
슨과 쉬프린**(Atkinson & Shiffrin, 1968)의 **다중저장 모델**이 있다([그림 5-5] 참조).

그림에서 보는 것처럼 다중저장 모델에 의하면 기억은 부호화, 저장, 인출이라는
일련의 단계를 거쳐 이루어진다. 기억의 첫째 단계는 **부호화**(encoding)로서 이는 감
각기관을 통해 들어 온 정보를 부호로 변형하는 과정이다. 자동차의 모습은 시각 부
호로, 초인종 소리는 청각 부호로 부호화하는 것을 예로 들 수 있다.

기억의 둘째 단계는 **저장**으로서 부호화된 정보를 보유하는 것이다. 정보를 저장하

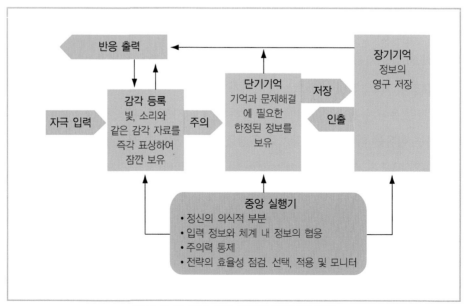

[그림 5-5] 정보 처리 체계의 다중저장 모델

출처: Berk, L. E. (2013). *Child development* (9th ed.), p. 203.

는 시간에 따라 감각기억, 단기기억, 장기기억으로 구분한다. **감각기억** 혹은 **감각등록**은 감각기관을 통해 들어온 빛과 소리와 같은 정보를 아주 짧은 동안만 저장하는 것이다. 감각기억의 정보 중에서 주의를 기울인 정보는 **단기기억**으로 전환하여 보다 오랫동안 기억한다. 예를 들어, 동화에 나온 주인공의 이름을 듣고 짧은 기간 동안 기억하는 것이다. 단기기억은 잊어버리지 않으려고 노력하지 않으면 기억에서 곧 사라진다. 모든 의식적인 지적 활동이 단기기억에서 이루어진다고 생각하여 단기기억을 **작업기억**(working memory)이라고도 한다. 장기기억은 단기기억에 들어온 정보 중에서 의미가 있거나 반복적으로 시연된 정보다. **장기기억**은 세상에 대한 지식, 과거 경험과 사건에 대한 인상, 정보를 처리할 때 사용하는 전략을 포함한 방대한 정보가 저장되어 있는 곳으로 그 정보는 영구적으로 저장되며, 용량은 무제한이다. 단기기억의 정보를 장기기억으로 전이시켜 저장하기 위해서는 장기기억의 특성에 맞게 정보를 재조직화하거나 기존의 정보와 연결하는 정교화 과정이 필요하다.

인간은 들어온 정보를 능동적으로 처리하여 어떤 정보에 주의를 집중할 것인지, 어떤 전략을 사용하여 정보를 다음 과정으로 이동시킬지를 결정한다. 정보 처리 과정에서 이러한 역할을 하는 것이 **중앙실행기**(central executive)다(Jones, Rothbart, & Posner, 2003; Wieke, Epsy & Charak, 2008). 중앙실행기는 정보 처리의 각 단계를 계획하고 정보를 좀 더 효율적으로 처리할 수 있도록 한다. 그리하여 중앙실행기는 정보에 주의를 기울여 새롭게 입력된 정보를 기존의 정보와 협응시키고, 적절한 기억 과정과 문제해결 전략을 선택하여 적용하고 이를 모니터링한다(Pressley & Hilden, 2006). 이러한 중앙실행기는 상위인지(metacognition)에 해당한다.

기억의 마지막 단계는 **인출**로서 이는 저장한 정보를 필요할 때 다시 꺼내는 과정이다. 인출은 재인과 회상으로 구분한다. **재인**(recognition)은 어떤 자극이 이전에 경험했던 자극과 동일하거나 유사한 것인지를 알아보는 것이고, **회상**(recall)은 저장한 정보로부터 인출 단서 없이 기억을 재구성하는 것이다. 재인은 인출 단서가 있는 상황에서 기억하는 것이기 때문에 회상보다 더 쉽다. 유아가 동화책을 본 후 여러 그림카드 중에서 등장인물을 찾아내는 것은 재인이고, 그림카드 없이 등장인물을 말하는 것은 회상이다. 즉, 아기 곰 푸우 동화책을 읽은 후 유아가 '동화책에는 호랑이, 곰이 나왔어요.' 라고 말하는 것은 회상이고, 여러 동물 카드 중 호랑이 카드를 집으며 '이것은 동화책에 나왔어요.' 라고 말하는 것은 재인이다.

2) 유아기 기억발달

유아는 연령이 증가하면서 기억 용량이 증가하고 보다 다양하고 효율적인 전략을 사용하며 상위기억이 발달하고 지식 구조가 확대되면서 기억을 더 잘 하게 된다. 이는 유아의 전략적 기억이 발달하기 때문이다. 유아기 동안 일어나는 기억발달을 부호화, 저장, 인출과 같은 기억 과정, 사건 기억, 그리고 정보를 의식적으로 유지하거나 인출하고자 하는 전략적 기억 등을 중심으로 살펴보고자 한다.

(1) 기억 과정

기억은 부호화, 저장, 인출과정을 포함하는데 기억을 잘하기 위해서는 각 과정을 적절하게 수행해야 한다. 유아는 기억의 초기단계인 **부호화 단계**에서 직관적이고 자기중심적인 사고로 인해 사건의 전반적인 내용보다는 세부적인 내용에 집중하는 경향이 있다. 이로 인해 유아는 자신이 집중한 내용은 잘 기억하지만 그 외의 내용은 쉽게 잊어버린다. 또한 유아는 세상에 대한 지식이 적어 상황의 중요한 측면을 파악하고 부호화하는 데도 어려움이 있다.

유아는 정보를 **인출**할 때 단서를 제공하는 재인을 더 쉽게 한다. 유아에게 친숙한 물건을 보여 주고 재인하게 하면 2세는 80% 이상, 4세는 90% 이상 재인할 수 있다 (Perlmutter, 1986). 반면, 유아의 회상 능력은 유아가 회상하려는 동기와 회상하기 위해 사용하는 전략에 따라 달라진다. 회상은 연령에 따라 차이가 있는데 3~4세 유아는 자기 스스로 회상하려 하지 않지만, 5세가 되면 점차 의도적으로 회상할 수 있고 이를 위해 특별한 수단과 방법을 사용하기 시작한다. 그러므로 연령이 증가하면서 유아의 회상 능력은 현저하게 증가한다.

(2) 사건 기억

사건 기억은 발생한 사건에 대한 장기기억이다. 오늘 유치원에서 무엇을 하였는지, 이번 여름 여행에서 가장 즐거웠던 일은 무엇이었는지 등에 대해 기억하는 것을 예로 들 수 있다. 사건 기억은 특별한 전략을 요구하지 않기 때문에 자연적 기억이라고도 한다.

사건 기억은 일반 기억, 일화 기억, 자서전적 기억으로 구분한다(Nelson, 1993). **일반 기억**은 되풀이하는 사건에 대한 기억으로 **각본**(scripts)이라고도 한다. 각본은

사건을 진행하는 순서와 인과관계를 포함하지만, 그 안에
는 특정 시간이나 장소에 대한 구체적인 내용은 없다. 유
아는 생일 파티하기, 간식 먹기, 유치원 버스 타고 등원하
기 등의 각본을 갖고 있다. 예를 들어, 생일 파티를 할 때
는 생일 케이크에 초를 꽂고 불을 켜기, 생일 축하 노래
부르기, 촛불 끄기 등의 순서가 있는데 유아는 이러한 일
련의 행동에 대한 일반 기억이 있다([그림 5-6] 참조). 그리
하여 유아는 일상생활에서의 행동을 미리 예상하여 계획
하고 실행할 수 있다. 그러나 유아가 사건을 각본으로 조
직화하게 되면 각본과 맞지 않는 새롭고 비전형적인 정보
는 기억하지 않는 단점도 있다. 일반 기억은 2세경에 시작
하며 연령이 증가하면서 좀 더 자발적으로 구성되고 정교
화된다.

[그림 5-6] 생일파티에 관한 유아의 일반 기억

일화 기억(episodic memory)은 특정 시간과 장소에서 일어난 특정 경험에 대한 기
억이다. 그러나 일화 기억은 일시적이어서 여러 번 회상하지 않으면 얼마 동안 지속
되다가 사라진다. 유아는 빈번하게 일어나는 사건보다 자신에게 특별하고 주목할
만한 사건을 더 잘 기억한다. 즉, 매일 유치원의 실외놀이보다는 몇 달 전에 놀이공
원에서 놀았던 것을 더 상세하게 기억한다.

자서전적 기억은 개인 각자의 삶에서 중요한 사건이나 경험에 대한 기억으로서 개
인에게 특별하고 어떤 의미를 지닌 기억만을 말한다. 이는 일종의 일화 기억으로서
3세 이전에는 거의 나타나지 않다가 4세경부터 나타나기 시작하여 5세 이후에 서서
히 증가한다. 자서전적 기억이 나타나는 시기는 개인마다 다르다. 어떤 사람은 3세
부터 생생한 기억을 가지고 있지만 초등학교 이전의 기억이 거의 없는 사람도 있다.
유아의 자서전적 기억발달에 부모가 중요한 역할을 한다는 것이 밝혀졌다(Fivush &
Nelson, 2004; Ornstein, Haden, & Hedrick, 2004). 즉, 부모가 자녀와 대화하면서 사
건에 대해 질문하고 회상을 확장해 주고 평가하도록 하면 유아는 '나에게 일어난
일'로 기억하게 되어 자서전적 기억으로 발전하게 된다.

(3) 기억 용량의 증가

유아는 연령이 증가하면서 **기억 용량**이 증가하는데 이는 정보의 저장 공간이 증가

한다는 것을 의미한다. 기억 용량의 증가는 단기기억의 용량이 증가하는 것이며, 감각기억과 장기기억의 용량은 유아의 연령이 증가해도 거의 변화하지 않는다. 일반적으로 단기기억의 용량은 기억폭(memory span) 과제를 통해 측정한다. 기억폭 과제는 무의미한 숫자 등과 같이 서로 관련 없는 항목들을 유아에게 빠르게 제시하고 이를 순서대로 정확하게 기억하는 정도를 측정한다. 기억폭은 단기기억으로 저장할 수 있는 정보의 양에 대한 측정치다. 일반적으로 2세 유아는 2개, 5세 유아는 4.5개 정도의 기억폭을 지닌다.

연령이 증가함에 따라 기억 용량이 증가하는 이유는 **케이스**(Case, 1985)의 **조작 효율성 가설**로 설명할 수 있다([그림 5-7] 참조). 조작 효율성 가설에 의하면 연령이 증가함에 따라 유아의 정보 처리 속도가 빨라지고 점점 효율적이 됨으로써 정보의 조작 공간은 덜 필요하고 저장 공간은 증가하면서 기억용량이 증가한다. 즉, 어릴 때는 정보를 처리하는 데 많은 시간과 노력이 필요하지만 연령이 많아지면서 정보를 자동적으로 처리하여 시간과 노력을 적게 들이고도 쉽게 답을 찾을 수 있다.

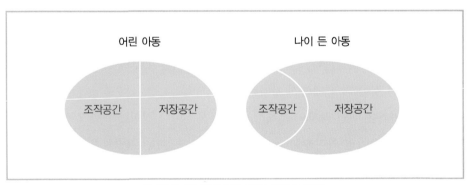

[그림 5-7] 케이스의 조작 효율성 가설

출처: Case, R. (1985). *Intellectual development: Birth to adulthood*; Siegler, R. S., & Alibali, M. W. (2005). 아동 사고의 발달, p. 81 재인용.

(4) 기억 전략

기억 전략은 정보를 저장하고 인출하기 위해 사용하는 의도적인 활동이다. 유아가 사용하는 기억 전략은 단순하지만 연령이 증가하면서 전략 사용의 양과 질이 변화하고 그 효율성도 증가한다. 일반적으로 영아에 비해 유아는 더 많은 전략을 보다 효율적으로 사용한다.

유아의 기억발달을 돕는 전략에는 시연, 조직화, 정교화 등이 있다. **시연**

(rehearsal)은 기억해야 할 정보를 반복해서 연습하는 것으로 가장 간단하면서도 효과적인 방법이다. 시연 전략을 사용하고 또 이 전략을 자발적으로 사용하는 유아가 그렇지 않은 유아보다 기억을 더 잘한다. 이 전략은 5세경에 나타나기 시작하여 초등학교 입학 후부터 급격하게 발달한다.

조직화(organization)는 기억할 정보를 관련이 있는 것끼리 묶어서 기억하는 전략이다. 조직화 전략에는 한 묶음의 정보를 묶어서 기억하는 **절편화**와 의미상 서로 관련 있는 것끼리 묶어서 기억하는 **범주화**가 있다. 예를 들어, 전화번호가 123-4567인 경우 국번(123)과 개별 번호(4567)로 나누어 기억하는 것은 절편화이고, 할아버지, 할머니, 엄마, 아빠, 나, 동생을 기억해야 하는 경우에 할아버지, 할머니, 엄마, 아빠를 어른으로 묶고 나와 동생을 아이로 묶어 기억하는 것은 범주화다. 조직화 전략은 부분과 전체의 관계에 대한 이해가 필요하기 때문에 시연 전략보다는 다소 늦게 나타난다. 유아기에는 초보적인 형태의 조직화 전략이 나타난다.

정교화(elaboration)는 기억해야 할 정보에 무언가를 덧붙이거나 다른 정보와 관련시켜 기억하는 전략이다. 예를 들어, 고양이와 나무를 기억하고자 할 때 고양이가 나무에 앉아 있는 모습을 연결시켜 암기하는 것이다. 정교화 전략도 조직화 전략과 마찬가지로 비교적 늦게 나타난다.

유아에게 시연, 조직화 등의 기억 전략을 가르칠 수 있는데 이 경우에 기억 수행도 향상된다(Bjorklund & Douglas, 1997). 하지만 유아는 주변 사람이 기억 전략을 상기시켜 주지 않으면 알고 있다하더라도 스스로 사용하지 못한다. 유아는 성장하면서 보다 다양하고 효율적인 전략을 스스로 효과적으로 사용할 수 있다.

한편 시글러(Siegler, 2000)는 시간 경과에 따라 전략들이 어떻게 변화하는지를 기술하기 위해 적응적 전략선택 모델(adaptive strategy choice model)을 제안하였다. 이 모델에서는 초기의 전략이 더 복잡하고 효율적인 전략으로 대치되는 것이 아니라 유아의 인지 목록에는 다양한 전략이 존재하며 어떤 문제를 해결하려고 할 때 유아는 이 전략들 중에서 선택한다고 본다. 새로운 전략이 정답을 산출하는데 실패하거나 적절하지 않은 경우 예전에 사용된 전략이 사용될 수도 있다는 것이다. 따라서 시글러는 전략이 단계적으로 발달하는 것이 아니라 오히려 [그림 5-8]에서 보는 것과 같이 중복되는 일련의 파동과 같이 발달한다고 하였다.

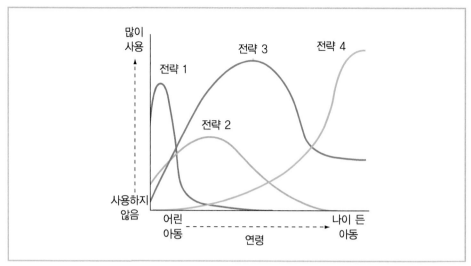

[그림 5-8] 기억 전략의 발달에 관한 시글러의 적응적 전략선택 모델

출처 : Shaffer, D. R., & Kipp, K. (2014). 발달심리학, p. 285.

(5) 상위기억

　유아는 기억하는 방법이나 전략을 사용하는 것에 대해 잘 알지 못하지만 기억과 문제해결력이 발달하면서 자신의 사고 과정을 되돌아보기 시작한다. **상위기억**(metamemory)은 기억과 기억 과정에 대한 지식이다(Schneider, 2009). 상위기억은 기억 과정에 대해 더 많이 알고 가장 적절한 전략을 선택하고 이를 관리하는 것이므로 유아가 기억 과제를 보다 효율적으로 수행할 수 있게 해 준다.

　유아기에는 상위기억에 대한 초보적인 지식이 발달하며 이는 연령이 증가함에 따라 증가한다. 상위기억은 약 2세경에 나타나는데 이 시기의 유아에게 엄마가 어디에 숨는지 잘 보라고 하면 숨는 과정을 유심히 살펴보는 것이 그 증거다. 이는 유아가 잘 지켜봐야 잘 기억할 수 있다는 것을 이해한다는 것이다. 3~4세 유아는 짧은 내용보다 긴 내용을 기억하는 데 더 많은 노력이 필요하다는 것을 안다.

(6) 지식 구조의 확대

　인간은 장기기억 속의 정보를 상호 관련된 구조로 만들어 저장한다. 장기기억에 저장되어 있는 구조화된 정보를 **지식 구조**(knowledge structure)라 한다(Flavell et al., 2002). 지식 구조는 새로 들어온 정보를 처리하고 저장하는 데 직접적인 역할을 하기 때문에 **지식 기반**(knowledge base)이라고도 한다.

유아는 연령이 증가할수록 지식 구조가 확대되어 더 많은 정보를 기억할 수 있다. 장기기억에 저장되어 있는 지식은 정보를 새롭게 저장하고 인출하는 데 영향을 미치므로 유아가 주제에 대해 많이 알수록 더 많이 학습하고 기억할 수 있게 된다. 예를 들어, 과일의 종류에 대해 많이 알고 있는 유아가 그렇지 않은 유아보다 새로운 과일의 이름을 더 잘 기억할 수 있다.

3. 지 능

이 절에서는 지능의 심리측정적 접근에 대해 살펴보고자 한다. 심리측정적 접근은 지적 능력을 수량화하고 이를 비교함으로써 개인차를 진단하고 이를 토대로 학업 성취, 직업상의 목표 달성 등을 예언하고자 하는 데 목적이 있다.

1) 지능의 개념

지능의 개념과 구성 요소에 대해서는 학자마다 다양한 견해를 지닌다. 지능검사를 최초로 개발한 비네와 시몽(Binet & Simon, 1916)은 지능은 판단력, 실제적인 감각, 주도성, 자신이 환경에 적응하는 능력이라고 정의하면서 그 주요 활동은 잘 판단하고 이해하고 추리하는 것이라고 보았다. 터먼(Terman, 1921)은 지능을 추상적 사고를 수행하는 능력으로, 웩슬러(Wechsler, 1958)는 개인의 목적에 따라 행동하고 합리적으로 사고하며 환경에 효율적으로 대응할 수 있는 능력으로, 스턴버그(Sternberg, 1986)는 개인의 실생활 환경에 유목적적으로 적응하며 환경을 변형시키고 선택할 수 있는 정신적 활동으로 정의하였다. 이상의 정의를 종합해 보면 지능은 학습 능력, 새로운 환경과 상황에 적응하는 능력 등의 고등정신 능력이다.

심리측정적 접근에서는 지능을 **지능지수**(Intelligent Quotient: IQ)로 나타낸다. IQ는 터먼이 지능검사에서의 지적 수행을 수량화하기 위해 사용한 비율척도다. IQ는 유아의 정신 연령(MA)을 생활 연령(CA)으로 나누고 여기에 100을 곱하여 계산한다. IQ가 100이라는 것은 유아의 정신 연령이 그의 생활 연령과 정확하게 같다는 의미다. IQ가 100 이상이면 자신보다 나이가 많은 사람들과 지능이 비슷하다는 의미이고, 반대로 100 이하의 경우는 자신보다 어린 사람들의 지능과 같은 수준이라는 의미다. 유아용 지능검사는 '3장 유아발달 연구방법'을 참고하기 바란다.

2) 지능 이론

　지능 이론에서는 지능이 단일 속성이 아니며 여러 하위영역을 조합한 것으로 본다. 지능을 구성하는 하위영역의 종류와 수는 학자마다 견해가 다양하다. **스피어먼**(Spearman, 1927)은 지능을 일반 요인(g-factor)과 특수 요인(s-factor)으로 구분하였다. 일반 요인은 개인의 지능이 영역에 상관없이 모든 하위검사에 고르게 영향을 미치는 일반적인 능력이며, 특수 요인은 특정 하위검사에서만 영향을 미치는 특수능력이다. **써스톤**(Thurstone, 1938)은 지능이 독립적인 7개의 능력인 기초 정신 능력(primary mental abilities: PMA)으로 구성되었다고 보았다. 기초 정신 능력은 언어이해, 언어유창성, 수리능력, 공간지각, 기억, 추론, 지각속도로서 상호 독립적이지만 하나로 통합되어 개인의 일반적 지능을 구성한다. 또한 **길포드**(Guilford, 1988)는 5개의 내용 차원(content), 6개의 조작 차원(operation), 6개의 산출 차원(product)이 상호 결합하여 나타나는 180개의 상이한 정신능력으로 구성된 지능의 구조모형을 제시하였다. 내용 차원은 개인이 생각해야 하는 내용으로 시각적·청각적·상징적·의미론적·행동적인 내용을 포함한다. 조작 차원은 수행해야 하는 사고의 종류로서 인지, 기억저장, 기억파지, 확산적 생산, 수렴적 생산, 평가를 포함한다. 산출 차원은 어떤 종류의 답이 필요한가에 관한 것으로서 단위, 유목, 관계, 체계, 변화, 함축을 포함한다.

　스턴버그(Sternberg, 1999)와 가드너(Gardner, 1983, 1999, 2002) 등은 기존의 지능 이론이 학업과 관련이 있는 지능만을 다루고 성인이 실제 사회생활에서 활용하는 지능은 다루지 않았다고 비판하면서 대안적 지능 이론을 제안하였다.

　스턴버그는 종래의 지능검사가 사고의 속도와 수행의 정확성만을 강조하고 실제 삶에 필요한 것은 진단하지 못했다고 주장하였다. 그는 지능이 환경에 적응하는 데 필요한 능력이며 사회나 문화에 따라 다를 수 있다고 본다. 스턴버그는 지능이 분석적·경험적·맥락적 능력으로 구성되어 있다고 보는 **지능의 삼원 이론**(triarchic theory of intelligence)을 제안하였다. 분석적 능력은 정보를 분석하고 해결방법을 생각하는 능력으로 효과적인 정보 처리 방법을 알고, 문제해결 과정을 감독하며, 결과를 평가하는 능력 등을 포함한다. 경험적 능력은 새로운 정보를 기존의 정보와

비교하거나 기존의 정보를 새로운 방법으로 결합시키는 능력이다. 경험적 능력이
높은 유아는 그렇지 않은 유아에 비해 과제 몰입 수준과 문제해결 능력이 더 높다.
맥락적 능력은 자신이 처한 상황을 판단하여 무엇을 할 것인가를 적절하게 결정하
는 능력으로 현실 상황에 대한 적응력을 강조한다. 따라서 개인이
얼마나 지능적인가를 알고 싶으면 개인이 과제를 수행하는 맥락,
과제에 대한 경험, 개인이 과제에 접근하는 정보 처리 기술을 고려
해야 하는데 개인마다 세 가지 능력 중에 강한 부분과 약한 부분이
있다.

Gardner

　　가드너(Gardner, 1983, 1999, 2002)는 인간의 지적 능력이 서로 독
립적이며 상이한 여러 유형의 능력으로 구성된다는 **다중지능 이론**
을 제안하였다. 처음 다중지능 이론을 제시할 때는 일곱 가지 지능
을 제안하였으나 후에 두 가지 지능을 추가하였다(〈표 5-2〉 참조).

〈표 5-2〉 가드너의 다중지능

지능의 종류	정의	적용되는 영역 또는 직업
언어적 지능	어휘의 뜻을 알고 새로운 아이디어를 이해하기 위하여 언어를 사용하는 능력과 아이디어를 다른 사람에게 전달하는 능력	시인, 작가, 번역가, 편집자, 법률가 등
논리-수학적 지능	사물, 행위 및 아이디어 간의 관계를 이해하는 능력과 논리적이고 수학적 조작을 할 수 있는 능력	수학자, 컴퓨터 프로그래머, 경제학자, 회계사 등
음악적 지능	소리의 높낮이, 박자 및 분위기를 이해하고 표현할 수 있는 능력	작곡가, 지휘자, 연주자 등
공간지능	사물의 모습을 보이는 대로 지각할 수 있는 능력과 '마음의 눈'을 사용하여 사물의 변형을 볼 수 있는 능력	시각적 예술가, 지질학자, 외과 의사, 건축가 등
신체-운동적 지능	댄서, 공예가 및 육상선수 등과 같이 신체를 자유자재로 사용할 수 있는 능력	무용가, 운동선수, 외과 의사 등
대인관계 지능	다른 사람의 감정, 기분, 동기 및 의도를 감지할 수 있는 능력	정신과 의사, 교사, 정치가, 세일즈맨 등
개인내적 지능	자신의 감정, 강점 및 약점을 이해하는 능력	상담가, 작가, 정신과 의사 등
자연주의자적 지능	집단 혹은 특정 종에 소속된 구성원을 인식하고 구분할 수 있는 능력	생물학자, 농부, 원예사 등
영적/존재론적 지능	인생의 목표 및 삶과 죽음과 같은 '궁극적' 문제를 고려할 수 있는 능력	철학자, 신학자 등

출처: Kail, R. V. (2008). 아동발달, p. 210.

가드너는 기존의 지능 이론이 언어적 지능과 논리-수학적 지능만을 지나치게 강조함으로써 그 외의 우수한 지능을 가진 아동을 인정하지 못했다고 주장하였다. 전문직 직업에서의 성공이 언어적 지능과 논리-수학적 지능에만 의존하지는 않는다. 성악가는 음악적 지능이, 교사는 대인관계 지능이 필수적이다. 그는 아홉 가지 지능을 모두 우수하게 갖춘 사람은 없으며, 각 유아가 지니고 있는 능력을 바르게 진단하여 이를 촉진시켜 주어야 한다고 주장하였다. 이러한 가드너의 주장은 창의성 연구에도 많은 영향을 미쳤다.

3) 유아기 지능발달

유아기는 지능이 급격하게 발달한다. 연령이 증가하면서 미분화된 일반 지능은 점차 분화되어 여러 특수한 능력으로 발달하고 보다 높은 수준의 사고 능력으로 발달한다. 그리하여 영아기 지능은 주로 지각과 운동 기능이지만 유아기에는 언어 능력이 나타나게 되면서 점차 상징적이며 보다 추상적인 지능으로 발달한다.

지능의 안정성은 기준 연령의 지능과 미래 연령에서의 지능이 일치하는 정도다. 2세 이전 영아의 지능은 아동기나 청년기 지능과 일치하지 않는다. 그러나 2세 이후부터 연령이 증가할수록 지능 변화와 폭이 줄어들면서 지능의 안정성이 증가한다.

지능의 안정성이 증가하기 때문에 유아의 IQ를 토대로 향후 학업 성취, 직업적인 위치, 건강과 사회 적응, 삶의 만족도 등을 예측하려는 연구가 많이 이루어졌다. 그러나 IQ가 항상 아동의 건강, 행복 혹은 성공을 예측하는 변인은 아니라는 것이 밝혀졌다. 한 개인이 성공을 이루어 가는 과정에서 중요하게 작용하는 요인은 IQ 이외에 가족 배경, 학업 습관, 교육, 성공에 대한 동기 등이었다(Shaffer & Kipp, 2014).

지능의 안정성은 대규모 아동집단의 점수에 근거한 것이기 때문에 각 아동의 IQ가 시간 경과에도 불구하고 반드시 안정적이라고 볼 수는 없다. IQ 안정성에서 개인차가 나타나는 이유 중의 하나는 유아가 경험하는 환경의 차이다. 예를 들어, 유아가 박탈된 지적 환경 속에 오래 남아 있을수록 IQ 검사에서의 수행은 낮아지게 되고 IQ의 안정성은 감소하게 될 것이다.

4) 지능발달에 영향을 미치는 요인

유아의 지능발달에 영향을 미치고 지능의 개인차를 유발하는 요인에는 유전, 성, 영양 상태, 가정환경, 교육 수준, 시대적 영향 등이 있다.

(1) 개인적 요인

유전은 지능발달에 영향을 미치는 중요한 요인이다. 가족연구를 통해 같은 혈통일수록 지능의 상관이 높은 것으로 드러났다. 일반적으로 동일한 유전자를 갖고 있는 일란성 쌍생아 간 IQ의 상관은 이란성 쌍생아의 IQ의 상관보다 더 높다(Bower, 2003). 또한 입양된 유아의 IQ는 입양한 부모의 IQ보다 그들의 생물학적 부모의 IQ와 더 높은 상관을 보인다. 결국 가족 구성원 간의 유전적 유사성이 클수록 IQ에서의 상관이 더 높다는 것을 알 수 있다. 이러한 결과는 IQ가 유전의 영향을 받는다는 것을 보여 주는 증거다([그림 5-9] 참조). 한편, 유사한 환경에서 성장하면 IQ의 상관 정도는 더욱 높아진다는 사실도 주목할 수 있다(Bouchard & McGue, 1981).

다음으로 **성**이 지능발달에 영향을 미칠 수 있다. 성별에 따른 전반적인 지능의 차이가 아니라 특정한 능력에서의 성 차이가 존재한다. 즉, 여아는 언어적 과제, 수학적 계산, 소근육 기술, 지각 기술을 필요로 하는 과제에서, 남아는 공간 능력, 추상적인 수학적 추론과 과학적 추론을 필요로 하는 과제에서 더 우수하다. 이와 같은

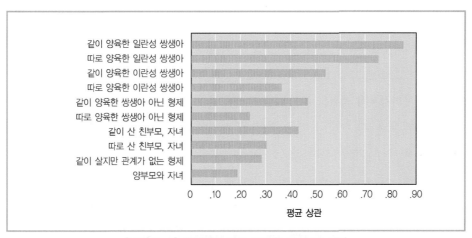

[그림 5-9] 쌍생아와 가족 구성원 간의 IQ 상관

출처: Bouchard, T. J. Jr., & McGue, M. (1981). *Family studies of intelligence: A review*; Berk, L. E. (2013). *Child development* (9th ed.), p. 258 재인용.

특정 영역의 지능에서 성차가 있는 이유는 사회화, 인지적 성숙, 뇌 구조의 크기와 모양 등에서 차이가 있기 때문이다(이영 외, 2009, p. 291 재인용).

유아의 **영양 상태**도 지능발달에 영향을 미칠 수 있다. 유아의 영양상태가 나쁘면 뇌발달뿐만 아니라 전반적인 발달에 부정적인 영향을 미치기 때문에 지능발달에도 부정적인 영향을 미칠 수 있다. 영양실조인 유아는 성인에게 반응적이지 않고 능동적인 탐색도 별로 하지 않으며 학습 동기도 낮아 이것이 지능발달에 부정적인 영향을 미칠 수 있다.

(2) 환경적 요인

환경은 다양한 차원에서 지능발달에 영향을 미친다. **스킬스**(Skeels, 1966)의 고전적 연구에서 고아원에 있는 18개월 된 유아 중 정상 가정에 입양된 유아와 그렇지 못하고 고아원에 남아 있던 유아를 대상으로 2년 뒤 지능검사를 실시하였다. 그 결과, 양질의 환경에서 자란 유아는 IQ가 증가하였으나, 고아원에 남아 있던 유아의 IQ는 감소하였다. 이 연구결과를 통해 환경은 지능발달에 영향을 미칠 수 있다는 것을 입증하였다.

① 가정환경

가정환경으로는 부모의 반응성, 가정의 사회경제적 지위, 가족구성원 등을 들 수 있다. **부모**가 유아에게 관심을 기울이고 자주 칭찬해 주며 대화를 많이 할수록, 가정에 책이 많고 발달에 적절한 놀이를 격려하고 자녀와 놀아 줄수록 유아의 지능발달에 긍정적인 영향을 미친다. 즉, 부모의 반응성이 높으면 유아의 IQ도 높은 편이다(Bradley, Corwyn, Burchinal, McAdoo, & Coll, 2001).

가정의 사회경제적 지위도 지능발달에 영향을 미쳐 중류층 가정의 유아가 하류층 가정의 유아보다 IQ 수준이 높은 편이다. 가정의 사회경제적 지위는 거주환경이나 부모의 교육 수준, 부모-자녀 간 상호작용 등과 밀접한 관련이 있다. 일반적으로 중류층의 부모가 하류층의 부모에 비해 자녀에게 관심을 더 많이 기울이고, 대화도 더 많이 나눌 뿐만 아니라 자녀의 발달에 적합하고 긍정적인 언어를 사용하며, 자녀에게 더 많은 교육적 자원을 제공해 주는 경향이 있다. 반면 유아가 가난한 환경에서 지속적으로 생활하면 IQ가 유의미하게 감소하였다(Duncan & Brooks-Gunn, 1997). 이는 경제적 어려움으로 가정환경이 열악해짐에 따라 유아의 지적 성장을 저해하고 이러한 영향이 시간이 지나면서 누적되기 때문인데 이를 누적적 결함가설(cumulative-deficit hypothesis)이라고 한다(Klineberg, 1963).

출생 순위나 **자녀 수**의 차이로 인해 유아가 가정에서 하는 경험이 달라지기 때문에 유아의 출생 순위나 형제·자매 수도 지능발달에 영향을 미칠 수 있다. 일반적으로 첫째 아이의 지능이 둘째나 셋째 아이보다 높고, 자녀 수가 적은 가정의 유아가 많은 가정의 유아보다 지능이 더 높다. 첫째 아이의 지능이 높은 것은 성인만 있는 가족에서 태어나 높은 관심과 기대를 받으며 수준 높은 언어적 상호작용을 경험할 수 있기 때문이고, 자녀 수가 적은 경우에는 가족 간에 인지적 성숙도가 높은 상호작용을 경험할 수 있기 때문에 지능이 높다(Zajonc & Mullally, 1997).

② 시대적 상황

유아가 살아가는 시대가 어떤 상황이고 어떤 경향인지에 따라 지능에 영향을 미칠 수 있다. 경제 대공황이나 IMF 경제 위기, 외환 위기 등으로 국가나 세계가 어려운 경제적 상황에 처하게 되면 유아의 가정환경도 이에 직접 영향을 받을 수 있어 유아의 지능발달에 영향을 미칠 수 있다.

또한 사회적으로 인간의 지적 발달을 촉진하는 시대적 조류가 있다면 그런 경향성이 유아의 지능발달에 영향을 미칠 수 있다. 과거에 비해 20세기에 들어 오면서 사회가 빠르게 변화하고 그에 따라 각종 문화도 빠르게 변화함으로써 사회는 사람들의 인지적 차원을 더 한층 강조하고 있다. 이에 사람들은 점점 더 똑똑해져 가고 있다. 1940년대 이후 세계 여러 나라의 평균 IQ는 10년에 3점씩 높아지고 있는데 이 현상을 플린(Flynn, 1987, 1996, 2007; Howard, 2005; Teasdale & Owen, 2005)은 자신의 이름을 따서 **플린 효과**(Flynn effect)라고 한다. 20세기의 교육은 더 많은 지식과 더 세련된 문제해결 전략의 활용을 요구하였다. 이러한 시대적 요구에 따른 교육뿐만 아니라 그로 인해 더 좋아진 영양 상태와 건강관리 등의 환경 요인이 뇌와 신경계의 발달을 최적화하여 지적 수행의 향상을 도운 것이기도 하다(Flynn, 1996).

4. 창의성

유아기는 주변 환경에 호기심이 많고 상상력이 풍부한 시기일 뿐만 아니라 창의성이 싹트고 발현되는 중요한 시기다. 창의성은 길포드가 1950년 미국심리학회에서 연설한 것을 계기로 사회의 여러 영역에서 관심을 가지고 연구, 개발하고 있다. 트릴링과 파델(Trilling & Fadel, 2012)은 21세기에 학생이 학습해야 할 핵심 역량으로 비판적 사고·문제해결 능력, 의사소통·협동 능력, 창의성·혁신 등의 '학습과 혁신 기술', 정보·미디어·정보통신기술(ICT) 리터러시와 같은 '디지털 리터러시 기술', 유연성·적응력, 진취성·자기주도성, 사회성·타 문화의 상호작용 능력, 생산성·책무성, 리더십·책임감 등의 '직업 및 생활 기술'을 제안하였다(이 장의 마지막 절 참조). 이처럼 창의성은 개인적 측면에서 뿐만 아니라 학문적·시대적 측면에서도 중요한 영역이다. 그러므로 이른 시기부터 창의성을 개발하기 위한 노력이 필요하다.

창의성의 정의는 창의성에 대한 이론적 관점과 학자에 따라서 다양하고 복잡하나 다양한 정의들을 종합해 보면 '새로움'과 '적절성'이라는 두 가지 핵심 요소가 공통적으로 발견된다. 즉, 창의성은 독창적이고, 독특하고, 새로우며 유용하고, 가치 있고, 과제 조건을 충족시켜 주는 것이다(박찬옥 외, 2010, p. 30). 다시 말해 창의성은 새로우면서 쓸모나 가치가 있는 것이다. 사회적 맥락에 따라서 이 두 가지 요소의 정의나 평가가 다양하기 때문에 이에 따라 창의성의 평가도 달라지게 된다. 간단하게 창의성은 '새롭고 뜻있는 것을 만들어 내는 힘'이라고 정의할 수 있다(정범모, 2003).

1) 창의성 이론

과거 전통적 접근에서는 창의성을 주로 인성적 특성이나 지적 능력으로 보았다면, 최근에는 다양한 요소들의 상호작용이라는 보다 통합적인 접근을 모색하고 있다.

(1) 성격특성론적 접근

성격특성론적 접근은 창의적인 사람의 구체적인 성격특성에 관심을 갖는다. **데이비스**(Davis, 2004)는 창의적인 사람은 자신의 창의성을 인식하고, 새로운 것을 추구하며, 독립적이고, 모험을 즐기며, 에너지가 넘치고, 완벽성을 추구하고, 호기심이 많으며, 유머감각이 있고, 환상을 즐기며, 복잡성과 모호성에 매력을 느끼고, 예술적이고, 개방적이고, 혼자 있는 것을 즐기며, 통찰과 직관이 있고, 정서적이며, 도덕적이라는 성격특성을 지닌다고 보았다. 또한 **멜런**(Mellon, 1995)도 창의적인 유아의 인성 특성으로 자기 신뢰감, 정교한 부분에 대한 관심, 다양성, 만족감, 설명의 정교성을 제시하였다.

(2) 인지적 접근

인지적 접근에서는 창의성을 지적 능력으로 간주하여 창의적 사고와 문제해결 능력을 강조한다. **창의적 사고**를 강조하는 입장에서 **길포드**(Guilford, 1959)는 창의성을 확산적 사고와 관련 있는 지능의 일부로 보았다. 확산적 사고는 새로운 아이디어를 산출하기 위해 가능한 모든 것을 탐색하는 것인데, 이에는 유창성, 융통성, 독창성, 민감성, 정교성, 재정의가 포함된다. 또한 **토런스**(Torrance, 1974)는 창의성을 기존의 지식을 조합시켜 가능한 해답을 만들어 내고 이를 실제에 적용하는 사고 과정이라고 정의하였다. 그리하여 그는 창의적 사고를 강조하면서 하위요인으로 유창성, 융통성, 독창성, 정교성을 제시하였다.

한편, 창의성을 **문제해결 능력**으로 보는 입장에서는 창의성의 주요 요소로 문제의식, 문제 파악, 문제 발견, 문제 정의로 본다. 그리하여 창의적 사고는 자신이 원하는 목표에 도달하기 위해 문제를 해결하는 과정에서 발현하는 것으로 본다. **브로피**(Brophy, 1998)는 창의성이란 문제 발견, 문제 확인, 문제의 명료화 과정을 통해 나타나는 것으로 보았다. **월러스**(Wallas, 1926)는 창의성이 나타나는 일련의 과정으로 준비기(preparation), 부화기(incubation), 조명기(illumination), 검증기(verification)를 제시하였다. 준비기에는 직면한 문제가 무엇인지 파악하고 문제에 대해 자유롭게 생각하고 자료를 수집한다. 부화기에는 많은 아이디어들을 떠올려 보고 그중에서 가장 바람직한 아이디어가 무엇인지에 대해 여러 가지로 생각해 본다. 조명기에는 창의적인 아이디어를 구체화시켜 발현해 보며, 검증기에는 준비기에 포착한 문제와 해결책이 일치하는지 검토하면서 창의적인 해결책의 타당성을 검증한다.

(3) 통합적 접근

통합적 접근에서는 창의성이 단일한 특성이 아니라 지능과 지식, 사고 양식, 성격,

동기 및 환경 등의 다양한 요소가 상호작용하여 나타나는 것으로 본다. **아마빌**(Amabile, 1983)은 창의성을 지식, 기술, 내적 동기의 세 가지 요소가 상호작용하여 나타나는 것이라고 보았다. 즉, 창의적 성취는 기술적 · 절차적 · 인지적 지식, 문제에 얼마나 융통성 있게 접근하는지, 내적 동기가 상호작용하면서 이루어진다. 또한 **칙센트미하이**(Csikszenmihalyi, 1988)는 개인, 분야, 영역의 세 가지 체계가 상호작용함으로써 창의적 능력이 발휘된다는 체계 모델을 제시하였다. 즉, 창의적 결과를 얻기 위해서는 새로운 아이디어를 창출해 내는 '개인'과 이 아이디어를 검증하고 평가하는 사람의 집합체인 '분야' 그리고 평가하여 선택한 규칙이나 지식으로 구성된 '영역'이 상호작용해야 한다.

통합적 접근은 사고 과정, 개인적 성향, 동기, 환경 등의 여러 요소가 상호작용해야 창의성을 발휘할 수 있다는 것을 강조한다. 그러므로 유아의 창의성을 발달시키기 위해서는 유아의 창의적 사고도 중요하지만 호기심, 상상력, 내적 동기를 격려하고 적절한 환경을 제공하는 것도 중요하다.

2) 창의성의 구성 요소

창의성의 구성 요소는 접근방법과 학자에 따라 다양하다. **가드너**(1983)는 유아의 창의성을 정서적 차원과 기술 및 지식 차원으로 분리하여 설명하였다. 정서적 차원은 창의성 발달의 첫 단계로서 상상력과 탐구심을 표현하려는 것이고, 기술과 지식 차원은 유용한 산물을 만들어 낼 수 있는 것이다. 또한 길포드는 창의성이 아이디어의 생성을 강조하는 확산적 사고와 관련이 있다고 주장하였다.

창의적인 문제해결을 위해서는 확산적 사고뿐만 아니라 생산해 낸 아이디어를 평가하고 아이디어를 보다 발전시켜 나가는 **수렴적 사고**도 중요하다. 수렴적 사고는 문제에 대해 최선의 답 하나를 생성하는 능력이다. 확산적 사고는 유창성, 융통성, 독창성, 정교성의 요소로, 수렴적 사고는 논리 및 추론, 비판 및 평가, 분석, 종합의 요소로 이루어져 있다. 그리하여 최근 경향은 창의적 성취를 위해 수렴적 사고와 확산적 사고가 상보적인 역할을 한다고 본다.

창의적 성취와 문제해결에서 중요한 것은 창의적 사고와 더불어 **창의적 성향**이다. 창의적 성향은 개인의 정의적 · 태도적 특성으로서 개방성, 과제 집착력, 호기심, 자발성, 자기 신뢰감, 민감성 등을 포함한다.

〈표 5-3〉 창의성의 구성 요소

구성 요소			개념
창의적 사고	확산적 사고	유창성	문제 상황에서 가능한 한 많은 아이디어를 산출하는 능력
		융통성	고정적인 사고방식이나 관점에서 벗어나 다양한 해결책을 모색하는 능력
		독창성	기존의 사고에서 탈피하여 참신하고 독특한 아이디어를 산출하는 능력
		정교성	생각한 아이디어를 보다 정교하게 만들어 더욱 가치 있는 것으로 발전시키는 능력
	수렴적 사고	비판 및 평가	어떤 것의 옳고 그름, 좋고 나쁨을 가려내는 능력
		논리 및 추론	경험적 증거나 논리로써 사건의 전후관계가 일치하도록 전개하는 능력
		분석	개념이나 사물의 속성을 요소로 분해하여 이해하는 능력
		종합	나열되어 있거나 대립되어 있는 사물의 개념을 통일시켜 하나의 의미로 정립하는 능력
창의적 성향		개방성	관습이나 고정관념, 편견에 얽매이지 않고 자유롭게 생각하며, 문제나 과제를 열린 태도로 대하는 성향
		과제 집착력	특정 주제나 상황에 주의를 집중하고, 문제가 해결될 때까지 끈질기게 노력하는 성향
		호기심	의문을 갖고 끊임없이 질문하는 성향
		자발성	타인의 요구나 강요 없이 자신의 내적 동기에 의해 필요한 아이디어를 산출하는 성향
		자기 신뢰감	자신의 아이디어에 대한 가치를 스스로 인정하고 다른 사람의 평가에 대해 구속받지 않는 성향
		민감성	일상생활의 문제나 주변 상황에 대해 세심하게 관심을 갖는 성향

출처: 박찬옥, 지성애, 조형숙, 서동미, 곽현주, 엄은나 외(2010). 유아교사를 위한 논리·창의 교육, pp. 35-37.

3) 유아기 창의성 발달

유아기에는 창의성이 급격히 발달한다. **가드너**(1983)에 의하면 유아는 약 7세경까지 비교적 구조화되지 않은 '창의적 지향'의 시간을 보낸다고 하였다. **토런스**(1962)는 유아기가 창의성 발달에 중요한 시기로서 창의성 계발에 필요한 창의적 상상력은 4세에서 4세 반 정도에 가장 발달하며 초등학교에 입학하면서 조금씩 감소한다고 하였다. 이러한 경향은 경직된 학교제도, 교육과정 운영 및 사회문화, 인적 영향 등에 의한 것이지 발달적 특징은 아니라고 하였다. 그러므로 토런스는 창의성이 절정에 달하는 유아기 때부터 창의성 교육을 실시해야 한다고 주장하였다(이경화, 2003, 재인용). 유아기에 창의성 교육을 받지 못하면 성인이 되어서도 창의성을 증진시키기 어려울 뿐만 아니라 유아기에 창의성 교육을 받은 사람만큼 발달하기도 어렵다고 설명하였다.

유아는 다양한 놀이와 활동을 통해 신체적으로 혹은 언어적으로 창의성을 표현한다. 창의적인 유아는 상상놀이를 즐겨 하고 말하기, 그림 그리기, 노래 부르기, 춤 추기, 만들기, 문제해결하기 등과 같은 다양한 활동을 통해 자신의 생각과 느낌을 창의적으로 표현한다.

4) 창의성 발달에 영향을 미치는 요인

(1) 개인적 요인

창의성에 영향을 미치는 개인적 요인에는 성격, 동기, 지능, 지식 등이 있다. 일반적으로 창의적인 유아는 자신감, 통찰력, 융통성, 모험심이 있고, 솔직하며, 자신의 유능함을 인정하고, 호기심이 있는 **성격 특성**을 지닌다. 또한 창의적인 유아는 놀이 집단에서 리더로서의 역할을 수행하기도 하는데 이는 개인의 동기와도 관련된다. **동기**는 스스로 과제를 선택하여 지속적으로 노력하도록 하는 내적인 요인이다. 아마빌(Amabile, 1983)은 내적인 동기유발이 창의성에 영향을 주는 중요한 요인이라고 보았다. 창의적인 사람은 일에 대한 흥미, 즐거움, 만족, 도전 등에 의해 동기가 유발된다고 보았다. 또한 창의성을 발현시키기 위해서는 특정 분야의 기초 **지식**이 필요하다. 때로 지식은 창의성을 억제하고 제한하는 역할을 하기도 하지만 유아의 경우에는 아직 인지발달이 충분히 이루어지지 않았기 때문에 지식이 창의성을 제한하기보다는 촉진시킨다고 볼 수 있다. 한편, 창의성과 **지능**과의 관계에서는 IQ가 120 이상이면 지능과 창의성 간에 거의 상관관계가 없다고 본다. 창의적 성취를 위해서는 지능보다는 성취 동기 등이 더 중요하다.

(2) 환경적 요인

가정, 학교, 사회와 같은 환경적 요인이 창의성 발달과 관련이 있다. 가족의 특성과 분위기, 가정의 사회경제적 수준, 부모의 직업이나 교육 수준, 부모의 양육 방식, 부모의 창의성에 대한 신념 등이 유아의 창의성 발달에 영향을 미친다. 부모가 자녀와 다정하고 친밀한 시간을 보내고, 자녀의 의견을 존중하고, 자녀에게 생각할 수 있는 기회를 갖도록 적절한 질문과 힌트를 제공하며, 자녀가 스스로 결정할 수 있도록 배려하고, 자녀의 호기심과 탐색 활동을 격려할 뿐만 아니라 자녀가 어떤 것을 성취하기 위해 시도하는 것에 대해 높은 가치를 두는 경우에 유아는 창의성을 발달시킬 수 있다(Amabile, 1996). 또한 중류층의 자녀가 저소득층의 자녀보다 유창성과 독창성이 더 높고, 부모가 민주적인 양육방식을 지닐수록, 자녀의 창의성에 대해 보다 개방적인 신념을 지닐수록, 가정 내에 다양한 교구가 있는 경우에 유아의 창의성은 더 발달할 수 있다.

5. 인지발달을 위한 부모 및 교사의 역할

유아기는 인지가 빠르게 발달하여 다른 발달단계와 양적ㆍ질적으로 다르며, 인지발달도 능동적으로 이루어진다. 2013년부터 시행하고 있는 3-5세 연령별 누리과정은 유아가 호기심을 가지고 주변세계를 탐구할 것을 강조함으로써 인지발달이론들이 갖는 관점과 맥을 같이 하고 있다. 피아제도 1971년 도쿄에서 어린 시기부터 일생 동안 스스로의 발견을 통해 창의적이고 혁신적인 능력을 발달시킬 수 있도록 교육하는 것이 중요하다고 연설하였다. 결국 부모와 교사는 유아의 창의성 등을 포함하는 인지발달을 촉진할 수 있도록 유아의 인지발달에 적합한 양질의 환경을 제공해 주고 다양한 역할을 수행해야 한다.

첫째, 유아의 타고난 인지 능력을 파악해야 한다. 타고난 인지 능력에는 개인차가 있는데, 유아마다 차이가 있을 뿐만 아니라 한 유아의 여러 인지 능력 간에도 차이가 있다. 부모나 교사는 이를 잘 파악하고 유아의 발달 수준에 적절한 양육과 교육을 제공하는 것이 필요하다.

둘째, 유아의 일반적인 인지발달 수준뿐만 아니라 영역별 발달 수준의 차이를 고려하여 지도한다. 유아의 사고는 성인과 질적으로 다르다. 직관적이고 자기중심적이다. 또한 유아마다의 특수한 경험과 사회문화적 맥락에 따라 인지 영역별 발달에 차이가 있을 수 있다. 예를 들어, 물고기를 키워 본 유아는 키워 보지 않는 유아보다 생물학적 지식이나 생명 개념의 발달이 앞서 있다. 또한 유아가 사는 지역이나 생태 환경에 따라 개념발달에 차이가 있을 수 있다. 따라서 부모나 교사는 각 유아의 일반적인 인지발달 수준과 영역별 발달 수준의 차이를 정확하게 파악하고 유아의 발달에 적합한 경험을 제공함으로써 인지발달을 도모해야 한다.

[그림 5-10] 유아가 바깥놀이에서 수집해 온 다양한 흙

셋째, 유아의 일상생활에서의 경험을 활용한다. 유아가 일상생활에서 하는 인지적 경험은 체계적이고 과학적인 개념과 사고가 발달할 수 있는 중요한 토대가 된다. 욕조에서 장난감이 물에 뜨고 가라앉는 경험을 한 유아는 점차 물체의 무게나 모양과 부력 간의 관계를 파악하게 될 것이다. 실외놀이에서 한 흙놀이 경험은 유아가 흙과 암석에 관한 지식을 얻고, 다양한 탐구 기술과 태도를 기를 수 있는 기회가 된다([그림 5-10] 참조). 따라서 부모나 교사는 일상생활 경험의 중요성을 인식하고 유아의 흥미와 사고를 자극할 수 있는 다양한 경험과 놀잇감, 교구 등을 제공해 주도록 한다.

넷째, 유아의 능동적인 문제해결을 격려한다. 유아가 보이는 관심이나 흥미를 파악하고 그들이 시도할 수 있고 도전해 볼 수 있는 활동을 제안하며 유아 스스로 선택하여 문제를 해결할 기회를 제공한다. 이를 위해서는 유아의 능동적인 문제해결 능력에 대한 신뢰가 전제되어야 한다. 또한 유아의 의견을 존중하고 배려하면서 애정적이고 지지적인 분위기를 마련하는 것도 중요하다. 이를 통해 유아는 사물과 상황에 대한 지식과 개념뿐만 아니라 사고하는 방법과 바람직한 태도에 대해 학습하게 된다.

다섯째, 부모와 교사는 인지적으로 적절한 어휘를 사용하며 유아의 생각을 확인하고 사고를 자극할 수 있는 개방형 질문을 한다. 필요한 경우 유아가 책이나 사전, 인터넷 등의 정보원을 활용할 수 있도록 도움을 준다.

여섯째, 부모와 교사는 논리적이고 창의적으로 사고하는 모델이 되어 준다. 유아는 부모나 교사의 언어와 행동을 관찰하면서 새로운 지식과 행동을 습득한다. 성인이 문제에 대해 호기심을 가지고 탐구하며 이를 해결하기 위해 논리적이고 창의적으로 사고하는 행동을 지켜보면서 유아도 이와 같이 사고하고 행동하고자 할 것이다.

일곱째, 유아의 인지 및 창의성발달에 도움을 주는 심리적 환경을 제공한다. 유아가 창의적인 태도로 사고할 수 있도록 개방적이고 허용적인 분위기를 제공한다. 실수나 엉뚱한 생각을 질책하지 말고 유아의 다양하고 독창적인 생각을 수용하고 격려해 준다. 유아가 주변을 관찰하고 자신의 새로운 아이디어를 시도해 볼 수 있는 여유로운 시간과 공간을 제공해 준다. 일상생활 용품들이 정해진 용도뿐만 아니라 새롭고 특이한 방법으로도 활용될 수 있는 방안에 대해 생각해 보고 시도해 보도록 격려한다.

TIP

21세기 핵심역량
- 이 시대가 요구하는 핵심 기술 -

트릴링과 **파델**은 '21세기의 핵심역량'에 관한 수많은 강의에서 청중에게 다음과 같은 질문을 던졌다.

네 가지 질문: 자녀가 유치원이나 어린이집에 다니기 시작했다고 가정하고 질문에 답하세요.

- 자녀가 학교를 졸업하고 세상에 나가게 될 20여 년 후 이 세상은 어떻게 변해 있을 것인가?
- 자녀가 20년 후의 세상에서 성공적으로 살아가려면 어떤 기술이 필요할까?
- 자신의 인생 중 가장 깊이 있고 폭넓었던 배움의 시기, 즉 학습의 절정기를 떠올려 보자. 당신이 최상의 학업 성취를 올릴 수 있도록 학습경험을 효과적으로 이끈 요인은 무엇이었는가?
- 앞의 세 가지 질문에 대한 답을 바탕으로 학습을 설계한다면 어떤 모습이겠는가?

청중의 답변: 청중이 한 대답과 반응은 상당히 일관성이 있다는 점에서 매우 놀랍다. 개인의 배경이나 국적에 관계없이 모든 청중은 똑같은 결론을 내렸다.

- 20년 후의 세상: 현재의 사건, 이슈, 도전을 기초로 한 미래사회에 대한 전망
  - 새로운 기술과 교통수단의 발달로 더욱 가까워진 '작은 세상'
  - 넘쳐나는 정보와 미디어의 홍수 속에서의 분별력
  - 국제 경제의 변화가 전 세계인의 일자리와 수입에 미치는 전방위적인 영향력
  - 물과 식량, 에너지 등 기초 자원을 둘러싼 긴장감
  - 환경문제 해결을 위한 시급한 국제협력 모색
  - 사생활 보호와 보완, 테러리즘에 관한 우려 증가
  - 혁신을 통해 국제 경쟁력을 갖추기 위한 경제적 뒷받침
  - 다양한 언어, 문화, 지역 및 시간대를 아우르는 팀원 간의 업무 증가
  - 시간, 인력, 자원 및 프로젝트 관리의 개선에 대한 요청

- 20년 후 세상에서 성공적으로 살아가기 위해서 필요한 기술
  - 학습과 혁신 기술: 비판적 사고와 문제해결력, 의사소통과 협동 능력, 창의성과 혁신

- 디지털 리터러시(literacy) 기술: 정보 리터러시, 미디어 리터러시, 정보통신기술 (ICT) 리터러시
- 직업 및 생활 기술: 유연성과 적응력, 진취성과 자기주도성, 사회성과 타 문화와 의 상호작용 능력, 생산성과 책무성, 리더십과 책임감

• 최상의 학업 성취를 올려준 요인
- 개인의 내적인 열정에 따른 학습에 대한 강한 도전
- 외부의 집중적인 보살핌과 개별화된 지원(예: 애정은 있으나 부담감을 주는 교 사, 엄격하면서도 자상한 코치, 영감 있는 학습 안내)
- 실패에 대한 전적인 용납: 실패해서 얻은 교훈을 바탕으로 현재 직면하고 있는 새로운 도전을 헤쳐 나갈 수 있도록 전적인 지원

• 미래를 위한 학습설계
- 점차 일의 세계는 팀워크를 통해 문제를 해결하거나 새로운 것을 만들어 내는 경우가 많다. 그런데 왜 학생은 대개 혼자 공부하면서 교사의 인정을 받기 위해 다른 학생과 경쟁해야만 하는가?
- 기술은 자녀의 일상의 일부분이다. 그런데 왜 교실에서 자신의 기술 활용 능력 을 확인받아야 하고, 제한된 학교 내 컴퓨터 이용 시간 때문에 경쟁해야만 하는 가?
- 세상은 흥미로운 것, 현실의 도전, 문제, 질문으로 가득하다. 그런데 왜 학생은 한 과를 끝낼 때마다 현실과 동떨어진 교과서 질문에 답하느라 시간을 허비해야 하는가?
- 한 사람이 관심을 갖고 있는 프로젝트를 수행하면 자연스럽게 모든 학생에게 전 파된다. 그런데 그토록 많은 교실 수업에 비해 학습 프로젝트의 수가 적은 이유 는 무엇인가?
- 혁신과 창의성은 경제의 미래에 매우 중요하다. 그런데 왜 학교는 창의성을 개 발하고 혁신하는 데 시간을 투자하지 않는가?

결론: 마법 같은 일이 일어나 네 가지 질문에 대해 우리가 공감하게 된 바를 즉시 현실화할 수 있다면 학교는 지금과는 매우 다른 곳이 될 것이다. 지금이 바로 이 시대의 요구와 학생의 필요에 맞춰 교육을 변화시킬 수 있는 최적기다.

출처: Trilling, B., & Fadel, C. (2012). 21세기 핵심역량: 이 시대가 요구하는 스킬, pp. 33-37.

교육과학부, 보건복지부(2013). 3-5세 연령별 누리과정 교사용 지침서. 서울: 교육과학부, 보건복
　　지부.

박찬옥, 지성애, 조형숙, 서동미, 곽현주, 엄은나 외(2010). 유아교사를 위한 논리 · 창의 교육. 경
　　기: 정민사.

신건호, 신현기, 이헌남, 이혜경, 조인숙(1998). 아동발달. 경기: 강남대학교 출판부.

이경화(2003). 창의성 이론과 발달과제. 영재와 영재교육, 2(1), 89-111.

이영, 이정희, 김은기, 이미란, 조성연, 이정림 외(2009). 영유아발달. 서울: 학지사.

정범모(2003). 창의력이란: 그 실체와 육성. 서울: 교육과학사.

Amabile, T. M. (1983). *The social psychology of creativity*. New York: Springer-Verlag.

Amabile, T. M. (1996). *Creativity in context* (2nd ed.). Boulder, CO: Westview Press.

Atkinson, R. C., & Shiffrin, R. M. (1968). Human memory: A proposed system and its control
　　processes. In K. W. Spence & J. T. Spence (Eds.), *The psychology of learning and
　　motivation: Advances in research and theory* (Vol. 2). Orlando, FL: Academic Press.

Berk, L. E. (2013). *Child development* (9th ed.). Boston: Pearson.

Bjorklund, D. F. (2011). *Children's thinking: Cognitive development and individual
　　differences* (5th ed.). Belmont, CA: Cengage.

Bjorklund, D. E., & Douglas, R. N. (1997). The development of memory strategies. In N.
　　Cowan (Ed.), *The development of memory in children*. London: London University
　　College Press.

Bouchard, T. J. Jr., & McGue, M. (1981). Family studies of intelligence: A review. *Science,
　　212*, 1055-1059.

Bower, B. (2003). Essence of G. *Science News, 163*, 92-93.

Bradley, R. H., Corwyn, R. F., Burchinal, M., McAdoo, H. P., & Coll, C. G. (2001). The home
　　environments of children in the United States. Part II: Relations with behavioral
　　development through age thirteen. *Child Development, 72*, 1868-1886.

Brophy, K. (1998). *Creativity: Psychoanalysis, surrealism and creative writing*. Melbourne:
　　Melbourne University Press.

Case, R. (1985). *Intellectual development: Birth to adulthood*. Orlando, FL: Academic Press.

Csikszenmihalyi, M. (1988). Society, culture, and person: A systems view of creativity. In R. J.
　　Sternberg (Ed.), *The nature of creativity: Contemporary psychological perspectives*
　　(pp. 325-339). Cambridge: Cambridge University Press.

Davis, G. A. (2004). *Creativity is forever* (5th ed.). Dubuque, IA: Kendall Hunt.

Deak, G. O., Ray, S. D., & Brenneman, K. (2003). Children's perseverative appearance-reality errors are related to emerging language skills. *Child Development, 74*, 944-964.

Duncan, G. J., & Brooks-Gunn, J. (1997). *Consequences of growing up poor*. New York: Russell Salge Foundation.

Fivush, R., & Nelson, K. (2004). Culture and language in the emergence of autobiographical memory. *Psychological Science, 15*, 573-577.

Flavell, J. H., Miller, P. H., & Miller, S. A. (2002). *Cognitive development* (4th ed.). Englewood Cliffs, NJ : Prentice Hall.

Flynn, J. R. (1987). Massive IQ gains in 14 nations: What IQ tests really measure. *Psychological Bulletin, 101*, 171-191.

Flynn, J. R. (1996). What environmental factors affect intelligence: The relevance of IQ gains over time. In D. K. Detterman (Ed.), *Current topics in human intelligence: Vol 5. The environment*. Norwood, NJ: Ablex.

Flynn, J. R. (2007). *What is intelligence? Beyond the Flynn effect*. New York: Cambridge University Press.

Gardner, H. (1983). *Frames of mind: The theory of multiple intelligences*. New York: Basic Books.

Gardner, H. (1999). *Intelligence reframed: Multiple intelligences for the 21st century*. New York: Basic Books.

Gardner, H. (2002). *MI millennium: Multiple intelligences for the new millennium* (video recording). Los Angeles: Into the Classroom Media.

Gelman, R. (1969). Conservation acquisition: A problem of learning to attend to relevant attributes. *Journal of Experimental Child Psychology, 7*, 167-187.

Guilford, J. P. (1959). Traits of creativity. In H. H. Anderson (Ed.), *Creativity and its cultivation*. New York: Harper.

Guilford, J. P. (1988). *Creative talents: Their nature, uses and development*. Buffalo, NY: Bearly.

Hendler, M., & Weisberg, P. (1992). Conservation acquisition, maintenance, and generalization by mentally retarded children using equality-rule training. *Journal of Experimental Child Psychology, 54*, 258-276.

Howard, R. W. (2005). Objective evidence of rising population ability: A detailed examination of longitudinal chess data. *Personality & Individual Differences, 38*, 347-363.

Jones, L. B., Rothbart, M. K., & Posner, M. I. (2003). Development of executive attention in preschool children. *Developmental Science, 6*, 498-504.

Kail, R. V. (2007). 아동과 발달. 권민균, 김정민, 최형성 공역(2008). 서울: 시그마프레스.

Klineberg, O. (1963). Negro-white differences in intelligence test performance: A new look at an old problem. *American Psychologist, 18*, 198-203.

Mellon, E. (1995). Creativity: The interaction condition. *Early Child Development and Care, 109*, 143-157.

Nelson, K. (1993). The psychology and social origins of autobiographical memory. *Psychological Science, 47*, 7-14.

Ornstein, P. A., Haden, C. A., & Hedrick, A. M. (2004). Learning to remember: Social communicative exchanges and the development of children's memory skills. *Developmental Review, 24*, 374-396.

Papalia, D. E., Olds, S. W., & Feldman, R. D. (2009). *Human development* (11th ed.). New York: McGraw-Hill.

Perlmutter, M. (1986). A life-span view of memory. In P. Baltes, D. L. Featheman & R. M. Lemer (Eds.), *Lifespan development and behavior* (Vol. 7). Hillsdale, NJ: Lawrence Erlbaum.

Piaget, J., & Inhelder, B. (1969). *The psychology of the child.* New York: Basic Books.

Pressley, M., & Hilden, D. (2006). Cognitive strategies. In D. Kuhn & R. Siegler (Eds.), *Handbook of child psychology: Vol. 2. Cognition, perception, and language* (6th ed.). Hoboken, NJ: Wiley.

Sapp, F., Lee, K., & Muir, D. (2000). Three-year-olds' difficulty with the appearance-reality distinction: Is it real or is it apparent? *Developmental Psychology, 36*, 547-560.

Schneider, W. (2009). Metacognition and metamemory development in childhood and adolescence. In H. S. Waters & W. Schneider (Eds.), *Metacognition, strategy use, and instruction.* New York: Guilford.

Shaffer, D. R., & Kipp, K. (2014). 발달심리학. 송길연, 이지연, 장유경, 정윤경 공역 (2014). 서울: 박영스토리.

Siegler, R. S. (2000). The rebirth of learning. *Child Development, 71*, 26-35.

Siegler, R. S., & Alibali, M. W. (2005). 아동 사고의 발달. 박영신, 이현진, 정윤경, 최영은 공역 (2007). 서울: 아카데미 프레스.

Skeels, H. M. (1966). Adults status of children with contrasting early life experience: A following-up study. *Monographs of Society for Research in Child Development, 31*(3).

Spearman, C. (1927). *The abilities of man.* London: McMillan.

Sternberg, R. J. (1986). A triangular theory of love. *Psychological Review, 93*, 119-135.

Sternberg, R. J. (1999). The theory of successful intelligence. *Review of General Psychology, 3*, 292-316.

Striano, T., Tomasello, M., & Rocht, P. (2001). Social and object support for early symbolic play. *Developmental Science, 4*, 442-445.

Teasdale, T. W., & Owen, D. R. (2005). A long-term rise and recent decline in intelligence test performance: The Flynn Effect in reverse. *Personality & Individual Differences, 39*,

837-843.

Terman, L. M. (1921). In symposium: Intelligence and its measurement. *Journal of Educational Psychology, 12*, 127-133.

Thurstone, L. L. (1938). Primary mental abilities. *Psychometric Monographs, 1*(1).

Torrance, E. P. (1962). *Guiding creative talent*. Englewood Cliffs, NJ: Prentice-Hall.

Torrance, E. P. (1974). *Torrance tests of creative thinking*. Lexington, MA: Ginn & Company.

Trilling, B., & Fadel, C. (2009). 21세기 핵심역량: 이 시대가 요구하는 스킬. 한국교육개발원 역 (2012). 서울: 학지사.

Wallas, G. (1926). *The art of thought*. New York: Harcourt Brace Jovanovich.

Wechsler, D. (1958). *The measurement and appraisal of adult intelligence* (4th ed.). Baltomore: Williams & Wilkins.

Wellman, H. M., & Gelman, S. A. (1998). Knowledge acquisition in foundational domains. In W. Damon (Series Ed.), K. Kuhn, & R. S. Siegler (Vol. Eds.), *Handbook of child psychology: Vol. 2. Cognition, perception, and language* (5th ed.). New York: Wiley.

Wieke, S. A., Epsy, K. A., & Charak, D. (2008). Using confirmatory factor analysis to understand executive control in preschool children: I. Latent structure. *Developmental Psychology, 44*, 575-587.

Zajonc, R. B., & Mullally, P. R. (1997). Birth order: Reconciling conflicting effects. *American Psychologist, 52*, 685-699.

chapter 06

언어발달

　유아기는 언어가 급속하게 발달하여 언어적 민감기라고도 한다. 유아는 이 시기 동안 일상생활 속에서 경험하는 언어적 자극을 듣고 이해하고 자신의 생각을 말로 표현하는 과정을 통해 구어 사용 능력을 확장시키고 문어 사용에 대한 흥미와 이에 대한 기초 능력을 발달시킨다. 유아는 언어를 통해 주변 사람과 관계를 맺고 언어를 통해 정보를 주고받으면서 문제를 해결하기도 한다. 그러므로 유아기에 부모와 교사는 유아의 언어발달을 위한 적절한 언어적 자극과 환경을 제공해 주어야 한다. 이 장에서는 언어의 특성과 유아기 언어발달의 대표적인 이론인 행동주의 이론, 생득 이론, 인지발달 이론을 알아보고, 유아기 언어발달의 특징, 유아의 언어발달에 영향을 미치는 요인 및 부모와 교사의 역할에 대해 살펴보고자 한다.

1. 언어의 특성
2. 언어발달 이론
3. 유아기 언어발달 특징
4. 언어발달에 영향을 미치는 요인
5. 언어발달을 위한 부모 및 교사의 역할

언어발달

1. 언어의 특성

1) 언어의 개념

언어는 인간이 **의사소통**을 위해 사용하는 **상징체계**다. 언어는 의사소통과 사고 과정에 필수적인 요소다. 인간은 소리나 글자를 통해 자신의 생각이나 느낌을 표현하며 의사소통을 한다. 또한 언어는 여러 가지 현상을 이해하고 개념화하는 중요한 인지적 수단이다.

언어는 다음과 같은 공통적인 특성을 지닌다(정희영 외, 2014, p. 176). 첫째, 언어는 의사소통적이다. 언어를 공유하는 사람들 사이의 의사소통을 가능하게 해 준다. 둘째, 언어는 임의적이다. 음성이나 시각 기호와 이것이 표상하려는 대상 간의 관계는 임의적인 약속이다. 예를 들어, '컵'이라고 부르는 것, '컵'이라고 쓰는 것 모두 임의적인 약속에 의한 것이다. 셋째, 언어는 추상적이다. 언어는 실제 표상하는 사물과 유사성이 없다. '컵'이라는 단어는 실제 컵과는 유사성이 없다. 언어의 의미는 사회적으로 규정되어 있다. 넷째, 언어는 체계적이다. 언어는 일정한 규칙에 따라 소리나 글자를 배열한다. 이를 문법이라 한다. 다섯째, 언어는 융통성이 있으며 역동적이다. 언어는 다양한 요구에 의해 계속해서 변화한다. 여섯째, 언어는 생성적이며 창조적이다. 사람들은 언어 구조의 틀 내에서 끊임없이 새로운 문장을 만들어 낼 수 있다. 일곱째, 언어는 사회적이고 가변적이다. 언어는 사회 속에서 생겨나고 변화하며 특정 사회의 역사와 문화를 반영한다.

동물 언어와 인간의 언어

　동물 언어는 인간 이외의 동물들이 인간의 언어처럼 의사소통하기 위해 사용하는 수단을 말하며, 인간의 언어에 비유하여 동물 언어라고 부른다. 긴팔원숭이가 동료들을 불러 모으거나 위험을 알리기 위한 외침 소리, 꿀벌이 나는 각도와 속력으로 꿀의 소재를 동료들에게 알려주는 행위 등이 그 예다. 돌고래의 정보 전달을 조사하는 학자도 있다. 동물들도 서로 의사소통을 할 수는 있지만 그들이 사용하는 소리와 몸짓은 매우 한정된 메시지(예: 인사, 위협, 무리를 부름)를 전달하는 신호에 불과하다(Tomasello, 2006).

　반면 인간의 언어는 매우 유연하고 생산적이다. 일정한 수의 음소(phoneme)가 결합된 형태소(morpheme)로 뜻을 나타내고 그 형태소의 배열로 문장을 만든다. 또한 서로 다른 뜻을 나타내는 수천이 넘는 형태소가 있다. 이러한 특징은 다른 동물의 전달 수단에서는 찾아볼 수 없으며, 이러한 이유로 동물의 전달 수단은 인간의 언어와 근본적으로 다르다. 인간의 언어는 지구상에 존재하는 어떤 종들의 언어보다도 가장 복잡하며 다양하고 효과적인 의사소통 수단이다.

출처: http://www.doopedia.co.kr

2) 언어의 형태

　언어는 듣기, 말하기, 읽기, 쓰기의 네 가지 형태가 있다. 언어는 청각적 방법에 의존하는 **음성 언어**(구어)와 시각적 방법에 의존하는 **문자 언어**(문어)로 나뉜다. 전자에는 듣기, 말하기가 포함되고 후자에는 읽기, 쓰기가 포함된다. 한편 언어는 **수용 언어**와 **표현 언어**로 분류될 수 있다. 듣기와 읽기는 수용 언어, 혹은 이해 언어다. 외부에서 받아들인 시각적·음성적 기호를 해석하는 기능이다. 말하기와 쓰기는 표현

언어다. 자신의 의미를 전달하기 위하여 산출하고 표현한 시각적·음성적 기호다.

듣기, 말하기, 읽기, 쓰기의 네 가지 언어 기능은 서로 밀접한 관련이 있다. 예를 들어, 유아가 동화책을 보면서 '행복'이라는 단어를 보고 의미를 예측하려면 행복이란 단어를 사용해서 말하고 들었던 경험에서 얻은 구어적 지식을 활용해야 한다. 언어의 네 가지 형태 간의 관계는 [그림 6-1]과 같다.

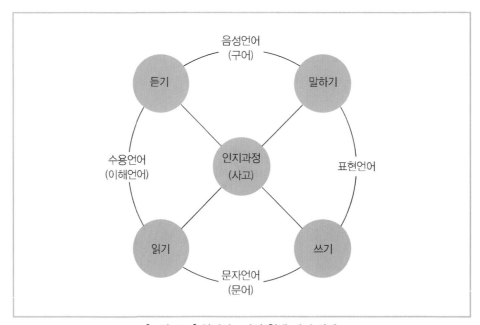

[그림 6-1] 언어의 4가지 형태 간의 관계

출처: 이영자(2013). 유아 언어발달과 지도, p. 23.

3) 언어의 구성 요소

언어는 크게 형식, 내용, 사용의 세 가지 영역으로 구분된다. 형식은 소리와 상징을 연결하는 요소들을 다루는 것으로 음운론, 형태론, 구문론이 포함된다. 내용에는 의미론이, 사용에는 화용론이 포함된다. 이러한 언어의 다섯 가지 구성 요소는 언어의 기본적인 규칙 체계에 해당되며 상호 의존적이다. 유아가 언어를 획득한다는 것은 이 구성 요소들을 반영하는 언어를 습득하여 의사소통하고 사고하는 데 활용한다는 의미다. 즉, 유아는 말소리의 차이를 구별하고 이를 소리 내어 말할 수 있어야 하고, 단어의 의미를 알고 단어들을 적절하게 배열하여 문장을 만들 수 있어야 하며, 상대방이나 상황에 맞게 적절하게 말할 수 있어야 한다.

(1) 음운론

음운론(phonology)은 언어의 소리 체계로서 소리들이 결합되고 사용되는 방법에 관한 것이다. 모든 언어에는 가장 작은 단위인 **음소**(phoneme)가 있다. 예를 들어, 우리말에는 24개의 자음과 19개의 모음으로 구성된 43개의 음소가 있고, 영어에는 약 44개의 자음과 모음이 있다. 음운론은 어떤 음소들끼리 결합될 수 있는지, 단어에서 음소의 위치에 따라 어떤 소리로 발음되는지 등에 관한 규칙이다. 예를 들어, 한국어에서는 자음이 모음보다 먼저 와야 하고 자음만 연속적으로 배치할 수는 없다. 따라서 음운발달은 음들이 개별 언어 속에서 어떠한 체계를 이루고 어떻게 연결되고 변화하는지를 아는 것이다(강옥미, 2003).

(2) 형태론

형태론(morphology)은 소리로부터 의미를 가진 **단어**를 만드는 규칙에 관한 것이다. 단어는 의미를 가진 언어의 가장 작은 단위인 **형태소**(morpheme)가 하나 이상 모여 만들어진다. 형태소는 명사, 부사, 감탄사, 어미, 접두사, 접미사 등을 포함한다. 예를 들어, '예쁜 꽃이 피었다.'라는 문장은 '예쁜'이라는 형용사, '꽃'이라는 명사, '이'라는 조사, '피었다'라는 동사의 형태소를 가지고 구성한 것이다.

형태소는 자립성의 유무에 따라 **자립 형태소**(free morpheme)와 **의존 형태소**(bound morpheme)로 나뉘며, 의미와 기능에 따라 **어휘 형태소**(lexical morpheme)와 **문법 형태소**(grammatical morpheme)로 나뉜다. 자립 형태소는 '꽃' '피다' '예쁜'과 같이 다른 형태소의 도움을 받지 않고 단독으로 사용 가능한 형태소이며, 명사, 대명사, 수사, 관형사, 부사, 감탄사가 이에 해당된다. 의존 형태소는 '-만' '-이' '을' '었'과 같이 혼자는 사용될 수 없고 자립 형태소에 의존해야만 쓰일 수 있다. 용어의 어간이나 조사가 의존 형태소에 해당된다. 한편 어휘 형태소는 구체적인 대상이나 동작, 상태 등의 의미를 나타내는 형태소로서, 자립 형태소 전체와 용어의 어간이 이에 해당된다. 문법 형태소는 구체적인 의미보다는 문법적인 기능을 하는 형태소다. 문법 형태소는 어휘 형태소와 함께 쓰이며 말과 말 사이의 관계를 표시해 주고, 조사, 어미, 접두가, 접미사가 이에 해당된다.

(3) 구문론

구문론(syntax)은 단어를 결합하여 의미를 가진 **구**나 **문장**을 만드는 데 적용하는 규칙이다. 문장은 명령문, 의문문, 평서문 등의 다양한 형태가 있는데, 사용하는 언어의 특징에 따라서 구성 규칙이 달라진다. 즉, 한국어의 평서문은 주어-목적어-동사의 순으로 배열하는 것이 일반적이지만, 영어는 주어-동사-목적어의 순으로 배열한다. 유아의 구문발달이란 구문 규칙을 이해하여 단어를 정확한 순서로 배열함으로써 문장을 만드는 능력이 발달하는 것이다.

(4) 의미론

의미론(semantics)은 단어와 문장의 **의미**에 관한 규칙 체계다. 문장은 개별 단어가 합해진 것 이상의 의미를 가지고 있어 단어의 의미보다 더 포괄적이다. 유아가 단어나 어휘를 습득한다는 것은 단순히 어휘를 모방하는 것이 아니라 어휘의 의미를 이해할 수 있다는 것이다.

(5) 화용론

화용론(pragmatics)은 사회적 맥락에서 언어를 적절하고 효과적으로 **사용**하기 위한 규칙 체계다. 사회마다 혹은 맥락에 따라 사용하는 언어는 차이가 있다. 예를 들어, 유아가 유치원에서 교사에게 질문할 때와 부모에게 질문할 때 사용하는 언어는 다르다. 또한 손위 형제에게 말할 때와 손아래 동생에게 말할 때 다른 언어를 사용한다. 유아가 기어가는 벌레를 보고 동생에게 설명할 때는 동생이 알고 있는 어휘와 문장을 사용하여 말한다([그림 6-2] 참조). 유아는 화용론의 발달을 통해 사회적인 언어를 습득하고 때와 장소 및 상황에 적합한 문장을 사용할 수 있게 된다.

이상에서 살펴본 언어의 구성 요소별 유아의 언어 행동 특성에 대해 살펴보면 〈표 6-1〉과 같다.

[그림 6-2] 동생에게 기어가는 벌레를 설명하고 있는 유아

〈표 6-1〉 언어의 구성 요소와 유아 행동의 예

구성 요소	유아의 언어
음운론	• 소리의 이해 　예: '공' 과 '콩' 소리를 구별하여 적절히 반응하기 • 소리의 산출 　예: 대답할 때 '에' 가 아니라 '예' 라고 말하기
형태론	• 말의 구조 인식 　예: 과거형에는 '었' 이나 '았' 을 넣어 말하기
구문론	• 정확하게 구조화된 말의 산출 　예: '갔어 집에.' 가 아니라 '집에 갔어.' 로 바른 어순으로 말하기
의미론	• 의미 이해 　예: 헤어질 때 '안녕' 과 만났을 때의 '안녕' 을 구분하기 • 의미 있는 말의 산출 　예: 차가 지나갈 때 단순히 '차' 라고 단어만 말하는 것이 아니라 '차가 지나 　　갔어.' 와 같이 문장으로 말하기
화용론	• 말의 사회적 함축성 이해 　예: '불이야!' 가 대피하라는 말임을 알기 • 사회적 상황에 적절한 말 산출 　예: 친구에게 '고마워.' 라고 말하고, 선생님께 '고맙습니다.' 라고 말하기

출처: 한유미, 김혜선, 권희경, 양연숙, 백은정(2013). 영유아 언어교육의 이해, p. 39 재구성.

2. 언어발달 이론

　유아가 언어를 습득하는 방법과 언어발달에 영향을 미치는 요인 등에 대한 생각은 이론에 따라 차이가 있다. 유아의 언어 습득을 설명하는 대표적인 이론으로는 행동주의 이론, 생득 이론, 인지발달 이론을 들 수 있다. 각각의 이론은 언어 습득의 경로와 방법을 다르게 설명한다. 행동주의 이론에서는 언어발달이 환경의 영향에 의해 이루어진다고 보는 반면, 생득 이론에서는 타고난 언어 학습 능력에 의해 이루어진다고 본다. 한편 인지발달 이론에서는 유아의 능력과 환경의 상호작용에 의해 이루어진다고 본다.

1) 행동주의 이론

행동주의 이론은 후천적인 학습에 의해 언어발달이 이루어지며, 언어발달의 주요 기제는 **강화**와 **모방**이라고 주장한다(Palmer, 2000; Yang, 2004; Zamuner, 2002).

스키너(Skinner)는 『언어 행동(Verbal Behavior)』(1957)이란 저서에서 언어도 조작적 조건형성에 의한 **강화**를 통해 학습된다고 주장함으로써 언어발달에 관한 행동주의 이론을 체계화하였다. 행동주의 이론에 의하면 부모는 자녀가 적절하게 발음하거나 말할 때는 보상을 주고, 부적절하게 말할 때는 무시하는 등의 강화를 통해 유아의 언어가 바람직하게 형성되도록 도와준다. 그러나 부모는 자녀가 한 말이 문법에 맞지 않아도 의미만 적절하다면 강화해 주는 경향이 있으며(Baron, 1992), 유아가 성인이 강화한 적이 없는 새로운 어휘나 문장을 말하는 경우도 종종 있기 때문에 강화를 언어발달의 주요 기제로 보는 데는 한계가 있다.

이에 사회학습 이론가인 **반두라**(Bandura, 1977)는 강화뿐만 아니라 **모방**을 통해서도 언어가 발달한다고 하였다. 사회학습 이론에 의하면 유아는 주변의 성인이 사용하는 낱말, 구, 문장을 관찰하여 모방하며, 강화를 받으면 언어발달이 더욱 촉진된다. 그러나 유아는 성인의 말을 그대로 따라 하기보다 자기 나름대로 단순화시켜 말하거나 들어본 적이 없는 말을 하기도 하므로 유아의 언어발달이 모방에 의해 이루어진다는 견해를 반박하기도 한다.

행동주의 이론은 1960년대까지 유아의 언어발달을 설명하는 데 상당한 영향을 미쳤다. 행동주의 이론은 유아의 언어발달에서 부모나 성인이 제공하는 사회언어적 환경의 중요성을 제시하고 강화와 모방의 역할을 강조했다는 점에서 공헌한 바가 크다. 그러나 행동주의 이론은 유아가 자신의 어휘와 문장을 능동적이고 창의적으로 만들어 내는 특성과 복잡한 언어 습득 과정을 설명하는 데는 한계가 있다.

2) 생득 이론

생득 이론은 인간의 언어발달이 선천적인 언어 획득 기제에 의해 이루어진다고 주장한다. 촘스키(Chomsky)와 레네버그(Lenneberg)의 이론이 대표적이다. **촘스키**(1968)는 인간이 언어 습득 능력을 선천적으로 가지고 태어나며, 출생 후 습득하는 것은 언어의 세부적인 면이라고 주장하였다. 그는 이러한 선천적인 기제를 **언어 획**

촘스키의 생애

Noam Chomsky
(1928. 12. 7.~)

촘스키(N. Chomsky)는 미국 펜실베이니아 주 필라델피아에서 유대계 러시아 이민자 가정에서 태어났다. 아버지는 히브리어를 연구하는 학자였는데 이는 촘스키가 언어학자가 되는 데 큰 영향을 주었다. 그는 펜실베이니아 대학교에서 언어학, 수학, 철학을 공부하여 1955년 언어학 박사학위를 취득하였다. 1956년 매사추세츠 공과대학(MIT)의 교수가 되었고, 1966년 석좌교수, 1976년부터는 연구교수가 되었다.

촘스키는 1951년부터 1955년까지 하버드 대학교의 특별 연구원으로 선임되어 연구하면서 「변형분석(Transformational Analysis)」이라는 제목의 박사논문을 완성하면서 변형생성문법 이론의 기본 틀을 정립하였다. 이후 그는 『언어학 이론의 논리적 구조(The Logical Structure of Linguistic Theory』(이 책은 등사판으로 유포되었다가 1975년에 정식 출간)를 출판하면서 학계의 주목을 받기 시작했다. 이후 『통사 구조(Syntactic Structures』(1957), 『통사론의 여러 측면(Aspects of the Theory of Syntax)』(1965), 『생성문법 이론의 여러 문제(Topics in the Theory of Generative Grammar』(1966), 『언어와 정신(Language and Mind)』(1968), 『언어지식(Knowledge of Language)』(2000) 등을 출판하면서 변형생성문법 이론을 체계적으로 정립, 발전시키며 언어학의 혁명을 주도하였다.

촘스키는 현대 언어학의 발달에 혁명적 변화를 가져온 언어학자다. 촘스키의 변형생성문법 이론은 개개의 언어 수행에 앞서 존재하며 그것을 생성시키는 인간의 보편적인 언어 능력과 언어 규칙에 대한 탐구로 언어학의 영역을 확장시켰다. 이는 '촘스키 혁명', '언어학 혁명'이라고 불릴 정도로 현대 언어학에 획기적 전환을 가져온 것으로 평가된다. 그리고 그의 언어 이론은 인지과학, 철학, 심리학 등 다양한 학문에도 커다란 영향을 미쳤다. 촘스키는 언어학 이외에도 정치학, 철학, 심리학 등의 다양한 주제에 대해 80여 권의 저서와 1천 여 편의 논문을 발표하였다. 또한 그는 현실 비판과 사회 참여에 앞장서는 실천적인 지식인으로서도 유명하다. 그는 1960년대 베트남전쟁 반대 운동을 시작으로 다양한 사회운동에 적극적으로 참여하여 '미국의 양심'으로 불리기도 한다.

출처: http://www.doopedia.co.kr

득 장치(language acquisition device: LAD)라고 명명하였다. 유아는 언어 획득 장치를 통해 주변에서 듣는 언어 자극의 의미를 이해하고 낱말을 연결시켜 문법적으로 정확한 문장을 스스로 만들어 낸다([그림 6-3] 참조). 촘스키는 언어 획득 장치가 제대로 작동하기 위해서는 적절한 언어 자극이 필요하지만 단순히 촉매 역할을 할 뿐이라고 주장한다.

언어 획득 장치를 통해 언어가 발달한다는 촘스키 주장의 근거는 다음과 같다.

첫째, 모든 언어는 **심층 구조**와 **표면 구조**로 구성되어 있다. 심층 구조는 의미와 관련이 있고 언어마다 보편적인 특성이 있는 반면, 표면구조는 언어마다 다르다. 유아

[그림 6-3] 촘스키의 언어 획득 과정

는 심층 구조를 먼저 습득한 후에 변형문법을 통해 심층 구조를 표면 구조로 바꾸는데 이는 언어 획득 장치가 있기 때문이다. 예를 들어, '나는 장난감을 가지고 논다.'라는 기본 의미, 즉 심층 구조를 형성한 후 그것에 의문문을 만드는 규칙을 적용하여 '내가 장난감을 가지고 놀까?', '내가 언제 장난감을 가지고 놀 수 있어?' 등과 같이 변형하여, 즉 표면구조로 바꿔 말할 수 있다.

둘째, 모든 문화권의 유아가 체계적인 훈련을 받지 않고도 생의 일정 기간 내에 빠른 속도로 언어를 획득한다.

셋째, 유아에게 불완전한 언어 자료를 제공해도 문법적으로 완전한 문장을 구사할 수 있다. 이처럼 들어 본 적이 없는 문장을 완전하게 구사할 수 있는 것은 언어 획득 장치 때문이다.

넷째, 모든 언어에서 공통적인 어순과 문법적 특성이 발견되는데 이는 언어 획득 장치가 존재한다는 근거가 될 수 있다.

촘스키의 설명에도 불구하고 언어 획득 장치는 추상적이어서 객관적으로 검증하기 어렵다. 또한 촘스키는 언어발달에서 사회적 경험의 중요성을 간과하였고(Evans & Levinson, 2009; Tomasello, 2008), 유아의 어휘 획득과 문법 이해에서 개인차가 나타나는 이유 등에 대해 설명하지 못한다.

레네버그(1967)도 인간의 언어발달을 생물학적 성숙에 의한 것으로 보았다. 그는 언어를 이해하고 산출하는 것은 인간에게만 존재하는 **종 특유의 고유한 능력**이며 **뇌**가 성숙해 감에 따라 언어도 발달한다고 주장하였다. 레네버그는 인간의 뇌중에서 언어발달과 관련이 있는 영역은 좌반구라고 보고 언어발달의 **좌반구 편재화**(lateralization)를 주장하였다. 그는 언어발달에는 **민감한 시기**(sensitive period)가 있는데 이 시기에 충분한 언어 자극을 제공해 주지 않으면 정상적인 언어발달을 하기가 어렵다고 보았다. 레네버그는 출생부터 사춘기까지 언어가 가장 쉽게 습득되는 시기라고 제안하였다. 언어발달의 민감기 가설을 지지해 주는 증거로는 프랑스 에 베롱 숲에서 발견된 12세 정도의 소년, 인도의 늑대 굴에서 발견된 8세 정도의 소 녀 카말라(Kamala), 학대하는 아버지 때문에 13세까지 격리된 채 양육되어 거의 말을 들어보지 못한 채 생활한 제니(Genie)와 같은 사례들이다. 이들은 발견된 후 에 체계적인 언어 훈련을 받았으나 언어가 정상적으로 발달하지 못했다. 그러나 언어발달을 타고난 인간의 종 특유의 특징으로 설명하기에 어려운 부분이 있고, 언어발달이 뇌가 모두 발달한 이후에도 계속 이루어지는 것 등에 대해서는 설명하 지 못했다. 뿐만 아니라 뇌의 좌반구 영역이 정상적인 언어발달에 필수적인 것은 아니며 정도 차이는 있지만 뇌의 많은 부위가 언어 활동에 관계한다는 것이 밝혀 지고 있다.

1960년대 후반부터 광범위하게 영향을 미친 생득 이론은 인간 내부의 선천적인 언어 습득 능력을 가정함으로써 언어 획득에 대한 설명을 보다 확대하였다. 또한 생 득 이론은 언어 획득 과정에서 인간이 능동적이고 창조적인 역할을 수행하는 존재 로 인식하게 하는데도 기여하였다. 그러나 생득 이론은 타고난 보편적인 능력이 구 체적인 지식으로 전환되어 가는 과정을 설명하지 못했고, 사회로부터 격리된 유아 가 정상적으로 언어발달을 하지 못한 이유에 대해 설명하지 못하였다.

3) 인지발달 이론

인지발달 이론은 행동주의 이론과 생득 이론처럼 언어발달이 생득적 혹은 후천적 이라고 주장하는 대신에 **상호작용론적 관점**을 취한다. 인지발달 이론은 언어발달이 생물학적인 성숙, 사고발달, 주위 사람과의 의사소통 등에 의해 영향을 받으며, 끊 임없이 변화하는 환경과의 복잡한 상호작용의 결과라고 한다(Akhtar, 2004; Yang, 2004). 인지발달 이론의 대표적인 학자로는 피아제(Piaget)와 비고츠키(Vygotsky)가 있다. 피아제와 비고츠키 모두 사고와 언어가 서로 밀접한 관련이 있다고 본다. 그 러나 이 둘을 연결하는 방식에서는 서로 다른 견해를 나타낸다.

피아제에 의하면 언어는 유아가 이미 알고 있는 것을 반영하는 것이지 새로운 지 식을 형성하는 데는 기여하지 않는다. 즉, 언어발달이 사고발달을 촉진하는 것이 아니라 사고발달이 언어발달을 촉진한다. 따라서 인지발달 단계가 언어발달 단계 를 결정짓는다고 본다. 전조작기에 발달하는 상징적 사고로 인해 유아는 언어라는 상징을 통해 자신이 표상하고자 바를 표현한다. 또한 유아는 자기중심적 사고로 인해 반복, 독백, 집단적 독백과 같은 **자기중심적 언어**를 사용한다. 이처럼 피아제는 인지발달이 언어발달에 선행하지만 반대로 언어발달이 인지발달에 필수적인 것은 아니라고 보았다. 피아제의 견해는 여러 가지 실험연구를 통해 경험적으로 지지받아 왔으나 인지발달에 영향을 미치는 언어발달의 영향력을 과소평가했다는 비판을 받기도 한다.

반면, **비고츠키**는 언어와 사고가 서로 독립적으로 발달하다가 2세경에 언어가 사고에, 사고는 언어에 영향을 주면서 상호작용한다고 하였다(그림 6-4 참조). 그는 어떤 대상을 언어로 표현하게 되면 그 대상에 대한 개념을 형성하게 되면서 사고발달이 이루어진다고 주장하였다. 즉, 언어는 사고발달을 촉진하는 매개적 기능을 한다.

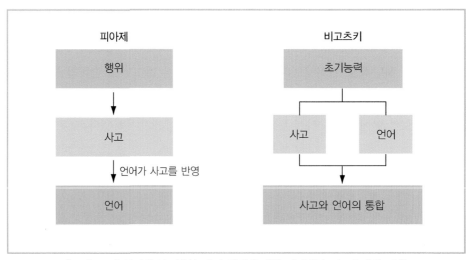

[그림 6-4] 언어와 사고발달 간의 관계에 대한 피아제와 비고츠키의 견해

언어와 사고의 관계에 대한 피아제와 비고츠키의 견해는 몇 가지 점에서 차이가 있다. 먼저 피아제와 비고츠키는 유아의 **지식 획득 과정**에 대한 견해에서 차이가 있고 이로 인해 언어와 사고 간의 관계에 대해서도 다른 견해를 취한다. 피아제는 유아가 환경과 상호작용하면서 스스로 지식을 구성한다고 보기 때문에 언어가 사고발달에 미치는 영향은 그리 크지 않다. 반면, 비고츠키는 유아가 성인이나 유능한 또래와 함께 상호작용하면서 사고발달을 하기 때문에 유아는 주변 사람이 도와준 내용을 내면화시켜 보다 높은 수준의 정신 과정에 도달한다고 보는데 이 과정에서 언어는 필수적인 도구이며 사고발달을 촉진하는 수단이 된다.

다음으로 피아제와 비고츠키는 유아의 언어발달 순서와 **사적 언어**(private speech)에 대한 설명에서도 차이가 있다. 사적 언어는 유아가 문제를 해결하거나 중요한 목표를 달성하기 위해 자신이 생각한 것을 밖으로 소리 내어 말하는 혼잣말이다. 예를 들어, 4세 남아가 혼자 블록으로 도로를 만들면서 "이제 큰 길을 만들었으니 슈퍼로 가는 작은 길을 만들어야겠어."라고 하며 자신의 계획을 입 밖으로 말하는 경우다. 피아제는 유아의 사적 언어를 자기중심적 사고가 언어를 통해 나타난 것이라고 본다. 따라서 피아제는 전조작기 말쯤 유아의 사고가 탈중심화되면서 자기중심적인 언어에서 벗어나 좀 더 사회적인 언어로 바뀌어 간다고 주장하였다. 반면, 비고츠키는 유아의 사적 언어가 자기중심적인 것이 아니라 다른 사람과 주고받는 외적 언어가 내면화되어 내적 언어로 바뀌어 가는 과정에서 나타나는 과도기적인 언어 형태로 본다. 7세 정도가 되면 유아는 밖으로 소리 내어 말하는 사적 언어 대신에 점차 속으로 말하는 내적 언어(inner speech)를 사용한다(Berk & Landau, 1993). 최근에는 피아제보다 비고츠키의 관점을 지지하는 경향이 있다(이영 외, 2009, p. 282).

인지발달 이론은 언어발달을 유전과 환경의 복잡한 상호작용의 결과로 보고 그 과정에서 유아가 언어를 능동적으로 구성해 나간다고 보았다. 또한 언어발달에서의 사회적 상호작용과 사회문화적 맥락의 중요성을 강조하였다. 그러나 인지발달 이론은 유아의 언어발달이 사회적 상호작용을 통해 어떻게 다음 단계로 진행하는지에 대해서 구체적으로 입증하지는 못하였다.

3. 유아기 언어발달의 특징

유아기에 언어는 매우 빠르게 발달한다. 3~5세 사이의 아주 짧은 기간 동안 유아는 성인이 사용하는 것과 같은 복잡한 문장을 만들어내기 시작하며 문법 규칙을 이해하고 적용할 수 있다. 3~4세가 되면 대명사, 조사, 형용사, 부사를 포함하는 복합 문장을 사용할 수 있고, 4~5세가 되면 문법적으로 정확한 문장을 사용할 수 있다. 유아기 동안 유아는 대부분의 기본 언어 규칙을 터득하여 다어문(multi-words sentence)을 사용할 수 있다(이영자, 2013, p. 81). 유아는 읽기와 쓰기에도 점차 관심을 보이면서 기초적인 문해 능력도 발달한다.

1) 구어발달

구어는 듣기와 말하기를 포함한다. 듣기는 유아가 들은 청각적 자극을 종합하여 의미를 이해하는 것이고, 말하기는 자신의 생각이나 감정 등을 음성을 통해 다른 사람에게 전달하는 것이다. 듣기와 말하기를 하려면 다른 사람이 이해할 수 있는 어휘와 문장을 사용해야 하고, 적절한 문법을 구사해야 하며, 의사소통의 규칙을 파악하여 이를 적절하게 활용해야 한다.

(1) 어휘와 문장

유아는 사용하는 어휘수와 문장의 길이가 점차 증가하여 기본적인 의사소통이 가능하다. **어휘 획득**이 빠르게 증가하여 3세경에는 900단어, 4세경에는 1,600단어, 5세경에는 2,500단어 정도의 어휘를 사용할 수 있다. 특히 유아기에는 정서 표현과 관련된 감탄사, 동작을 나타내는 말과 동물이나 음식물과 관련된 표현이 증가한다(이영 외, 2009, p. 278).

유아는 수평적이고 수직적인 어휘 확장을 통해 단어를 습득한다. **수평적 어휘 확장**은 한 단어의 여러 가지 속성을 알고 그 단어의 의미를 다양한 상황에서 경험함으로써 그 단어의 관습적 의미를 습득하는 것이다. 예를 들어, 유아가 여러 상황에서 꽃을 만져 보고 냄새도 맡아 보면서 꽃의 촉감, 형태, 느낌, 색, 냄새 등 꽃의 속성을 경험하게 되고 이를 '꽃'이라는 단어에 연결하여 꽃의 의미를 알게 된다. **수직적 어휘 확장**은 유아가 어떤 단어의 개념을 알게 되면 이와 관련된 단어를 하나의 범주로 분류하여 어휘를 학습하는 것이다. 예를 들어, 유아가 꽃, 나무, 풀 등의 개념을 학습한 후 이를 '식물'로 분류하는 것이다.

유아가 어휘를 사용할 때 과잉 확대, 과잉 축소, 신어 창조 등의 특징을 보인다(이영 외, 2009, p. 279). **과잉 확대**는 관습적으로 사용하는 낱말의 의미를 벗어나 보다 넓은 의미로 사용하는 현상이다. 바퀴가 달린 것은 모두 자동차라고 하는 경우를 예로 들 수 있다. **과잉 축소**는 단어의 의미를 실제 범주보다 축소해서 사용하는 현상이다. 예를 들어, 콘에 들어 있는 아이스크림만 아이스크림이고 컵에 들어 있는 아이스크림은 아이스크림이 아니라고 하는 경우다. **신어 창조**는 유아가 단어를 새롭게 만들어 자신만의 의미로 사용하는 현상이다. 버스를 '칙칙'이라 부르거나 엄마가 만들어 준 음식을 '돌돌이'라고 표현하는 것을 예로 들 수 있다. 이런 경우에는 부모나 주양육자와 같은 특정인만이 그 단어의 의미를 이해할 수 있다.

　유아기에는 어휘가 늘어나면서 **문장**의 길이도 증가한다. 3~4세 유아는 3~7개의 단어로 문장을 구성하며, 5~6세가 되면 문법에 맞는 언어를 사용하는데 6~12개의 단어로 이루어진 문장을 만들 수 있다.

(2) 문법발달

　유아는 세 단어 이상의 단어를 조합한 문장을 사용할 수 있고, 연령이 증가하면서 문장 길이도 점차 길어진다. 유아는 전보식 문장을 벗어나 문법 형태소를 첨가하게 된다. **문법 형태소**는 그 자체로는 의미가 없고 문법적으로 의미가 있는 형태소다. 문법 형태소는 어휘 형태소와 함께 사용하는데 이에는 조사와 어미가 해당된다. 예를 들어, '새들이 노래를 부른다.'에서 '새'와 '노래'는 어휘 형태소로 개별적인 뜻을 가지고 있고, '들' '이' '를'은 문법 형태소로 복수형을 만들고, 조사로 활용하며, 목적격을 나타내는 문법적 기능만 한다.

　유아는 새로운 문법적 형태소를 습득하면 이 규칙을 친숙한 맥락 뿐만 아니라 새로운 맥락에도 적용하려고 한다. 유아가 문법 형태소를 획득하고 적용할 때 종종 **과잉일반화**가 나타난다. 예를 들어, '선생님이 노래했어.'라고 말해야 하는 경우에 '선생님이가 노래했어.'라고 말하는 것이다. 이는 유아가 문법 규칙을 과잉 적용하여 나타난 과잉 확대 현상이다.

　유아는 3세경 복수, 비교어, 소유어, 과거형을 사용할 수 있고, 4세에는 대부분의 언어 규칙에 익숙하여 성인과 비슷한 문장을 구성하게 된다. 4~5세경에는 평서문, 부정문, 의문문, 명령문 등 사용하는 문장 형태가 다양해지고 더 복잡해지며 여러 절로 구성된 문장을 사용한다. 5~6세경이 되면 유아의 이야기가 훨씬 더 길어지고 복잡해지며 정식으로 문법 교육을 받은 적이 없는데도 불구하고 모국어의 대부분의 문법 규칙을 사용하고 성인처럼 이야기할 수 있게 된다.

(3) 의사소통의 발달

　의사소통은 언어적·비언어적 요소를 포함하여 사람 간의 생각이나 감정 등을 교환하는 총체적인 행위다. 유아는 어휘 수가 늘면서 문장도 길고 복잡해지며 문법 규칙을 획득해 감에 따라 상대방이나 시간, 장소 등에 적절한 주제나 내용에 맞는 효

[그림 6-5] 동생과 아빠에게 다른 단어와 문장으로
대화하는 유아

율적인 의사소통을 할 수 있게 된다. 유아기 초기에 유아는 반복, 독백, 집단독백 등과 같은 초기 언어 형태를 자주 나타내면서 상대방의 입장이나 수준 등에 적절한 의사소통이 어렵다. 그러나 연령이 증가하면서 유아는 어린 동생에게는 쉬운 단어를 사용하여 천천히 말하고 어른에게는 좀 더 복잡한 문장과 존칭을 사용하여 말하는 등 점차 사회화된 언어로 의사소통을 할 수 있게 된다([그림 6-5] 참조).

2) 문어발달

(1) 읽기발달

[그림 6-6] 동화책을 읽는 유아

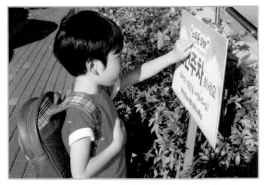

[그림 6-7] 주차 안내문을 읽고 있는 유아

읽기는 문자 부호의 해독과 글 의미를 이해하는 과정을 통해 기록한 사람과 읽는 사람 간의 의사소통이다. 유아가 읽기를 하려면 단어와 읽기에는 규칙이 있다는 것을 이해해야 한다. 즉, 읽기가 낱자로 구성된 단어를 읽는 것이고, 단어는 띄어쓰기가 있으며, 왼쪽에서 오른쪽으로 위에서 아래로 읽는 방향이 있다는 것 등을 알아야 한다. 유아는 초등학교 입학 전에 이러한 지식을 점진적으로 습득한다(Kail, 2008, p. 192 재인용).

맥기와 리치겔즈(McGee & Richgels, 1996)는 읽기발달을 시작 단계, 초보적 읽기 단계, 실험적 읽기 단계, 관례적 읽기 단계의 네 단계로 구분하였다. 유아기는 초보적 읽기 단계와 실험적 읽기 단계에 해당된다. **초보적 읽기 단계**는 대략 3~5세경이다. 유아는 자기가 좋아

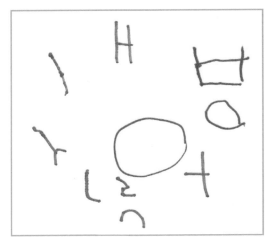

[그림 6-8] 초보적 쓰기 단계의 유아가 쓴 것

하는 간식에 쓰여진 글자나 간판의 글자 등을 인식하게 되고 글자가 어떤 의미를 전달한다는 것을 알게 된다([그림 6-7] 참조). 책을 읽을 때 유아는 상황이나 맥락에 따라 읽고 이야기 전개 순서와 인과관계를 이해할 수 있으며 이야기 내용을 추론하기도 한다.

실험적 읽기 단계는 대략 5~7세경인데 이 단계에서 유아는 지속적인 읽기 활동을 통해 이전 단계보다 훨씬 관례적으로 읽기를 한다. 유아는 거의 모든 철자(spelling)의 이름과 형태를 알며 철자와 소리가 연관되어 있음을 안다. 읽기에서 유아가 관심을 갖는 대상이 철자에서 단어로 옮겨 감에 따라 단어를 정확하게 읽기 위해 손가락으로 글자를 짚으면서 읽는다.

(2) 쓰기발달

쓰기는 어릴 때부터 시작되지만 이에 관련되는 기술을 습득하는 데는 수년이 걸린다. 4~5세 유아도 쓰기는 자신의 생각을 전달하기 위해 종이 위에 표식을 남기는 것이라는 것을 어렴풋이 이해한다(McGee & Richgels, 2004).

맥기와 **리치겔즈**(1996)는 쓰기발달을 읽기발달과 마찬가지로 시작 단계, 초보적 쓰기 단계, 실험적 쓰기 단계, 관례적 쓰기 단계로 구분하였다. 유아기는 초보적 쓰기 단계와 실험적 쓰기 단계에 해당된다. **초보적 쓰기 단계**는 대략 3~5세경인데 이 단계에서 유아는 스스로 글자를 창조하고 의미를 부여함으로써 글자를 통해 의사소통하고자 한다. 유아는 철자를 쓰기도 하고 쓰는 흉내를 내기도 하지만 철자와 소리

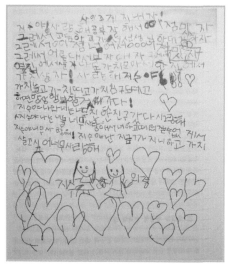

[그림 6-9] 실험적 쓰기 단계의 유아가 쓴 글자

와의 관계를 명확하게 이해하지는 못한다. 이 단계의 유아는 의미 전달을 더 중요하게 여기기 때문에 정확한 철자 쓰기에 대한 인식은 부족하다.

실험적 쓰기 단계는 5~7세경이다. 이 단계의 유아는 쓰기와 관련된 사전 지식을 재통합하고 새로운 지식을 구성한다. 유아는 일상생활에서의 쓰기 활동을 통해 새로운 쓰기 전략을 발전시킨다. 유아는 성인의 쓰기 행동과 자신의 쓰기가 다르다는 것을 알고 쓸 줄 모른다고 말하면서 쓰기 행동을 거부하기도 한다. 이런 경우에 부모와 교사는 유아의 쓰기 활동을 지도하고 안내해 주는 것이 필요하다. 또한 실험적 쓰기 단계에서 유아는 스스로 단어를 발명해서 창안적 글자를 쓰거나 글자를 베껴 쓰기도 한다. 유아는 글자와 소리와의 관계를 이용하여 철자대로 쓰려고 노력하며 단어와 단어 간에 띄어쓰기를 시도한다. 이 단계의 유아는 글자를 정확하게 써야만 정확한 의미가 전달된다는 것을 알며 철자를 이용한 쓰기가 가능하지만 아직 관례적 쓰기는 못한다.

4. 언어발달에 영향을 미치는 요인

유아기는 언어가 급격히 발달하는 시기다. 유아의 언어발달에 영향을 미치는 요인은 개인적 요인과 환경적 요인으로 나누어 살펴볼 수 있다.

1) 개인적 요인

일반적으로 여아가 남아보다 언어발달이 빠르고 우수하다고 생각하지만 이에 대한 연구결과는 일관적이지 않다. 어휘 수, 문장 길이, 읽기 능력 등의 발달은 여아가 남아보다 빠른데 이는 여아가 남아보다 생물학적인 성장 속도나 초기 뇌의 좌반구 발달이 더 빠르고 부모가 딸에게 더 많은 언어적 상호작용을 하기 때문이다. 한편 언어 능력은 성차라기보다 개인차가 더 우세하다는 입장도 있다.

2) 환경적 요인

(1) 가정

가정환경은 유아의 언어발달에서 중요한 역할을 하는데 가족 유형과 구조, 사회경제적 수준, 형제자매, 부모와의 상호작용, 물리적 환경 등이 유아의 언어발달과 밀접한 관련이 있다.

최근 **핵가족**과 **맞벌이 가족**이 증가하면서 과거 대가족일 때보다 가족 간의 대화 시간이 줄어들었고, 이로 인해 유아의 언어발달은 지연될 수 있다. 또한 **가족의 사회경제적 수준도** 유아의 언어발달에 영향을 미친다. 일반적으로

[그림 6-10] 대화하는 가족

중류층 유아가 저소득층 유아보다 언어발달이 더 빠르고 언어 이해나 표현력도 더 우수한 편이다.

사회경제적 수준에 따른 언어 발달의 차이는 결손가설(deficit hypothesis)과 차이가설(difference hypothesis)로 설명할 수 있다. **결손가설**은 낮은 사회경제적 수준인 경우에 유아가 언어적으로 충분한 자극을 받지 못하기 때문에 언어발달이 뒤떨어진다고 보는 것이다. 반면, **차이가설**은 사회경제적 수준에 따라 부모가 사용하는 언어가 다르기 때문이라고 본다. 중류층 이상의 사회경제적 수준의 부모는 저소득층의 부모보다 더 정교화된 언어를 사용함으로써 표현이 다양하고 대상을 보다 구체적으로 설명한다. 반면 저소득층의 부모는 제한된 언어를 사용함으로써 설명이 정확하지 않고 한정된 어휘로 짧고 단순한 문장을 사용하거나 적합하지 않은 언어 표현을 하는 경우가 많다.

가족 내 **형제의 수와 형제간의 연령차** 등도 유아의 언어발달에 영향을 미칠 수 있다. 형제 수가 많은 유아가 적은 유아에 비해 형제간 언어적 상호작용을 더 많이 할 수 있기 때문에 언어발달이 더 빠를 수 있다. 그러나 외동아도 성인과의 상호작용을 더 자주 할 수 있기 때문에 언어발달이 빠르다는 지적도 있다. 또한 형제간의 연령차가 적거나 쌍생아인 경우에는 그렇지 않은 유아보다 언어발달이 더 늦을 수 있다. 왜냐하면 연령차가 적은 경우에는 형제간 언어적 상호작용이 많아지는 반면 부모와 대화하는 시간은 줄어들게 되어 다양한 언어적 경험을 할 수 있는 기회가 적기 때문이다.

가정의 물리적 환경도 유아의 언어발달에 영향을 줄 수 있다. 가정 내에 유아용 책이 많은 경우에 유아가 읽기와 쓰기를 경험할 수 있는 기회가 많아질 수 있어 그로 인해 유아의 언어발달에 긍정적인 영향을 미칠 수 있다. 반면, TV, 비디오, 컴퓨터 등과 같은 전자 매체를 자주 접하거나 오래 사용하거나 시청하는 것은 유아의 언어발달에 부정적인 영향을 미칠 수 있다. 그러나 단순히 시청이나 사용 여부, 시간만을 가지고 유아의 언어발달에 미치는 영향이 부정적이라고 단정하기는 어렵다. 유아가 교육용 프로그램을 시청할 경우에는 유아의 언어발달에 긍정적으로 영향을 미칠 수도 있기 때문이다.

(2) 유아교육기관

교사의 언어 행동과 교수 방법, 교실의 물리적 환경 등과 같은 유아교육기관의 언어적 환경이 유아의 언어발달에 영향을 미칠 수 있다. **교사**는 유아와의 언어적 상호작용을 통해 유아에게 언어 행동의 모델이 될 뿐만 아니라 유아의 언어발달을 자극할 수 있는 다양한 언어적 환경과 경험을 제공해 줄 수 있다. 유아교육기관에서의 연령에 적합한 듣기, 말하기, 읽기, 쓰기 등을 위한 다양한 교육 매체와 물리적 환경은 유아의 언어발달을 위한 자극이 될 수 있다. 특히 교사의 다양한 언어지도방법은 유아의 언어발달에 영향을 미칠 수 있다. 총체적 언어교육법, 균형적 언어교육법, 글 없는 그림책 활동, 저널쓰기, 도서대여 활용 등이 유아의 언어발달에 효과적이다.

[그림 6-11] 유아교육기관의 언어영역

5. 언어발달을 위한 부모 및 교사의 역할

유아기는 언어발달이 빠르게 이루어지는 시기다. 유아의 듣기, 말하기, 읽기, 쓰기 능력은 서로 밀접한 관련을 맺으며 발달한다. 그러므로 부모와 교사는 유아의 언어발달을 촉진하기 위한 다양한 물리적·심리적 환경과 올바른 언어 모델을 제공해 줌과 동시에 양질의 상호작용을 해 주어야 한다.

1) 듣기 지도

언어의 기초적인 기능 중 가장 먼저 발달하는 것이 **듣기**다. 그러므로 부모나 양육자 혹은 교사는 유아에게 적절한 듣기 환경을 제공해 줌으로써 유아의 듣기 능력을 향상시켜 주어야 한다. **3-5세 연령별 누리과정**에서는 '다른 사람의 말을 주의 깊게 듣는 태도와 이해하는 능력을 기른다.'를 듣기 교육의 목표로 설정하였다. 그에 따른 내용 범주는 낱말과 문장 듣고 이해하기, 이야기 듣고 이해하기, 동요·동시·동화 듣고 이해하기, 바른 태도로 듣기다. 부모와 교사가 유아의 듣기발달을 도와주기 위한 몇 가지 지침을 제시하면 다음과 같다.

첫째, 부모와 교사는 유아에게 듣기가 필요하다는 것을 인식시킨다. 이를 위해 부모와 교사는 유아에게 듣기를 강요하기보다는 집중하여 들을 수 있는 기회를 제공해 주고, 유아가 잘 들었을 경우에는 긍정적인 반응과 보상이나 강화 등을 제공해 준다.

둘째, 부모와 교사는 유아에게 듣기를 경험할 수 있는 여러 가지 활동이나 자료를 제공해 준다. 부모와 교사는 유아와 함께 끝말 이어 가기, 수수께끼, 다섯 고개 등과 같은 말놀이를 녹음하여 듣기 활동을 해 볼 수 있다. 또한 유아는 동화 듣기를 좋아하므로 부모와 교사는 유아의 발달 수준에 적합한 동화를 선정하여 유아에게 반복적으로 읽어 준다.

셋째, 부모나 교사는 유아에게 주의 집중하여 듣는 모델이 되어야 한다. 즉, 부모와 교사는 유아가 말을 할 때 중간에 끼어들거나 끊지 않고 머리를 끄덕이거나 '응' '그렇구나' '그래서' 등의 반응을 해 줌으로써 경청하고 있다는 것을 표현한다.

[그림 6-12] 아버지가 읽어 주는 동화를 듣고 있는 유아

2) 말하기 지도

말하기는 일상생활에서 대화를 통해 자연스럽게 발달한다. **3-5세 연령별 누리과정**에서의 유아기 말하기 교육의 목표는 '자신의 생각과 느낌을 말하는 능력을 기른다.'

[그림 6-13] 친구들 앞에서 자신이 생각을 발표하는 유아

다. 이의 내용 범주는 낱말과 문장으로 말하기, 느낌·생각·경험 말하기, 상황에 맞게 바른 태도로 말하기다. 부모와 교사가 유아의 말하기발달을 돕기 위한 몇 가지 지침을 제시하면 다음과 같다.

첫째, 부모와 교사는 유아에게 다양한 이야기 거리를 제공해 줌으로써 유아의 말하고자 하는 욕구를 자극해 준다. 예를 들어, 부모와 교사는 유아와 함께 생태 공원을 가거나 지역 내 다양한 기관을 방문하여 함께 이야기를 나누거나 전화기 등과 같은 말하기와 관련한 다양한 장난감을 제공해 줌으로써 유아의 말하기를 자극할 수 있다.

둘째, 부모와 교사는 유아의 수준에 적합한 질문을 함으로써 유아가 자신의 생각이나 감정을 언어로 표현할 수 있는 기회를 제공해 준다. 이를 위해 부모와 교사는 우선적으로 유아의 현재 수준과 관심 영역이나 분야를 파악하도록 노력한다. 부모와 교사가 유아에게 질문할 때는 '예', '아니요'로 답하게 하는 폐쇄형 질문보다 '왜 그렇게 생각해?', '어떤 점이 같니? 다르니?' 등과 같은 개방형 질문을 하여 유아가 자신의 생각과 감정을 다양하게 표현해 볼 수 있도록 한다.

셋째, 부모와 교사는 유아가 편안하게 말할 수 있는 분위기를 조성하고 말하기를 격려해 준다. 부모와 교사가 유아의 미숙한 문장 표현이나 잘못된 어휘 선택 등에 대해 부정적으로 반응하면 유아는 자신의 생각이나 감정을 개방적이고 적극적으로 표현하지 못하게 되어 말하기를 주저하게 될 수도 있다. 그러므로 부모와 교사는 유아의 언어 습관이나 능력을 인정하고, 자연스럽고 편안한 분위기에서 유아가 말하기를 즐길 수 있도록 해 주어야 한다.

넷째, 부모와 교사는 올바르게 말하는 모델이 되어야 한다. 부모와 교사는 유아의 잘못된 발음을 교정하려 하기보다는 정확한 발음을 직접 들려주면서 유아가 스스로 교정할 수 있도록 해 준다. 또한 유아의 불완전한 문장에 대해 완전한 문장으로 반응해 주고 대화하는 사람과 상황에 적합하게 말함으로써 말하기의 모델이 되어 준다.

3) 읽기 지도

부모와 교사는 유아에게 **읽기**를 지도하는 시기와 방법을 알 필요가 있다. **3-5세 연령별 누리과정**의 읽기 교육의 목표는 '글자와 책에 친숙해지는 경험을 통하여 글자 모양을 인식하고 읽기에 흥미를 가진다.' 다. 이의 내용 범주는 읽기에 흥미 가지기, 책 읽기에 관심 가지기다. 부모와 교사가 유아의 읽기발달을 돕기 위한 몇 가지 지침을 제시하면 다음과 같다.

첫째, 유아의 읽기 수준과 능력은 개인차가 크므로 부모와 교사는 유아의 읽기 준비 수준에 따라 지도해야 한다. 유아가 읽기 준비가 안 된 경우에는 관습적인 읽기보다는 읽기를 위한 기본 능력에 초점을 맞추어 왼쪽-오른쪽 등의 방향 감각, 형태 지각을 위한 활동 등을 먼저 제시해 줌으로써 읽기를 준비시킬 수 있다.

둘째, 부모와 교사는 유아가 읽기에 흥미를 가질 수 있도록 자극적이고 다양한 언어 환경을 제공해 준다. 유아가 쉽게 접할 수 있도록 유아의 흥미와 발달 수준에 맞는 동화책, 잡지, 글자블록이나 게임판 등과 같은 언어적 경험을 자극할 수 있는 다양한 환경을 마련해 준다.

셋째, 부모와 교사는 유아가 글자의 의미를 파악할 수 있는 기회를 제공해 준다. 단순히 글자 자체에 대한 읽기 지도보다는 유아가 글자에서 의미를 파악하고 전체적인 문맥이나 이야기를 이해할 수 있도록 지도한다.

넷째, 부모와 교사는 유아가 일상생활에서 자연스럽게 읽기를 경험할 수 있도록 지도한다. 부모와 교사는 유아가 일상생활과 글자가 연결되어 있음을 깨닫고 글을 읽으려는 동기를 갖도록 지도한다. 예를 들면, 길을 가면서 간판을 읽어 주기, 장난감 봉투의 글자 읽어 주기, 어린이집의 환경판에 있는 글자 읽어 주기 등의 활동을 통해 유아가 생활하는 공간에서 쉽게 읽기 경험을 접할 수 있도록 해 준다.

다섯째, 부모나 교사는 유아에게 읽기의 모델로서의 역할을 한다. 유아는 부모나 교사의 읽기 활동을 접함으로써 읽기에 대한 흥미가 생길 수 있다.

4) 쓰기 지도

쓰기 지도를 위해서는 유아가 쓸 준비가 되어 있어야 한다. **3-5세 연령별 누리과정**의 쓰기 교육의 목표는 '말과 글의 관계를 알고 자신의 생각, 느낌, 경험을 글로 표현하는 데 관심을 가진다.' 다. 이의 내용 범주는 쓰기에 관심 가지기, 쓰기 도구 사용하기다. 부모와 교사가 유아의 쓰기발달을 도울 수 있는 몇 가지 지침을 제시하면 다음과 같다.

첫째, 부모와 교사는 유아의 쓰기 준비 수준에 따라 지도한다. 유아의 쓰기 능력은 개인차가 크므로 쓰기 준비가 안 된 경우에는 소근육 운동, 눈과 손의 협응 활동 등과 같은 쓰기를 위한 기본 능력의 발달에 초점을 두고 지도한다.

둘째, 부모와 교사는 쓰기에 필요한 자료를 제공해 준다. 쓰기 자료로는 줄이 그어져 있지 않은 종이, 크레파스나 색연필, 연필 등의 문구류 등이 있다.

셋째, 부모와 교사는 글자 중심의 쓰기 지도보다는 글자의 의미를 강조하는 쓰기 지도를 한다. 반복적으로 글자의 자음과 모음을 쓰게 하거나 단순히 글자의 형태를 기계적으로 암기하도록 하는 것보다 유아의 일상생활이나 경험과 관련된 내용을 쓰도록 하는 것이 효과적이다.

넷째, 부모와 교사는 유아가 쓰기의 필요성을 인식하고 자발적으로 쓰기 활동에 참여하도록 유도한다. 친구에게 생일 축하카드 쓰기, 가게놀이에서 사용할 물건 등과 같이 놀이를 통해 쓰기 활동을 하도록 격려하고 필요시 적절한 도움을 제공해 준다.

참고문헌

강옥미(2003). 한국어 음운론. 서울: 태학사.

교육과학부, 보건복지부(2013). 3-5세 연령별 누리과정 교사용 지침서. 서울: 교육과학기술부, 보건복지부.

이강이, 정미영, 장영은(2008). 가정문해환경과 유아의 어휘 및 읽기능력. 대한가정학회지, 46(10), 97-106.

이영, 이정희, 김온기, 이미란, 조성연, 이정림 외(2009). 영유아발달. 서울: 학지사.

이영자(2013). 유아 언어발달과 지도. 경기: 양서원.

정희영, 이성복, 김성원, 윤선화, 김정희, 김선아 외(2014). 유아발달. 경기: 파워북.

한유미, 김혜선, 권희경, 양연숙, 백은정(2013). 영유아 언어교육의 이해. 서울: 학지사.

Akhtar, N. (2004). Nativist versus constructivist goals in studying child language. *Journal of Child Language, 31*, 459-462.

Bandura, A. (1977). *Social learning theory*. Englewood Cliffs, NJ: Prentice-Hall.

Baron, N. S. (1992). *Growing up with language: How children learn to talk*. Reading, MA: Addison-Wesley.

Berk, L. E., & Landau, S. (1993). Private speech of learning disabled and normally achieving children in classroom academic and laboratory contexts. *Child Development, 64*, 556–571.

Berk, L. E. (2013). *Child development* (9th ed.). Boston: Pearson.

Chomsky, N. (1968). *Language and mind*. San Diego: Harcourt Brace Jovanovich.

Evans, N., & Levinson, S. (2009). The myth of language universals: Language diversity and its importance for cognitive science. *Behavioral and Brain Science, 32*, 429–492.

Halliday, M. (1973). *Explorations in the functions of language*. London: Edward Arnold.

Hoff, E. (2005). *Language development* (3rd ed.). Belmont, CA: Wadsworth.

Kail, R. V. (2007). 아동과 발달. 권민균, 김정민, 최형성 공역(2008). 서울: 시그마프레스.

Lenneberg, E. (1967). *The biological foundations of language*. New York: Wiley.

McGee, L. M., & Richgels, D. J. (1996). *Literacy's beginnings: Supporting young readers and writers* (2nd ed.). Needham, MA: Allyn and Bacon.

McGee, L. M., & Richgels, D. J. (2004). *Literacy's beginnings* (4th ed.). Boston: Allyn and Bacon.

Owens, R. E. (1996). *Language development* (4th ed.). Boston: Allyn and Bacon.

Palmer, D. C. (2000). Chomsky's nativism: A critical review. *Analysis of Verbal Behavior, 17*, 39–50.

Shaffer, D. R., & Kipp, K. (2014). 발달심리학. 송길연, 이지연, 장유경, 정윤경 공역(2014). 서울: 박영스토리.

Skinner, B. F. (1957). *Verbal behavior*. New York: Appleton-Century-Crofts.

Stabb, D. (1992). *Oral language for today's classroom*. Ontario: Pippin.

Tomasello, M. (2006). Acquisition linguistic constructions. In D. Kuhn & R. Siegler (Vol. Eds.), in W. Damon & R. M. Lerner (General Eds.), *Handbook of child psychology* (6th ed., pp. 225–298). New York: Wiley.

Tomasello, M. (2008). *Origins of human communication*. Cambridge, MA: MIT Press.

Yang, C. D. (2004). Universal grammar, statistics or both? *Trends in Cognitive Sciences, 8*, 451–456.

Zamuner, T. (2002). Input-based phonological acquisition. *Dissertation Abstracts International Section A: Humanities and Social Sciences, 62*, 3032.

두산백과 http://www.doopedia.co.kr

chapter 07

정서발달

유아기는 자신의 감정을 인식하고 이를 적절한 방법으로 표현하고 조절하며 타인의 감정을 이해하고 공감하는 능력인 정서적 유능성을 획득하는 시기다. 이를 통해 유아는 대인 관계를 확장하고 사회생활의 기초를 형성하는 등 정서발달에 있어 현저한 변화를 경험한다. 이 장에서는 유아의 정서이해에 대한 기초로서 정서의 개념을 알아보고, 정서발달에 대한 주요 이론적 관점으로 생물학적 관점, 행동주의적 관점, 인지적 관점에 대해 살펴보고자 한다. 또한 유아의 정서발달을 정서 표현, 정서 이해, 정서 조절로 나누어 고찰한 후, 이를 위한 부모와 교사의 역할에 대하여 알아본다.

1. 정서의 개념
2. 정서발달의 이론적 관점
3. 유아기의 정서발달
4. 정서발달을 위한 부모 및 교사의 역할

정서발달

1. 정서의 개념

정서는 흔히 일상적으로 느낌이나 감정이란 단어로 사용하는데 라틴어인 'emovere'에서 유래하였다. 접두어인 'e'는 '~로부터'를 의미하고 'movere'는 '움직이다'를 의미한다. 따라서 정서는 어원상 '움직여 나아감'을 뜻하며, 개인이 처한 환경이나 분위기 또는 주변인과의 관계 속에서 자연스럽고 당연하게 움직이는 마음 상태라고 해석할 수 있다.

정서는 인간의 내적 혹은 외적 사건에 의해 발생하는 일련의 행동으로 생리적 · 표현적 · 경험적 요소를 포함한다(김기현, 김미애, 김선숙, 전은화, 황윤숙, 2014). 생리적 요소는 호흡의 변화, 심장박동, 혈압의 증가와 같은 변화를 수반하고, 표현적 요소는 웃거나 우는 것, 입을 앙 다물고 찡그리는 것, 주먹을 불끈 쥐고 눈을 감는 것과 같이 겉으로 드러나는 것이며, 경험적 요소는 개인의 주관적인 해석과 인지적 판단에 따라 달라지는 것이다. 이와 같이 정서는 사건을 지각하여 생긴 신체적 변화와 이에 대한 지각을 의미하며, 선천적이고 생래적인 반응뿐만 아니라 경험을 통해 학습되고 강화된 행동이며, 개인의 해석과 판단에 따라 달라질 수 있다.

정서는 특정한 행동 양식을 유발하는 동기가 되므로 유아는 잠재적 위협을 감지하거나 부정적인 정서를 경험할 때 본능적으로 정서적인 반응을 함으로써 안전을 추구하고 욕구 불만을 해소하려고 한다. 그러므로 정서는 유아가 환경에 잘 적응할 수 있도록 도와주는 역할을 한다. 유아의 긍정적 정서는 유아의 행동 양식을 넓혀주어 자유롭게 환경을 탐색하도록 지원해 줌으로써 활동에 집중하도록 도와주어 학습하는 원동력이 되고, 과거의 부정적인 정서를 해소함으로써 유아의 적응력을 높여 준다. 이를 통해 유아는 활동에 흥미를 가지고 즐겁게 참여하므로 그 내용을 더 잘 이해하고 기억할 수 있게 된다. 그러나 유아가 매우 불안하거나 두려운 상태에서 활동하면 이해력과 인지적 수행력이 낮아진다. 반대로, 유아는 인지적 활동을 수행하면서 다양한 정서 상태를 경험하기도 한다. 예를 들어, 자신의 수준보다 더 높은 난이도의 인지적 과제를 성공적으로 완성하면 유아는 즐거움과 성취감을 경험한다. 이러한 긍정적인 정서의 경험은 유아로 하여금 새로운 인지적 과제에 재도전할 수 있는 동기를 제공해 준다. 이와 같이 인지 행동이 정서에 영향을 미치기도 하고 정서가 인지 과정을 발생시키기도 하므로 정서와 인지는 양방향적으로 밀접한 관련성을 갖는다.

정서발달은 타인과의 상호작용을 유발함으로써 유아의 사회성발달에도 영향을 준다. 예를 들어, 유아가 어린이집에서 반가운 친구를 만나면 놀이 행동이 증가하여 우정관계가 더욱 발전하지만, 역할놀이를 하다가 원하는 역할을 맡지 못하여 친구에게 화를 내면 상호작용이 중단되면서 일시적으로 관계가 단절된다. 이와 같이 유아는 정서의 표현과 정서 이해를 통해 중요한 타인과 상호작용하면서 사회적 관계망을 형성함으로써 사회성을 발달시킨다.

2. 정서발달의 이론적 관점

1) 생물학적 관점

정서발달에 대한 생물학적 관점은 **다윈**(Darwin)의 이론에 토대를 둔다. 다윈(1877)에 의하면 정서는 생물학적으로 결정되어 선천적인 것이다. 즉, 정서는 유전자 내에 포함된 속성으로 생물학적인 구조 내에 이미 계획되어 있는 것이다. 이러한 관점에 의하면 정서는 유전자 속에 사전에 프로그램화되어 존재하지만 모든 정서가 태어날 때부터 표현되는 것은 아니다. 따라서 신생아도 정서 표현을 할 수 있으며, 영아기에 양육자와 상호작용하면서 필요할 때마다 다양한 정서를 표현한다. 특히 영아는 울음이나 미소와 같은 정서적 행동을 통해 주양육자에게 필요한 요구를 전달하는데 이를 통해 볼 때 인간의 정서는 환경에 적응하고 생존하기 위해 생물학적으로 타고난 필수 요소라고 볼 수 있다.

정서발달에 대한 생물학적 관점의 대표 학자에는 **이자드**(Izard)와 **에크만**(Ekman)이 있다. 이자드(1994)는 신생아에게 쓴맛을 지닌 약물을 맛보게 하는 실험을 했다. 그 결과, 신생아는 얼굴을 찡그리면서 불쾌함을 표현하며 뱉어 버리는 행동을 했다. 태어난 지 며칠 되지 않아 학습할 시간이 거의 없었던 신생아가 이러한 표현을 했기 때문에 그는 정서는 타고나는 것이라고 설명했다. 또한 쓴맛을 지닌 약물을 맛본 신생아가 불쾌한 정서를 가져 뱉어 버리는 행동을 한 것이므로 그는 정서를 활성화시키는 것은 행동의 동기가 된다고 보았다. 또한 에크만(1973)은 미국, 일본, 칠레, 브라질, 아르헨티나의 연구 대상에게 행복, 슬픔, 두려움, 화, 놀라움, 불쾌함의 여섯 가지 정서를 나타낸 사진을 보여 주었다. 연구 대상에게 사진에 나타난 정서를 말해 보라고 하자, 나라에 관계없이 각 정서에 대한 응답 결과가 매우 일치했다. 이러한 결과를 통해 에크만은 인간의 정서 표현은 보편적이므로 타고나는 것이라고 주장했다.

2) 행동주의적 관점

행동주의적 관점은 유아의 정서발달을 학습 경험과 사회화의 결과라고 본다. 20세기 초 **왓슨**(Watson, 1930)은 리틀 알버트 실험에서 고전적인 조건화를 통해 정서를 학습하거나 제거할 수 있다는 것을 보여 주었다. 11개월 된 알버트는 흰 쥐에 대해 전혀 두려움이 없었으나 흰 쥐를 만지려할 때마다 큰 소리를 들려주는 조건화를 통해 알버트는 흰 쥐에 대한 두려움을 학습하게 되었다. 나아가 알버트는 토끼나 털이 있는 봉제인형과 같은 유사 대상에게도 두려움을 나타냄으로써 학습된 정서가 일반화될 수 있다는 것을 보여 주었다. 왓슨의 실험은 유아가 조건화와 학습경험을 통해 기본적인 정서를 학습하며 다양한 자극에 대해 더 복잡한 정서 반응을 발달시킬 수 있다는 것을 보여 준다.

한편, 최근의 정서사회화 관점에 의하면 유아는 다양한 맥락의 사회 · 문화적 요구에 의해 정서를 발달시킨다(Saarni, Mumme, & Campos, 1998). 성장하는 동안 유아는 부모와 형제 · 자매, 또래, 교사나 이웃 등과 사회적인 경험을 확대해 나가면서 자신의 정서를 적합하게 표현하고, 자신과 타인의 정서를 이해하며, 주어진 상황에서 자신의 정서를 적절하게 조절해야만 하는 요구에 직면한다. 사회 · 문화적 요구는 유아의 정서발달에 일종의 압력으로 작용하기 때문에 결국 유아는 그 문화와 사회에서 적합하다고 인정되는 정서 표현의 규칙을 학습하게 된다. 특히 주양육자인 어머니는 문화적인 기대에 맞게 자녀의 정서 사회화를 위한 일차적인 역할을 수행한다. 예를 들어, 유아가 부정적인 정서를 경험할 때, 어머니는 얼굴 표정이나 목소리 음조를 사용하여 정서적 신호를 보내는데 유아는 이를 통해 특정 정서를 발달시키는 사회적인 준거를 습득하게 된다(Meyer, Raikes, Virmani, Waters, & Thompson, 2014).

3) 인지적 관점

정서발달에 대한 인지적 관점은 정서와 인지가 상호의존적이며 서로 영향을 미친다고 본다. 예를 들면, 유아는 낯선 사람을 구별하는 인지적 지각능력을 발달시키는 시기에 낯선 사람에 대한 불안감을 나타내기 시작한다. 즉, 영유아의 특정 정서가 나타나는 시기와 이와 관련된 인지적 요소가 발달하는 시기가 일치한다는 점을 들어 정서와 인지는 서로 관련되어 있음을 알 수 있다.

한편, **루이스와 미첼슨**(Lewis & Michalson, 1983)은 인지과정이 환경적 자극과 이에 대한 정서 반응을 중재한다는 인지-사회화 관점을 제시했다. 이는 내・외적 환경에 의해 정서가 유발되지만 환경적 사건 자체가 유아의 정서에 영향을 미치는 것이 아니라 이에 대한 과거의 사건이나 사회적 규칙과 비교하여 평가하는 인지적 과정에 의해 정서가 나타난다는 것이다. 예를 들어, 낯선 사람이 사탕을 주면 좋아할 것인가 두려워할 것인가는 유아의 과거 경험이나 알고 있는 바에 따라 다르다. 즉, 비록 낯선 사람이라 할지라도 사탕을 주면 대부분의 유아는 좋아하겠지만, 평소 낯선 사람이 다가와 친절을 베풀거나 사탕을 주면 유괴당할 수도 있으니 조심하라고 교육받은 유아는 두려움을 느낄 것이다. 그러므로 유사한 환경적 자극이라도 개별 유아의 인지적 과정에 따라 다양한 정서적 반응이 나타날 수 있다.

3. 유아기의 정서발달

유아의 정서발달을 구성하는 요소는 대체로 정서 표현, 정서 이해 또는 정서 인식, 정서 조절 능력을 들 수 있다. 정서 표현, 정서 이해, 정서 조절의 세 가지 요소는 유아가 발달함에 따라 다르게 나타나며 인지와 사회성 등과 같은 다른 발달적 측면에도 영향을 미친다.

1) 정서 표현

정서 표현은 자신의 정서와 관련된 욕구를 타인이나 상황을 고려하여 정확하고 적절하게 나타내는 능력이다. 정서 표현은 생의 초기부터 나타나며 유아기 사회화의 중요한 목표 중 하나다.

유아기에 나타나는 정서 표현은 몇 가지 특징을 지닌다.

첫째, 정서의 지속 시간이 짧다. 유아의 정서는 대부분 2~3분 짧게 나타나다가 끝나곤 한다. 유아는 순간적으로 강한 정서 표현을 보이더라도 곧 잊어버린다. 이는 성인에 비해 유아의 기억력이 부족하고, 관심사가 쉽게 전환되며, 정서를 남김없이 표출하기 때문이다.

둘째, 정서를 강렬하게 표현한다. 유아의 정서적 반응은 강하게 폭발하는 특징이 있어 자극의 사소함 정도와 무관하게 동일한 정도의 강렬한 정서적 반응을 일으키는 경향이 있다. 예를 들어, 유아는 일상생활에서 원하는 것을 이루지 못할 때 그 원인이 아주 사소할지라도 갑자기 소리를 지르거나 발길질을 하고, 때로 친구를 깨무는 등 강렬하게 정서를 표현한다. 성인은 정서를 유발시킨 근원에 대해 생각하고 상황에 맞춰 통제하려고 애쓰는 반면, 유아는 판단하거나 조절하지 않고 느끼는 대로 즉각적으로 표현하기 때문이다. 연령이 많아지면서 유아는 사회적으로 바람직하게 표현하고 조절하는 방법을 경험하고 학습하면서 정서 표현의 강도가 완화된다.

셋째, 쉽게 다른 정서로 전환된다. 유아기의 정서 표현은 한 정서에서 다른 정서로 쉽게 바뀐다. 예를 들면, 유아는 재미있게 놀다가도 갑자기 화를 내면서 울기도 하고, 울다가도 금방 기분이 좋아져서 애정을 표현하기도 한다. 그 이유로 유아는 다양한 상황에 대한 정서 통제가 미숙하며, 장면에 대한 총체적 이해 능력이 부족하고, 짧고 빈번한 정서 표출을 통해 즉시적으로 정서를 정화하기 때문이다. 유아의 연령이 많아질수록 상황에 더 적합하며 정제된 방식으로, 직접적이고 격렬한 정서 표현 행동에서 간접적이고 완화된 표현으로 정서를 나타낸다. 또한 울음이나 공격적 행동을 통한 정서 표현은 감소하고 언어적인 정서 표현이 증가한다.

정서는 개인의 경험과 지각에 따라 다르게 나타나므로 개별적이고 주관적이지만,

모든 문화권에서 공통적으로 나타나기 때문에 보편적인 특성을 갖는다. 정서의 종류는 대체로 일차 정서(또는 기본 정서)와 이차 정서(또는 복합 정서)로 구분한다(Bridges, 1930). 일차 정서란 선천적으로 타고나는 것으로 모든 문화권의 영아에게서 공통적으로 나타나며 기쁨, 슬픔, 분노, 공포 등이 포함된다. 이차 정서는 한 가지 이상의 정서가 통합된 것으로 자아 인식이나 자기 행동 평가와 같은 복잡한 인지능력을 요구하며 당황, 질투, 수치심, 죄책감, 자긍심 등이 포함된다. 영유아기에 나타나는 대표적인 정서로는 기쁨, 분노, 공포, 질투, 호기심을 들 수 있다.

(1) 기쁨

기쁨은 인간이 생애 초기부터 느낄 수 있는 기본적인 정서 중의 하나다. 유아는 기쁨의 정서를 주로 미소나 웃음과 같은 얼굴 표정이나 깡충깡충 뛰거나 박수치기와 같은 행동으로 표현한다. 유아기에 언어가 발달함에 따라 유아는 언어를 통해 기쁨을 표현하는 것이 증가한다. 기쁨을 유발하는 원인은 연령대에 따라 다르다. 영아기는 생리적·감각적·운동적 원인에 의해 기쁨을 느끼지만, 유아기가 되어 자아의식이 형성되고 인지능력이 발달하면서 사회적인 인간관계나 사건에 의해 기쁨을 느낀다.

기쁨의 정서는 생리적 기능을 원활하게 하여 정신적·신체적 건강을 증진시키는 역할을 한다. 기쁨이나 즐거움은 인간이 느끼는 대표적인 긍정적 정서이므로 유아가 원만한 사회적 관계를 맺고 친사회성을 기르는 데도 도움이 된다. 따라서 부모와 교사 및 주변 성인은 유아기에 즐거움과 기쁨을 느끼는 경험과 기회를 많이 제공해 줌으로써 유아가 긍정적이고 명랑한 생활태도를 형성할 수 있도록 도와주어야 한다.

(2) 분노

분노는 영아기부터 자주 표출되는 보편적인 정서 중의 하나다. 대개 분노는 불편함, 불쾌감, 서운함, 박탈감, 좌절 등과 같은 부정적 감정에서 비롯되는데 모든 부정적 감정의 강도가 심해질 경우에 이는 분노로 변할 수 있다.

분노를 유발하는 요인은 연령대에 따라 다른데 신체적인 것과 심리적인 것이 있다. 영아기에는 주로 배고픔이나 젖은 기저귀의 불쾌감과 같은 신체적인 욕구가 불만족스러워서 발생한다. 유아기는 신체적 요인뿐만 아니라 원하는 행동을 못하거나 할 수 없을 때, 원하는 것을 가질 수 없을 때, 요구를 거절당하거나 관심을 받지 못할 때, 자신이 가진 것을 빼앗기거나 강요당했을 때 등 심리적 요인과 결부된 다양한 상황에 의해 분노가 발생한다. 3~5세 유아에게 반구조화된 면접으로 언제 분노를 느끼는지 질문하여 연구한 결과, 연령이 높을수록 '대인관계에 갈등이 있을 때', '친구가 놀이를 방해하거나 아끼는 물건을 빼앗았을 때와 같은 욕구좌절'의 순으로 답했다(이승은, 2010).

유아기에는 울음과 떼쓰기, 고집 부리기, 반항, 보복 등 보다 적극적인 폭발적 또는 공격적 행동에서부터 침묵, 불순종 등과 같이 보다 수동적으로 표현하는 것까지 다양한 형태로 분노를 나타낸다. 특히 3~4세 유아는 공공장소에서 주변 사람의 이목을 집중시키면서 울며 소리를 지르거나 바닥에 누워 몸을 구르며 떼를 써서 분노를 표현하는 경우가 많아 종종 보호자를 난처하게 만들기도 한다. 그러므로 부모와 교사 및 주변 성인은 유아의 연령이 많아짐에 따라 분노의 감정을 감추거나 통제하고, 육체적 공격보다는 언어로 표현하도록 지도함으로써 유아가 사회적으로 수용된 방식으로 분노를 표현하게 해 준다.

(3) 공포

공포는 위협적인 사람이나 사물 또는 상황이 다가올 것을 예기하거나 현실적으로 다가왔을 때 일어나는 정서다. 일반적으로 공포는 심장 박동의 증진이나 식은땀과 같은 생리적 반응을 동반하며, 공포의 대상으로부터 회피하려는 경향으로 이어진다. 유아가 공포를 경험하면 울거나 숨을 일시적으로 참기도 하고 어머니 뒤로 숨는 행동을 보이기도 한다.

영아기에 비해 유아기가 되면 공포를 느끼는 대상이 더 많아진다. 영아기에는 인지발달의 제한으로 공포를 유발하는 대상물이나 위험물을 제대로 인식하지 못한다. 또한 영아는 이동 능력이 미숙하고 양육자가 보호해 주므로 두려움의 대상이나 상황에 직면하는 경우가 많지 않다. 그러나 유아기가 되면 인지발달로 이전에는 인식하지 못했던 잠재적 위험물과 자극에 대해 알게 된다. 또한 표상 능력을 습득하고 상상력이 발달하면서 직접 경험해 보지 못한 대상과 자극물에 대해 상상함으로써 공포를 느끼게 된다. 예컨대, 잠자다 깨어 보니 엄마가 옆에 없을 때, 골목길에서 큰 개를 만났을 때, 수영장에 처음 가서 깊은 물에 발을 담글 때, 어린이집에 처음 등원할 때 공포를 느낄 수 있다. 또한 유아는 도깨비나 귀신과 같은 가상적 대상에 대해서도 공포를 느껴 이유 없는 공포심이 생겨나 꿈으로 연결되기도 한다.

또한 유아는 현재의 자극은 아니지만 과거의 부정적 경험 때문에 공포 반응을 나타내기도 하고, 경험과 무관하게 부모나 다른 사람이 무서워하는 것을 모방하여 공포심을 갖기도 한다. 예를 들어, 주전자의 끓는 물에 화상 경험이 있는 유아는 주전자에 대해 공포 정서를 가질 수 있다. 또한 어머니가 강아지를 무서워하면 유아도 강아지를 공포의 대상으로 인식할 수 있다.

유아가 공포를 경험할 때 도와줄 수 있는 방법은 다음과 같다(〈표 7-1〉 참조).

〈표 7-1〉 유아기의 공포를 도와주는 방법

공포 유형	공포 극복 방법
괴물 유령 어둠	• 유아가 현실과 실제를 구별할 수 있을 때까지 책이나 TV 속의 무서운 이야기를 들려주거나 보여 주지 않도록 한다. • 유아와 함께 방에서 괴물을 찾아보는 놀이를 함으로써 방에는 아무것도 없다는 것을 알게 해 준다. • 야간 등을 켜 놓고 유아가 잠들 때까지 옆에 있어 준다. • 유아가 보호받는다는 느낌을 갖기 위해 좋아하는 장난감을 껴안고 자게 한다.
어린이집 유치원	• 유아가 기관생활은 재미있어하지만 가기를 싫어한다면 분리불안일 수 있다. 이런 경우에는 따뜻함과 보살핌을 주는 동시에 점진적으로 독립심을 고무시켜 준다. • 유아가 기관을 두려워한다면 무엇을 무서워하는지 알아내도록 노력한다(예: 교사인지, 친구인지, 사람이 많고 시끄러운 환경인지 등). 처음에는 유아와 함께 기관에 머물며 특별한 지지를 제공해 주고 점차 함께 있는 시간의 양을 줄인다.
동물	• 유아가 공포를 유발하는 강아지나 고양이, 혹은 다른 동물에게 가까이 가는 것을 강요하지 않는다. • 유아에게 동물을 어떻게 안아야 하는지, 동물을 안아주면 어떻게 반응하는지에 대해 설명해 준다. • 유아가 동물보다 크다면 '너가 훨씬 크단다. 그 동물이 너를 무서워할 거야!'라며 크기를 강조한다.
격렬한 공포	• 유아의 공포가 매우 격렬하고 오랫동안 지속되어 일상생활을 방해하고 위에서 제시한 방법으로 감소하지 않는다면 이는 공포병(phobia)에 해당한다. • 공포병은 가족문제와 관련된 경우가 많기 때문에 이를 감소시키기 위해서는 전문가와의 상담이 필요하다. • 때로 공포병은 치료를 받지 않은 채 사라지기도 한다.

출처: Berk, L. E. (2001). *Development through the lifespan*, p. 252; 이영 외(2009). 영유아발달, p. 305 재인용.

유아의 정서 대처 지도 방법

유아는 자신의 분노를 표현하기 위해 부적절한 행동을 하기도 한다. 유아의 부적절한 분노 표현 방법은 잘못된 모델링이나 분노 표현 방법을 몰라서 또는 유아가 스스로 자신의 정서를 올바로 이해하지 못해서 비롯된 경우가 많다.

연령이 낮은 유아는 한 번에 한 가지 정서만을 인식하기 때문에 각각의 정서를 강렬하게, 마치 전부인 것처럼 느낀다. 그래서 유아는 화가 나면 심하게 화를 내고, 좋은 감정도 강하게 나타내며, 때로는 자신의 감정을 나타내기 위해 극단적인 신체적 행동을 하기도 한다. 유아의 이런 강한 행동은 사회적으로 수용되지 않기 때문에 부모와 교사는 유아의 강렬한 정서에 대해 유아가 스스로 대처할 수 있도록 도와주어야 한다. 이를 위해 부모와 교사는 다음과 같이 대처하여 도움을 줄 수 있다.

- 유아가 나타내는 강렬한 정서는 인정하지만 파괴적인 행동은 못하게 한다.
- 슬퍼하거나 두려워하는 유아를 위로해 준다.
- 유아가 강렬한 정서를 더 잘 조절할 수 있도록 사건을 재해석하고 다시 설명해 준다.
- 새로운 상황에 대해 유아가 불안하여 강렬하게 반응할 수 있다는 것을 예상하여 유아가 경험할 수 있는 앞으로의 상황에 대해 미리 안내해 준다.
- 유아가 두려워하는 상황을 한꺼번에 또는 갑자기 경험하지 않도록 점진적으로 접근하도록 한다.
- 대화나 현장지도, 시범 보이기 등을 통해 유아가 사용할 수 있는 정서조절전략을 가르쳐 준다.
- 유아가 기관에서 나타내는 정서에 대해 부모에게 알려 주고 대화한다.

유아 스스로 자신의 강렬한 정서에 대처하도록 지도할 때 부모와 교사는 다음의 사항을 주의해야 한다.

- 유아의 정서 상태를 모두 알고 있다는 듯이 말하는 것은 피한다.
- 심술궂다, 고집 세다, 욕심 많다, 속임수를 잘 쓴다 등과 같이 유아를 비난하는 말과 행동을 하지 않는다.
- 유아의 정서를 너무 빨리 분산시키려고 하지 않는다.
- 유아에게 자신의 정서를 말하도록 강요하지 않는다. 취학 전 유아에게 계속 물어 보면 유아는 대답할 능력이 없어 스트레스를 받는다.

출처: Kostelnik, M., Whiren, A., Soderman, A., Stein, L., & Gregory, K. (2002). 유아를 위한 사회정서지도. 박경자, 김송이, 권연희 공역(2005), pp. 180-184; 이영 외(2009). 영유아발달, p. 306 재인용.

(4) 질투

질투는 애정, 분노, 공포가 혼합되어 나타나는 정서로서 애정을 상실했거나 상실할까 봐 두려워하는 경우에 나타난다. 대개 질투는 18개월경 나타나기 시작하여, 2~3세에 가장 많이 나타난다. 그 이후에 질투는 유아의 관심 범위가 넓어지면서 점차 감소하지만 성인기에도 나타난다.

유아는 부모가 다른 아이에게 애정을 표현하면 울거나 삐치는 등의 질투 반응을 보인다. 특히 동생이 태어나 부모의 사랑을 빼앗길 위협을 느낄 때 질투는 절정에 달한다. 그런 경우 유아는 동생을 몰래 괴롭히거나 공격적 행동을 나타내기도 하며 어리광이나 손가락 빨기, 배변 실수와 같은 퇴행 행동을 나타내기도 한다. 또한 어린이집이나 유치원에서 다른 친구들이 더 친하게 지내거나 우수함을 보일 때 질투심을 느끼기도 한다. 그러나 부모의 애정이나 우정에 대한 개념이 안정적으로 형성되고 객관적인 상황에 대한 인지력이 증가하면서 유아의 질투는 점차 감소한다. 질투는 죄책감, 수치심, 자부심 등과 같이 자아 개념을 증진시키거나 손상시키는 자아 의식적 정서 중의 하나다. 그러므로 부모와 교사는 질투의 정서 경험으로 인해 유아의 자아 존중감이 손상되지 않도록 유의한다.

(5) 호기심

호기심은 새롭고 신기한 것을 좋아하거나 모르는 것을 알고 싶어 하는 마음이나 경향으로 유아기에 활발하게 나타나는 정서 중의 하나다. 유아가 3~4세경이 되면 주변의 사물이나 사람에 대해 많은 호기심을 보이기 시작하는데 이런 유아의 호기심은 탐구하는 행위로 이어져 지식을 습득하거나 문제해결력을 기르는 원동력이 된다. 특히 유아는 눈에 보이는 것마다 '왜?'라고 질문함으로써 호기심을 나타낸다. 이런 경우 부모와 교사는 유아의 끊임없는 질문을 귀찮아하거나 방치하지 말고, 어떻게 답할지 몰라 고민하기보다는 탐구심을 격려하고 유아의 눈높이에서 상호작용하려고 노력하는 태도를 보여 주어야 한다. 때로 부모와 교사는 '네 생각에는 왜 그런 것 같니?'라고 되물어 봄으로써 유아 스스로 생각하고 표현할 수 있는 기회를 준다.

2) 정서 이해

정서 이해 또는 정서 인식은 얼굴 표정이나 상황적 단서를 통해 자신과 타인의 진정한 감정을 정확하게 읽고 이해하는 능력이다(Denham, Mitchell-Copeland, Standberg, Auerbach, & Blair, 1997; 송하나, 2011, p. 184 재인용). 여기에는 자신과 타인의 정서 상태를 정확하게 인식하는 것과 이야기 속의 등장인물, 작가나 화가의 정서를 인식하고 표현하는 것뿐만 아니라 정서의 표현 규칙과 위장에 대한 이해까지도 포함한다.

유아기가 되면 상황에 대한 인지능력과 정서를 나타내는 어휘력이 발달하면서 유아는 정서 이해 능력이 증가한다. 유아는 또래의 정서를 파악하고 이해함으로써 그에 적합한 정서 표현을 할 수 있으며, 상대방의 행동을 예측할 수 있게 됨에 따라 본인의 정서와 행동을 조절할 수도 있다. 그러나 아직까지 유아는 자신의 감정이 다른 사람의 감정과 다르다는 것을 잘 구별하지는 못한다.

유아기의 정서 이해 능력의 발달은 몇 가지 특징이 있다.

첫째, 유아는 슬픔과 같은 부정적 정서보다 기쁨이나 좋음, 행복과 같은 긍정적 정서를 더 쉽게 이해한다. 유아가 타인의 긍정적 정서를 이해하는 데는 성인과 유사한 수준을 보이지만, 부정적 정서를 이해하는 데는 아직 서툴다. 3~5세 유아를 대상으로 가장 빈번하게 느끼는 정서가 무엇인지 질문한 연구에서 70% 이상이 기쁨이고, 약 10%만이 슬픔이라고 답했다(이승은, 2010). 연령이 증가하면서 유아는 부정적인 정서와 함께 난처한, 허전한, 뽐내는 등과 같은 보다 복합적인 정서도 이해할 수 있게 된다.

둘째, 유아는 기쁨, 슬픔, 분노, 놀람 등과 같은 단순한 정서를 유발시키는 원인이나 상황에 대해 이해할 수 있다. 유아는 3~4세경이 되면 생일 선물을 받았을 때, 장난감을 빼앗겼을 때 등과 같은 상황에서 이야기 속의 주인공이 어떤 정서적 경험을 할 것인지를 예측할 수 있다. 또한 '아빠가 선물을 줘서 기뻐요.', '친구가 장난감을 빼앗아서 화가 난 거예요.'라고 정서의 원인을 정확하게 판단하고 이야기할 수 있다.

셋째, 유아는 점차 맥락과 정서, 정서와 행동 간의 관련성을 인식하고, 이해할 수 있다. 즉, 상황과 맥락에 따라 타인이 어떤 정서적 경험을 할지, 상대방이 특정 정서를 명확히 표현한 다음에는 어떤 행동을 할 것인지를 예측할 수 있다. 예를 들어, 유아는 친구와 놀다가 상대방이 화가 나면 밀거나 치는 행동으로 연결될 수 있다는 것을 예상할 수 있다.

넷째, 유아는 슬퍼하거나 속상해 하는 타인의 모습을 보고 부정적인 정서를 완화시키거나 없애는 방법을 모색하거나 행동으로 표현할 수 있다. 유아는 친구가 아파하거나 슬퍼할 때 표정과 언어로 동조해 주기도 하고, 안아주기와 같은 행동을 보임으로써 부정적인 정서를 완화시켜 주려고 노력하기도 한다. 또한 유아는 엄마가 슬퍼할 때 엄마가 좋아하는 바람직한 행동을 함으로써 엄마의 기분을 좋게 할 방법을 시도하기도 한다.

다섯째, 유아는 타인이 실제로 느끼는 '내재적 정서'와 외면적으로 표현하는 '외현적 정서'를 구별하는 것을 어려워한다. 예컨대, 유아는 기쁜 표정과 슬픈 표정을 구별할 수는 있지만 실제로 기쁜 상황에 있는 사람이 기쁜 표정을 짓지 않거나 슬픈 사람이 기쁜 표정을 보이면 혼란스러워한다. 또한 유아는 외현적 정서와 일치하지 않는 맥락적 단서를 동시에 제시하면 타인의 정서를 이해하고 판단하는 것을 어려워한다. 예를 들어, 망가진 자전거 옆에서 행복한 표정을 짓고 있는 유아의 사진을 보여 주며 무슨 일이 일어났냐고 질문하면 대부분의 유아는 '자전거 타기를 좋아하기 때문에 기분이 좋아요.'와 같이 얼굴 표정에 초점을 두어 판단한다. 반면, 학령기의 아동은 '자전거가 망가졌는데, 아빠가 고쳐주신다고 해서 행복한 거예요.'라고 답함으로써 상황적 단서와 외현적 정서 표현의 단서를 통합적으로 고려하여 판단할 수 있다.

3) 정서 조절

(1) 정서 조절의 개념 및 중요성

과거에는 정서를 표현하고 이해하는 측면에서 주로 다루었으나 1995년 **골먼** (Goleman)이 정서지능이란 개념을 제시하면서 정서는 사회적 맥락 안에서 인지과정을 통해 조절하고 통제할 수 있는 것이라는 관점으로 확장되었다. **정서 조절**은 자신의 정서가 상황이나 상대방에게 미치는 영향을 고려하여 자극에 대해 발생한 정서적인 반응을 유기체가 스스로 적절한 방식으로 조절하고 변화시킬 수 있는 것이다. 그러므로 정서 조절 능력은 정신 건강뿐만 아니라 원만한 인간관계를 유지하며 사회 속에서 목표를 성취하고 적응하는 데 필수적이다.

유아는 정서 조절 능력을 통해 올바른 생각과 행동을 유지할 수 있으며, 궁극적으로 바람직한 목표를 성취할 수 있다. 유아의 정서 조절 능력은 또래 간 인기도나 리더십과도 관계가 있어 또래 상호작용과 사회성 발달에도 중요한 기초가 된다 (Eisenberg, Pidada, & Liew, 2001). 인생 초기에 형성된 정서 조절 기술은 사회적 기술로 발전하여 이후 대인관계 형성에도 중요한 영향을 미친다.

> **TIP**
>
> ### 정서지능
>
> 정서지능(emotional intelligence)이란 개념은 1990년 뉴햄프셔 대학교의 존 메이어 (John Meyer) 교수와 예일 대학교 피터 샐로비(Peter Salovey) 교수가 처음으로 정의하였다. 지능 지수를 뜻하는 IQ(Intelligence Quotient)와 비교해서 이해하기 쉽도록 EQ(Emotional Quotient)로 표현하기도 한다. 한때 높은 EQ는 '감성이 풍부하다'는 의미로 왜곡·축소되어 사용하기도 했지만 정서지능의 개념은 이보다 훨씬 넓은 의미를 가진다. 정서지능은 한마디로 '정서라는 정보를 이성적으로 처리하는 능력'으로 정의할 수 있다.
>
> 정서지능이 높은 유아는 자신의 상황이나 타인의 상황, 즉 자신과 타인의 감정을 잘 파악하고 받아들일 수 있어 분위기에 맞게 자신의 행동을 조절하고, 상대방의 기분을 상하지 않게 하면서 자신이 원하는 것을 잘 얻어 내기도 한다. 따라서 정서지능이 높은 유아는 대부분 인간관계가 좋다.
>
> 정서지능이 높은 유아는 상대방이나 상황에 대한 이해력이 뛰어나서 주변 환경을 적극적으로 탐색하고 이에 대처하는 능력을 발휘한다. 또한 이런 유아는 자신감 있게 사람들을 이끌며 그들에게 에너지를 불어넣을 줄 알고, 자신의 내적인 힘을 타인과 조화

시킬 줄 알며, 이들을 협동시키는 능력을 통해 리더십을 발휘할 수 있다.

정서지능은 삶에 대한 만족도나 행복에도 큰 영향을 미친다. 행복도 일종의 정서이므로 정서지능이 높은 사람은 자신의 감정 상태를 안정되게 유지하려는 능력이 뛰어나다.

결론적으로 정서지능은 단지 감정을 다스리는 힘이 아니라 사회 속에서 조화롭게 살아갈 수 있는 위대한 힘이다. 부모나 교사는 유아가 성공하고 자신의 삶에 대해 만족하며 행복하게 살기를 바란다면 정서지능을 발달시킬 수 있는 양육과 교육 방식에 대해 심도 있게 고민해 봐야 한다. 정서지능이 결국 유아의 미래를 좌우하기 때문이다.

출처: EBS 〈엄마도 모르는 우리 아이의 정서지능〉 제작팀 황준성, 홍주영(2012). 아이의 정서지능, pp. 26-43 재구성.

(2) 유아기 정서 조절 능력의 발달

정서 조절은 2세경에 나타나기 시작하여 유아기 동안 급격히 증가한다. 정서 인식이 발달하고 복합적인 정서 표현 및 양가감정에 대한 이해가 발달하면서 유아는 점차 덜 극단적으로 정서를 표현한다.

정서 조절의 중요한 측면은 좌절을 참는 것인데 이런 능력은 2세경에 나타나기 시작하여 유아기에 극적으로 증가한다(Bridges & Grolnick, 1995). 좌절을 참는 것은 만족지연과 관계가 있다. **만족지연**이란 스스로 현재의 즉각적인 보상을 지연시켜 미래에 더 큰 보상을 얻기 위해 인내하는 것이다. 유아기에 만족지연 능력이 증가하는데, 여기에는 자신의 부정적인 정서를 통제하는 능력과 더불어 좌절하면서 느끼는 긴장을 감소시킬 수 있는 전략을 습득하는 것이 포함된다. 예를 들어, 선생님이 부스럭거리며 물건을 포장하는 소리를 내면서 선물을 포장하는 모습을 보지 말라고 요청하면, 연령이 많을수록 아동은 허공을 보면서 노래를 흥얼거리거나 손으로 눈을 가리는 등 긴장을 감소시키고 좀 더 견디기 쉬운 상황을 만들기 위한 다양한 전략을 사용한다.

유아기 정서 조절 능력은 인지 및 언어발달과도 관계가 있다. 유치원이나 어린이집에서 친구들이 놀이에 끼워주지 않을 경우, 유아는 '별로 놀고 싶지 않아.' 라고 생각하여 목표를 바꾸거나, 엄마를 기다리면서 '엄마가 금방 온다고 했어.' 라고 혼잣말을 하면서 자신의 정서를 통제하려는 능동적인 노력을 한다.

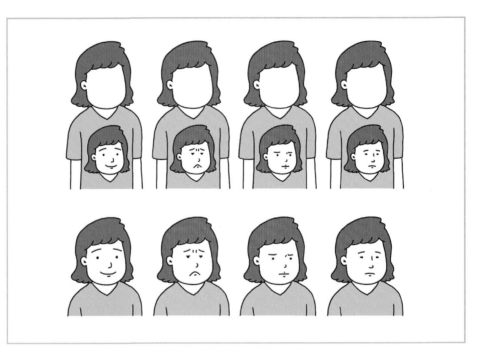

[그림 7-1] 정서조절 측정에서 사용되는 얼굴 표정 그림

설명: 가슴에 그려진 표정이 여자가 실제로 느끼는 정서다. 유아에게 다양한 상황을 들려준 후, 여자가 실제로 느끼는 정서와 외현적으로 보이는 얼굴 표정을 선택하도록 하는 검사다.

출처: Siegler, R., Deloache, J., & Eisenberg, N. (2003). *How Children Develop*. p. 406; 이영 외(2009). 영유아발달, p. 303 재인용.

TIP

만족지연 능력

만족지연이란 미래의 더 큰 보상을 위해 현재의 욕구 만족을 스스로 지연시키고 그 과정을 참는 행동이다. 지금 하고 있는 일이 매우 재미있지만 그 일을 그만둘 수 있는 힘, 현재 하고 있는 일이 너무 지루하지만 그것을 지속할 수 있는 힘, 참고 기다리며 자신을 통제하고 절제할 수 있는 힘, 바로 그것이 만족지연 능력이다.

• 성공의 힘, 마시멜로 효과

만족지연 능력이 가져다주는 성공의 힘을 입증해 준 대표적인 사례가 마시멜로 실험이다. 1966년 스탠퍼드 대학교의 월터 미셸(Walter Mischel) 교수는 4, 5세 유아 653명을 대상으로 실험을 했다. 실험자가 유아에게 마시멜로를 하나씩 주면서 "지금 당장 먹지 않고 15분을 기다리면 하나를 더 주겠다."라고 말한 후 실험실을 나갔다. 실험자가 나가자마자 85%의 유아는 1분도 채 안 돼 마시멜로를 먹었다. 그러나 15%의 유아는 과자에 코를 대고 냄새를 맡으며 맛을 상상하기, 손으로 눈을 가리거나 노래를 부르면서

딴청부리기, 되도록 멀리 떨어져 이리저리 돌아다니기 등과 같이 다양한 방법을 동원하여 눈앞의 마시멜로를 먹고 싶은 유혹을 참아냈다. 일부는 연령이 어린데도 불구하고 자신만의 방법으로 끝까지 참았다.

　15년 후인 1981년 미셸 교수는 실험에 참가했던 유아들이 십대가 되었을 때 그들을 추적조사하여 얻은 연구결과를 발표했다. 먹고 싶은 유혹을 참고 견딘 유아는 견디지 못한 유아보다 교우관계가 더 원만하고, 대학진학적성시험(Scholastic Assessment Test: SAT) 성적도 더 높아 가정과 학교에서 훨씬 우수한 적응력을 보이는 것으로 드러났다. 미셸 교수의 연구는 어릴 때의 만족지연 능력이 성인이 되었을 때의 성공을 예측할 수 있는 결정적인 단서가 될 수 있다는 것을 보여 주는 결과다. 이후 이와 유사한 연구결과에 따르면 만족지연 능력은 매우 강력해서 지능지수보다 더 예측력이 뛰어나고, 인종이나 민족에 따른 차이도 없다.

　유아가 마시멜로 실험에서 왜 참거나 참지 못한 차이가 나타났을까? 이를 규명하기 위해 미셸 교수는 후속 연구를 실시하였다.

• 단지 뚜껑만 덮었을 뿐인데

　미셸 교수는 1980년대에 두 번째 실험을 했다. 1960년대의 첫 번째 실험과 똑같이 진행했으나 이번에는 유아에게 보여 준 마시멜로 그릇에 뚜껑을 덮었다. 그 결과, 마시멜로 그릇에 뚜껑을 덮어 놓아 유아가 직접 보지 못하게 한 것만으로도 유아가 참고 기다리는 시간이 약 두 배로 길어졌다. 뚜껑을 덮지 않았을 때의 기다리는 시간은 평균 6분 이하였으나, 뚜껑을 덮어두자 평균 11분 이상을 기다렸다.

1960년대 첫 번째 실험에서 오래 기다린 유아는 마시멜로를 보지 않으려고 손으로 눈을 가리거나 자신의 머리카락으로 눈을 덮는 등의 여러 가지 흥미로운 행동을 했다. 이런 유아는 스스로 마시멜로를 쳐다보지 않으려는 행동을 했고, 두 번째 실험에서는 성인이 마시멜로를 보지 않도록 환경을 만들어 준 것이다. 또한 기다리는 동안 어떤 생각을 하는지가 참고 견디는 시간에 영향을 줄 것이라는 가정하에 유아에게 재미난 일을 생각하라고 지시했다. 그 결과, 재미난 생각을 하도록 지시 받은 유아는 마시멜로가 눈에 보이건 보이지 않건 간에 별 차이 없이 평균 13분 정도를 기다렸지만, 생각하라는 지시를 받지 않은 유아는 1차 실험과 같은 결과를 나타냈다. 즉, 1960년대 실험에서 만족지연을 오래 한 유아는 시키지 않았어도 혼잣말하기, 노래하기, 손과 발을 사용해 놀기 등 스스로 재미난 놀이를 만들어냈다. 2차 실험에서 유아에게 재미있는 생각을 하라고 했던 지시가 1차 실험에서의 만족지연 효과와 비슷하게 나타난 것이다.

• 기다렸다 먹는 것보다 지금 먹는 것이 더 이익이야

2012년 록펠러 대학교 키드팀은 또 다른 마시멜로 실험을 했다. 이 실험은 마시멜로를 눈앞에 두고 기다릴 수 있는 아이와 기다릴 수 없는 아이가 생긴 원인을 규명하였다. 연구진은 3~5세 유아 28명에게 컵을 예쁘게 꾸미는 활동을 할 것이라고 설명한 후 크레용이 있는 책상으로 데리고 가서 조금만 기다리면 다른 미술 재료를 줄 거라고 말했다. 연구자는 28명의 유아를 똑같이 두 집단으로 나누고 한 집단에는 새로운 미술 재료를 주고(신뢰할 만한 환경), 다른 집단에는 재료가 있는 줄 알았는데 없다고 사과하며 새로운 재료를 주지 않았다(신뢰할 만한 않은 환경). 그런 후 두 집단의 유아에게 고전적인 마시멜로 실험을 했다. 그 결과, 신뢰할 만한 환경의 유아는 평균 12분을 기다렸는데, 이 중 9명은 실험이 끝날 때까지 마시멜로를 먹지 않았다. 신뢰할 만하지 않은 환경의 유아는 평균 3분을 기다렸고, 이 중 단 한 명만이 실험이 끝날 때까지 마시멜로를 먹지 않고 기다렸다. 신뢰할 만한 환경을 경험한 유아는 신뢰할 만한 않은 환경을 경험한 유아보다 네 배 이상의 시간을 참고 기다렸다. 신뢰할 만한 환경이 유아의 만족지연 능력을 향상시킨 것이다. 기다렸다가 약속했던 2개의 마시멜로를 먹을 수 없고 처음부터 있었던 1개의 마시멜로밖에 먹을 수 없다면 왜 기다리는 수고를 하겠는가? 당장 먹는 것이 이익인데!

15분을 견디지 못한 유아를 참을성이 없다고 명명하는 대신에 마시멜로 그릇에 뚜껑을 덮어 놓은 것만으로 두 배 이상의 시간 동안, 성인이 약속을 지킨다는 것을 경험한 것만으로 네 배 이상의 시간 동안 참을성을 보여 주는 유아로 만들 수 있는 것이다. 인내력, 절제력, 통제력이 있는 유아 뒤에는 인내력, 절제력, 통제력을 발휘할 수 있도록 환경을 만들어 준 성인이 있다.

삶은 수많은 마시멜로 실험의 연속일 수 있다. 그때마다 부모나 교사가 마시멜로 그
릇에 뚜껑을 덮어 줄 수도 없고, 그때마다 약속한 마시멜로를 얻을 수도 없을 것이다.
그러나 유아가 아직 부모나 교사의 품 안에 있고, 유아의 두뇌가 마시멜로처럼 말랑말
랑할 동안은 뚜껑을 덮어 주고 약속을 지키는 일이 비교적 수월하다.

출처: 김미라(2012). 네이버캐스트: 마시멜로 실험 이야기 재구성.

4. 정서발달을 위한 부모 및 교사의 역할

최근 들어 삶의 질과 조화로운 인성을 강조하면서 유아기의 정서발달에 대한 관
심이 증가하고 있다. 원만한 사회생활을 하는 데 있어 자신의 정서를 이해하고 조절
하며 정서적 상호작용을 통해 타인과 긍정적이고 만족스러운 상호관계를 맺고 유지
하는 정서적 유능성의 발달은 매우 중요하다. 정서적 유능성은 생의 초기에 발달되
어야 하는데 일차적 양육책임자인 부모와 교사의 바람직한 상호작용을 통해 더 잘
발달될 수 있다.

1) 유아의 기질적 특성 고려하기

유아는 성인에 비해 욕구 충족을 지연하거나 좌절감을 완충시키는 능력이 적다.
유아는 선천적으로 어떤 기질적 특성을 가지고 태어난다. **기질**은 유전의 영향을 받
는 생득적 요인이지만 부모나 교사는 개별 유아의 기질을 제대로 파악하여 이에 적
합하게 반응하는 것이 중요하다. 먼저 까다로운 기질의 유아는 요구 사항이 있으면
더욱 참기 어려워 부모나 교사는 더 신속하게 반응하고 대처해야 한다. 부모나 교사
자신이 까다로운 기질이 아니라면 까다로운 기질을 가진 유아에게 필요한 도움이
무엇인지 더 주의를 기울이고 살펴봐야 한다. 다음으로 느린 기질의 유아는 부모나
교사가 다른 유아와 비교하기보다는 수용적으로 기다려주는 것이 좋다. 느린 기질
의 유아는 새로운 활동에 적응하는 것이 느리거나 자발적 참여도 더디므로 여러 번
학습할 기회를 주는 등의 배려를 해 주어야 한다. 마지막으로 순한 기질의 유아는
까다롭고 요구가 많은 유아에 비해 상대적으로 부모나 교사가 소홀하게 대할 확률

이 크므로 의도적으로 유아의 정서 표현에 대해 지속적인 관심을 가져야 한다.

2) 유아의 정서에 대해 공감하고 존중하기

유아기에 접어들면서 유아는 자신뿐만 아니라 다른 사람도 다양한 정서를 나타낸다는 것을 인식하며 이에 대해 공감하고 적절하게 반응하는 능력이 발달한다. 따라서 부모나 교사는 무엇보다 먼저 유아의 정서를 있는 그대로 받아들여 수용하고 공감해 줄 필요가 있다. 개인의 정서는 주관적인 측면이 많으므로 유아가 화를 내거나 분노를 부적절하게 표현하더라도 부모나 교사는 일단 공감해 주는 것이 좋다. 또한 부모나 교사는 객관적인 잣대로 비판하거나 바람직한 해결을 위해 설득하기보다는 있는 그대로 유아가 나타내는 정서를 수용한 후 공감을 통해 유아 스스로 또는 부모나 교사와 함께 해결안을 도출해 나감으로써 유아의 정서발달을 도와주어야 한다.

3세 이후 자아 개념이 발달하면서 유아는 **자기 의식적 정서**(self-conscious emotions)를 경험한다. 자기 의식적 정서는 자아를 강화시키거나 약화시키는 정서로서 수치, 당황, 죄책감, 자랑스러움 등과 같은 것을 예로 들 수 있다. 유아는 주로 성인의 피드백과 지시를 통해 자기 의식적 정서를 발달시키므로 부모나 교사는 유아가 긍정적 자아개념을 형성할 수 있도록 공감하고 존중해 주어야 한다. 자아 개념을 형성함으로써 유아는 자아 존중감이 발달하게 되고, 나아가 타인과 더불어 생활하는 기초적인 능력과 태도를 형성할 수 있다.

3) 정서를 명료화하고 함께 이야기 나누기

인간은 발달 단계마다 특정한 정서를 경험하는데 유아기도 예외가 아니다. 유아는 아직 인지적으로 자신의 정서를 파악하고 언어적으로 표현하는 것이 능숙하지 않다. 그러므로 부모는 유아가 자신의 정서를 민감하게 인식할 수 있도록 도와주고, 그 의미를 언어로 표현해 주어 유아가 정서 이해와 정서 표현을 할 수 있도록 도와주어야 한다. 예컨대, 장난감가게에서 유아가 표정이 굳어지며 얼굴이 붉어질 때, '원하는 장난감을 사주지 않아 화가 났구나.' 와 같이 부모는 유아의 마음을 읽고 언어로 표현해 준다. 또한 자신의 정서를 적합한 어휘로 표현할 수 있는 유아는 부정적인 정서를 더 잘 표현하고 나아가 또래와의 갈등 상황을 줄일 수 있으므로 부모는 유아가 정서와 관련된 다양한 어휘를 습득하도록 도와주고 이를 사용하여 표현하는 것을 격려해 주는 것이 좋다.

유아기에 정서를 명료화하고 함께 공유하는 경험이 필요하다는 것은 누리과정 중 사회관계 영역에 해당하는 목표와 내용에 포함되어 있다. 즉, 3-5세 누리과정 중 사회관계 영역의 내용으로 '나와 다른 사람의 감정을 알고, 자신의 감정을 적절하게 표현하고 조절하기'가 있다. 그러므로 교사는 유아가 정서이해와 정서표현을 발달할 수 있도록 다음과 같은 보육·교육경험 기회를 제공해 줄 수 있다(교육과학기술부, 인천광역시유아교육진흥원, 2014, p. 109).

- 교사는 유아가 슬프고, 기쁘고, 행복하고, 화나고, 속상하고, 실망하는 등 자신의 감정을 알고 이를 말로 표현할 수 있도록 지도한다. 또한 교사가 다양한 감정을 적절하게 표현하는 본보기를 유아에게 보여 주어 유아가 다양한 감정 상태를 알고 적절하게 표현하도록 지도한다.
- 교사는 유아가 잘 관찰할 수 있는 장소에 남녀노소가 다양한 감정을 표현하고 있는 사진이나 그림을 게시하여 유아가 다양한 종류의 감정에 대해 관심을 가질 수 있도록 기회를 제공한다.
- 교사는 유아가 다른 사람의 감정에 관심을 갖도록 주의를 환기시키고 친구의 감정은 다를 수 있다는 것을 알게 한다. 또한 성인이나 친구의 감정을 읽어 주어 다른 사람의 감정 차이를 구분하는 기회를 제공한다.
- 교사는 유아가 다른 사람의 감정을 공감할 수 있도록 학급에서 일어난 갈등해결 상황이나 일상생활 중 기쁘거나 슬픈 감정과 관련된 상황을 활용한다.
- 교사는 유아에게 긍정적인 표현뿐만 아니라 부정적인 표현도 필요한 상황이 있다는 것을 알려준다. 또한 교사는 부정적인 감정은 사회적으로 수용 가능한 방법으로 표현해야 한다는 것을 알려 준다.
- 사람은 화가 나거나 너무 기뻐도 눈물이 날 수 있고, 속상하지만 괜찮다고 표현하는 것과 같이 복합적인 감정이 있으므로 교사는 유아가 이를 죄책감 없이 수용할 수 있도록 한다.

4) 가정과 연계하여 정서발달 지원하기

유아의 정서발달을 돕기 위해서는 기관과 가정이 연계하여 지원하는 것이 좋다. 기관과 가정이 밀접한 상호작용을 통해 일치된 가치를 실현할수록 교육적 효과가 크다. 기관에서 실시하고 있는 정서교육을 가정통신문을 통해 공유하고 기관별 특성에 적합한 부모교육 프로그램에 정서교육을 포함시켜 실시하는 것이 바람직하다. 부모는 부부 갈등이나 동생의 출생 등 유아의 정서 상태에 변화를 줄 수 있는 사건이 생기면 교사와 정보를 공유하고 도움을 요청하는 것이 좋다.

TIP

자녀의 감정에 대처하는 부모의 네 가지 양육 방식

워싱턴 주립대학교의 존 가트맨(John Gottman) 교수는 부모의 양육 방식을 축소전환형, 억압형, 방임형, 감정코치형의 네 가지로 분류했다.

• 축소전환형 부모

자녀가 느끼는 감정을 대수롭지 않게 생각하고 제대로 공감해 주지 않으며 다른 곳으로 관심을 돌리는 부모 양육 방식이다. 자녀가 부모에게 '어떤 친구가 와서 장난감을 빼앗아 갔어요.' 라고 말하면, 그냥 '걱정하지 마. 돌려줄 거야.' 라고 말하는 것을 예로 들 수 있다. 이런 경우 자녀는 자신의 감정이 옳지 않고 부적절하며, 타당하지도 않다고 느끼게 되고, 부모는 자녀의 부정적인 감정을 긍정적인 것으로 능숙하게 바꾸기도 하지만 자녀의 감정을 제대로 이해하지 못하는 것이다. 이런 부모 밑에서 자란 자녀는 자신의 감정을 인정받기 위해 감정을 과장해서 표현하거나 사소한 감정을 숨기게 된다.

• 억압형 부모

자녀의 감정을 무시할 뿐만 아니라 자녀의 감정 표현이 옳은지 그른지 판단하고 비판하는 부모 양육 방식이다. 축소전환형 부모와 많은 행동이 유사하지만 좀 더 부정적이다. 특히 자녀가 부정적인 감정을 드러내면 비난하거나 화를 내고 벌을 주며 복종하기를 요구한다. 예를 들면, '누가 울라고 그랬어. 뚝 그치지 않으면 혼날 줄 알아!' 라는 식으로 말한다. 부모가 이와 같은 태도로 양육할 경우 자녀는 슬픔이나 두려움, 분노 같은 부정적인 감정에 대처하는 법을 배우지 못한다.

• 방임형 부모

자녀의 모든 감정 표현을 거리낌 없이 받아 주며, 부정적 감정을 경험하는 자녀를 위로하지만 자녀에게 감정에 대해 가르치거나 문제해결 방법을 가르치지 않는 부모 양육 방식이다. 자녀는 자신의 감정을 자유롭게 표현해도 그 감정을 조절하는 방법을 잘 모른다. 특히 자녀는 화가 나거나 슬프거나 무서울 때 어떻게 마음을 진정시켜야 하는지, 어떻게 하는 것이 적절한 행동인지 잘 모른다. 자녀는 감정을 조절하는 방법을 터득하지 못하여 집중력이 부족하고 친구를 사귀거나 다른 사람과 사이좋게 지내는 것을 어려워한다.

• 감정코치형 부모

자녀가 '감정'이라는 세계를 잘 헤쳐 나갈 수 있도록 길잡이 역할을 하며 스스로 문제해결 방법을 찾아내도록 도와주는 부모 양육 방식이다. 부모는 자녀의 감정을 존중하며 공감해 주고, 자녀 스스로 감정을 잘 표현하도록 도와준다. 또한 부모는 자녀의 감정에 대해 어떤 행동을 취해야 하는지 잘 알기 때문에 부정적 감정 표현에도 당황하거나 걱정하지 않고, 오히려 자녀의 부정적 감정의 세계가 양육 방식의 중요한 영역이라고 생각한다. 이와 같이 감정을 받아 주고 그 감정들을 적절하게 처리할 수 있는 방향을 제시해 주는 부모 밑에서 자란 자녀는 자신의 감정을 신뢰하게 되며 정신적으로 건강하다. 또한 이런 양육 방식에서 자란 자녀는 자신의 감정을 솔직하게 표현할 수 있으므로 스트레스도 훨씬 적게 받고, 감정을 조절하고 문제를 해결하는 방법을 터득하여 자긍심이 높고 학습 능력도 뛰어나며 다른 사람과의 관계도 원만하다.

축소전환형, 억압형, 방임형의 세 가지 부모 양육 방식은 자녀에게 부정적 감정과 스트레스를 주기 때문에 자녀는 자신감 결여와 집중력 부족과 같은 문제를 경험하기 쉽다. 반면, 감정코치형 부모는 사랑과 공감어린 이해로 자녀를 경청하고 함께 해결책을 모색하므로 자녀는 존중받는다는 느낌을 갖는다. 자녀가 부모로부터 존중받는다는 느낌을 갖는 것은 매우 중요하다. 부모에게서 존중받는 자녀만이 다른 사람을 진정으로 존중할 수 있다.

출처: Gottman, J. M. (1998). 내 아이를 위한 사랑의 기술. 남은영 공저 및 감수(2007), pp. 60-90 재구성.

참고문헌

교육과학기술부, 인천광역시유아교육진흥원(2014). 3-5세 연령별 누리과정 운영 지원을 위한 교사
　　연수 자료집. 서울: 교육과학기술부, 인천광역시유아교육진흥원.

김기현, 김미애, 김선숙, 전은화, 황윤숙(2014). 유아발달. 경기: 공동체.

김미라(2012). 네이버캐스트: 마시멜로 실험 이야기. http://navercast.naver.com/contents.nhn?rid=
　　133&contents_id=16023에서 2014년 12월 16일 출력함.

송하나(2011). 유아의 우울과 정서이해와의 관계에 대한 연구: 연령차와 성차를 중심으로. 유아
　　교육연구, 31(4), 183-199.

이승은(2010). 유아의 정서에 관한 연구: 정서이해, 정서유발원인, 표현방식, 연령차를 중심으
　　로. 유아교육연구, 30(6), 67-94.

이영, 이정희, 김온기, 이미란, 조성연, 이정림 외(2009). 영유아발달. 서울: 학지사.

존 가트맨(2007). 내 아이를 위한 사랑의 기술. 서울: 한국경제신문.

EBS 〈엄마도 모르는 우리 아이의 정서지능〉 제작팀 황준성, 홍주영(2012). 아이의 정서지능. 서
　　울: 지식채널.

Berk, L. E. (2001). *Development through the lifespan*. Boston: Pearson Education.

Bridges, K. M. (1930). Genetic theory of emotions. *Journal of Genetic Psychology*, *37*, 514-
　　527.

Bridges, L., & Grolnick, W. (1995). The development of emotional self-regulation in infancy
　　and early childhood. In N. Eisenberg (Ed.), *Social development: Review of child*
　　development research (pp. 185-211). Thousand Lakes, CA: Sage.

Darwin, C. (1877) A biographical sketch of an infant. *Mind*, *2*, 285-294.

Denham, S. A., Mitchell-Copeland, J., Standberg, K., Auerbach, S., & Blair, L. (1997). Parental
　　contributions to preschoolers' emotional competence: Direct and indirect effects.
　　Motivation and Emotion, *21*, 65-86.

Ekman, P. (1973). Cross-cultural studies of facial expression. In P. Ekman (Ed.), *Darwin and*
　　facial expression. New York: Academic Press.

Eisenberg, N., Pidada, S., & Liew, J. (2001). The relations of regulation and negative
　　emotionality to Indonesian children's social functioning. *Child Development*, *72*(6),
　　1747-1763.

Gottman, J. M. (1998). 내 아이를 위한 사랑의 기술. 남은영 공저 및 감수(2007). 서울: 한국경제신문.

Goleman, D. (1995). *Emotional intelligence*. New York: Bantam Books.

Izard, C. E. (1994). Innate and universal facial expressions: Evidence from developmental and cross-cultural research. *Psychological Bullentin, 115*, 288-299.

Kostelnik, M., Whiren, A., Soderman, A., Stein, L., & Gregory, K. (2002). 유아를 위한 사회정서 지도. 박경자, 김송이, 권연희 공역(2005). 경기: 교문사.

Lewis, M., & Michalson, L. (1983). *Children's emotions and moods: Developmental theory measurement*. New York: Plenum Press.

Meyer, S., Raikes, H. A., Virmani, E. A., Waters, S., & Thompson, R. A. (2014). Parent emotion representations and the socialization of emotion regulation in the family. *International Journal of Behavioral Development, 38*(2), 164-173.

Saarni, C., Mumme, D. L., & Campos, J. J. (1998). Emotional development: Action, communication, and understanding. In W. Damon, R. M. Lerner, K. Deanna, R. S. Siegler, N. Eisenberg, I. E. Sigel, & A. K. Renninger, (5th ed.). *Handbook of child psychology, Vol. 3* (pp. 237-309). New York: John Wiley & Sons.

Siegler, R. S., Deloache, J. S., & Eisengerg, N. (2003). *How Children Develop*. New York: Worth Publishers.

Watson, J. B. (1930). *Behaviorism*. New York: W. W. Norton and Company.

chapter • 08 •

사회성발달

걸음마기를 지나 유아기에 접어들면서 자아, 성역할 행동, 도덕성, 사회 인지 능력이 본격적으로 발달하는데 이는 성공적인 대인관계를 형성하는 기초가 된다. 자아 발달은 유아가 한 인간으로서 자기 자신의 독특함을 인식하고 이에 대한 느낌이 발달해가는 과정이다. 자아가 발달하는 과정에서 함께 발달하는 것이 성 정체감이다. 성에 대한 인식은 사회문화적으로 부여되는 성역할 행동의 습득으로 이어진다. 한편, 도덕성은 옳고 그름에 대한 기준을 습득하고 그것을 행동으로 옮기는 과정이며 선한 태도를 내면화하는 것도 도덕적 자아를 발달시키는 데 필수적인 요소다. 사회인지는 유아가 다른 사람을 이해하고 대인관계를 효율적으로 유지해 나가는 데 필수적인 인지능력이다.

이 장에서는 유아의 자아 개념과 자아존중감, 성차 및 성역할 행동의 발달, 도덕 기준의 발달, 사회 인지능력의 근간이 되는 마음 이론과 역할 수용 능력의 발달, 효율적인 대인관계를 위한 기본 요소, 친사회적 행동과 공격성의 발달 양상을 살펴보며, 사회성발달을 위한 부모와 교사의 역할에 대해 알아보고자 한다.

1. 자아의 발달

2. 성차의 발달

3. 도덕성의 발달

4. 사회적 능력의 발달

5. 사회성발달을 위한 부모 및 교사의 역할

사회성발달

1. 자아의 발달

자아감(sense of self)은 다른 사람과 구별되는 자기 특성을 인식하는 것이다. 자신이 어떤 사람인지를 아는 것에서부터 자기 자신에 대한 느낌과 판단에 이르기까지 총체적인 자아 지각을 말한다. 유아가 개별적 존재로서 자아를 인식하게 되면 다른 사람과의 관계 속에서 자기가 어떤 모습인지도 알게 되고 앞으로 어떤 모습이 되어야 할지에 대한 감각도 익히게 된다. 뿐만 아니라 자기에 대한 지식이 자라나면서 다른 사람에 대한 지식도 생기고 대인관계 이해력도 조금씩 발달해나간다. 이런 점에서 자아 발달은 장기적으로 개인의 사회 적응력에 중요한 영향을 미친다.

1) 자아 개념

일반적으로 '나는 누구인가?' 라는 질문에 대한 대답이 자아 개념이다. **자아** 개념은 다른 사람과 자기 존재를 구별하여 인식하는 것에서부터 발달한다. 처음에는 자기 모습이 남과 다르다는 것을 깨닫다가 2세가 되면 자기 속성이나 자기의 행동을 말로 표현하게 된다. 그 후 겉모습과 단편적인 행동 면에서 자기를 묘사하다가 점차 세부적이고 심리학적인 면으로 옮겨 간다. 유아기의 자아 개념 발달은 대략 두 단계를 거친다(Harter, 2012).

먼저 3, 4세경 유아는 겉으로 보이는 신체 특징(예: 나는 얼굴이 동그라미야!) 또는 좋아하는 것(예: 나는 피자를 좋아해, 나는 수영을 좋아해), 소유물(예: 나는 고양이가 있어, 나는 오빠 있어)로 자신을 묘사하고, 자기 능력에 대해서는 과대평가하여 말한다. '숫자를 잘 센다', '잘 달린다.' 라고 말할지라도 실제로는 3까지밖에 못 세거나 다른 또래에 비해 더 잘 달리지 못하는 경우도 많다. 한편, 유아는 겉으로 보이는 모습이나 놀이 활동 면에서 자기를 기술하지만 때로는 심리 상태나 정서를 표현하기도 한다. 예를 들면, 4세 유아가 '나는 무섭지 않아, 나는 항상 행복해.' 라는 말을 하는 경우다.

5세에서 7세 유아는 주로 능력 면에서 자신을 묘사한다. 즉, 유아는 '나는 달리기를 잘 하고, 공부를 잘 해.' 라는 식으로 몇 가지 영역을 나누어 잘하는 것을 나열한다. 그렇다하더라도 '잘한다' 와 '못한다', '똑똑하다' 와 '똑똑하지 않다' 등과 같이 반대 개념을 가지고 판단하지 않고 전적으로 잘하든지 전적으로 못하든지 둘 중 한 가지만으로 판단한다. 여전히 유아는 자기 능력에 대해 매우 긍정적이고 과대평가한다.

[그림 8-1] 유아의 자아 개념

2) 자아존중감

자아존중감(self-esteem) 또는 자기 가치감은 자아에 대한 스스로의 평가 결과다.

즉, '내가 얼마나 괜찮은 사람인가'에 대한 주관적 대답이다. 자아 개념과 자아존중감은 서로 관련되어 있는데, 자신의 부정적 특성에 초점을 두는 사람들은 자아존중감이 낮고 자신의 특성 중 좋은 점에 더 무게를 두는 사람들은 자아존중감이 높다.

유아기에는 실제적인 능력이나 성취가 아니라 유아가 스스로에 대해 '나 이거 하는 거 좋아해. 내가 지금 이거 만들고 있어'와 같은 '창조하고 열심히 하는' 느낌, 즉 에릭슨(Erikson)의 용어로 말하자면, '**주도성**'을 경험하는 것이 긍정적 자아개념 형성에 도움이 된다. 그러나 유아가 주도성을 발휘하는 과정에서 비판받는 경우가 많으면 유아는 점점 스스로 시도하는 것을 중단하고 사소한 일에도 성인의 허락을 받아야 한다고 생각하면서 부정적인 자아개념을 발달시키게 된다.

유아는 자아존중감이 높을 때 성취하고자 하는 마음이 더 생기지만, 자아존중감이 자기가 한 일의 결과에 의해 좌우되는 경우에는 성취 동기에 오히려 부작용을 일으킬 수도 있다. 성공 여부에 따라 자아존중감이 좌우되는 유아는 실패할 때 의기소침해진다. 이런 경우 유아는 자기가 무엇인가를 제대로 못 해내거나 친구 사이에서 거부되면 새로운 방법을 시도해 보기보다는 그대로 계속 같은 방법을 반복하다가 포기해버린다. 유치원이나 초등학교 저학년 아동의 약 1/3 또는 1/2은 이런 무기력한 태도, 즉 '**학습된 무기력**(learned helplessness)'이라고 일컬어지는 양상을 보인다(Burhans & Dweck, 1995). 이런 아동은 자기가 못 할 거라고 미리 생각하기 때문에 노력도 하지 않는데, 아동기에는 실패에 대해 자기가 '멍청하다'는 식으로 생각할 수 있고, 유아기에는 '나쁜 아이'라는 식으로 해석하기도 한다. 더욱이 이런 나쁜 사람인 것 같은 생각은 어른이 되어서도 지속될 수 있다(Martorell et al., 2014, p. 304).

이와는 대조적으로 자아존중감이 성공에 좌우되지 않고, 자기가 기울인 노력과 과정에 자부심을 갖는 유아는 실패나 실망감의 원인을 외부 요인으로 돌리거나 더 열심히 노력해야한다는 방향으로 생각한다. 이런 유아는 처음에는 성공하지 못하더라도 꾸준히 좋은 방법을 발견할 때까지 새로운 전략을 시도한다(Pomerantz & Saxon, 2001).

진정한 자아존중감을 형성하도록 돕는 칭찬

'너 참 똑똑하구나.' '네가 축구팀에서 최고야.' '정말 색칠 잘 했네.' 와 같은 말은 과연 유아의 자아존중감과 성취동기를 높이는가? 연구결과를 살펴보면, 유아의 재능이나 지능을 칭찬하는 것은 성공하고자 하는 동기를 높이지는 않는다. 오히려 그런 칭찬은 실망을 더 많이 하게 한다.

재능과 노력 중 어느 것을 칭찬하는 것이 과제수행력에 더 효과적인지를 알아보는 연구(Mueller & Dweck, 1998)에서 쉬운 퍼즐을 이용한 지능검사를 했다. 한 집단에게는 영리하다고 칭찬했고, 다른 집단에게는 열심히 노력했다고 칭찬했다. 계속되는 검사에서 영리하다고 칭찬받은 유아는 어려운 과제를 주면 피하려 하고, 과제수행에 실패했을 때는 그것을 자신들이 영리하지 않기 때문이라고 받아들였다. 최종 지능검사에서 처음 것과 같은 과제를 주었을 때 영리하다고 했던 집단의 유아는 처음 시도했을 때보다도 20%를 더 못했지만, 열심히 노력했다고 칭찬받았던 집단의 유아는 30% 정도까지 더 잘 했다. 이런 연구 결과는 부모가 자녀에게 영리하다거나 재능있다고 꼬리표를 붙이게 되면 자녀는 칭찬에 얽매이는 사람이 될 수 있다는 것을 시사해 준다. 이런 유아의 자아존중감은 내면에 있는 것이 아니라 외부에서 빌리는 격이 된다.

노력을 통해서 능력을 발달시킬 수 있다는 '성장마인드(growth mindset)'[1]를 아이들에게 증진시키는 것이 좋다. 부모는 자녀가 과제를 풀어나가느라 씨름하는 과정 자체와 그 노력에 초점을 두어야 한다. 유아의 재능이나 지능이 아니라 시도한 방법에 초점을 두면서 진전되고 있는 것에 대해 칭찬해야 한다. 칭찬은 구체적이고 진지해야 한다. 과장하거나 가짜로 칭찬하지 말아야 한다. 능력을 칭찬하기보다는 자기 개선을 칭찬해 주고 사회적으로 바람직한 행동을 보일 때 칭찬해야 한다. 부모가 한발 짝 물러서서 유아 스스로 문제를 해결해 보도록 격려하고 그렇게 하는 노력을 칭찬하는 것이 진정한 자아존중감을 형성하도록 돕는 길이다(Dweck, 2008).

3) 가족과 사회 환경의 영향

부모나 교사는 유아에 대해 묘사하거나(예: '너는 멋있는 여자애야.' '너는 매우 똑똑한 남자야.' 등) 유아의 행동을 평가함으로써(예: '네가 잘못했어. 오빠가 동생 장난감을

---

1) Dweck (2008)에 의하면, 성장마인드는 헌신과 노력을 통해 기본적인 능력들이 길러질 수 있다고 믿는 태도다. 대조적으로, 고정마인드(fixed mindset)는 타고난 재능이나 지능이 성공을 만든다고 생각하는 태도다.

뺏으면 안 되지.' 등) 유아의 자아 개념과 자아존중감 형성에 영향을 준다. 오래전 연구(Coopersmith, 1967)에서, 부모가 애정을 가지고 자녀의 마음을 받아주고 자녀와 함께 많은 활동을 하고, 규칙은 분명하면서 일관성 있게 지키고, 윽박지르지 않고, 가족의 일을 결정할 때 자녀의 의견을 존중하는 경우에는 이런 점들이 결여되어 있는 집안의 유아보다 초등학교 또는 청소년기에 자아존중감이 더 높았다.

사회화 과정에서 문화가 아동의 자아 개념에 흔적을 남기기도 한다. 즉, 개인주의 가치관을 가지고 있는 사회는 유아로 하여금 자기 자신의 내면에 있는 동기나 감정에 초점을 두도록 가르치고, 유아가 자신의 생각과 행동에 대한 자신감을 가지고 분명한 자기 가치감을 갖도록 격려한다. 반면, 집단주의 가치관을 가지고 있는 사회는 유아로 하여금 자기 가족이나 소속 사회가 이룬 성취에 자부심을 갖도록 가르침으로써 자신이 어떤 집안 출신이며 친척 중에 어떤 사람이 있는지에 대해 의미를 부여하게 만든다(Markus & Kitayama, 1991).

TIP

문화가 반영된 자기 표현

두 아이가 자기 자신을 표현하는 방법을 비교해 보자.

"나는 훌륭하고 정말 똑똑한 사람이며, 재미있고 웃기는 사람, 친절하고 착한 사람, 공부 잘하는 사람이다."

"나는 어린이이고, 카드놀이를 좋아한다. 엄마와 아빠의 자식이고, 할머니와 할아버지의 손자다. 나는 열심히 공부하는 좋은 아이다."

앞의 두 가지 예 중에 어느 것이 개인주의 사회 출신 아이의 자기표현일까? 전자다. 6세 유럽계 미국 유아는 자신을 개인적인 관점에서 묘사했다. 반면 같은 나이의 중국 아이는 자기 자신의 개인적인 특성을 언급하지만 가족 속에 있는 점을 강조했다(Wang, 2006, p. 182).

유아는 어떻게 이런 문화적인 방법으로 자신을 표현하게 되었을까? 이는 미국과 중국 엄마가 3세 자녀와 대화하면서 자녀가 경험했던 것을 떠올리며 이야기하는 장면에서 찾아볼 수 있다(Wang & Ross, 2007). 미국 엄마는 자녀에게 초점을 맞추어 자녀가 무엇을 했는지에 대해 자녀의 개성을 칭찬하면서 개인적인 독특함과 자율성을 보인 일들을 회상하면서 대화했다(예: '휴가 갔을 때 할머니집 근처에서 너 수영하러 갔었지? 그때 너 진짜 멋있게 해냈던 게 뭐였지? 물에 점프해서 들어갔던 거 처음 해 본 거였잖

아. 그리고 수영해서 누나가 있는 곳까지 건너갔었지. 그거 다 너 혼자 힘으로 해냈어.'). 반면, 중국 엄마는 자녀와 함께 했던 활동에 초점을 두고 그때 엄마가 무엇을 어떻게 해 주었는지에 대해 떠올리며 대화했다(예: '엄마가 너와 함께 커다란 버스 타고 스키장에 갔었지? 거기서 얼음 배 탔지? 우리 둘이 같이 노 저었잖아?'). 이처럼 부모와 대화하면서 가족의 추억을 회상하는 경우에도 유아는 각자의 문화에 맞는 방식으로 자신의 현재와 과거 모습을 바라보는 방식을 은연중에 배우게 된다.

2. 성차의 발달

대부분의 사회에서 남자와 여자는 행동 방식이 다르며 성장 과정에서 어느 정도 다르게 취급 받고 기대되는 역할도 다르다. 남녀 간의 차이점과 유사점은 생물학적 영향력과 인지발달, 사회화 과정 등에 의해 영향을 받아 발생한다.

1) 성 정체감과 성역할

세상에는 여자와 남자가 존재하는데 '나는 여자다 또는 나는 남자다.' 라는 식으로 자신의 성을 정하고, 자기가 남자 또는 여자인 것에 대한 자기만의 생각을 갖게 되는 것을 **성 정체감**(gender identity)이라 한다. 영아기 때부터 성에 흥미를 보여 1세 말 경에 남자와 여자 얼굴을 구별할 수 있고, 2세 반경에는 자신이 남자 또는 여자라는 것을 안다.

유아가 남성, 여성의 전형적인 특성과 행동을 인식하기 시작할 때 성에 대한 나름대로의 이해 틀을 만들기 시작한다. 즉, 남자는 이렇고, 여자는 저렇다는 식의 이해 방식이다. 이것은 자아 개념의 일부분이 되어 자기는 어떤 옷을 입어야 하며 어떤 장난감을 가지고 놀아야 하고 무엇을 잘 해야 하는지 등과 같이 자신의 행동과 특성을 어느 한쪽 성으로 끌어가게 된다.

성 역할(gender role)은 자신이 처한 문화 속에서 남성 혹은 여성에게 적절하다고 기대되는 행동이나 태도다. 문화마다 성역할의 내용은 다르다. 예를 들어, 우리나라 문화의 전통적 성역할은 여자는 집안일을 하고 남자는 바깥일을 한다. 대부분의 현대사회에서는 성역할이 보다 다양해졌고 융통성 있게 변화하고 있다.

유아기부터 자기 문화에서 기대하는 성역할을 습득하며 그것에 맞게 행동하는 것을 **성 유형화**(gender typing)라고 한다. **성 고정관념**(gender stereotypes)은 성역할이 고정된 형태로 습득되어 '여자는 섬세하고, 조용하며, 부드러워야 한다.' '남자는 독립적이고, 눈물을 쉽게 보이면 안 된다.' 등과 같이 편파된 관념이다.

성 고정관념은 2, 3세부터 출현해서 5세 정도에 심해지며(Campbell et al., 2004), 이후 7, 8세까지 계속 유지되다가 8세 이후에 융통성 있게 변화하는 경향이 있다 (Conry-Murray & Turiel, 2012). 아동의 성 고정관념이 융통성 있게 변한다 해도 실제 자신과 관련해서는 성 고정관념을 유지하는 경향이 있다. 예를 들면, 립스틱 바른 남자나 축구하는 여자와는 별로 친하고 싶지 않다고 말하는 것 등이다.

성역할 행동(예: 남아는 자동차를, 여아는 액세서리를 가지고 논다.)은 발달적으로 유아기에 증가하지만 개인마다 정도 차이가 있어 성 유형화된 놀이나 행동을 별로 보이지 않는 유아도 있다. 어떤 방향으로든 성역할 행동과 태도는 인생 초기부터 나타나서 오래 동안 지속된다. 같은 여아라도 스포츠를 별로 좋아하지 않고 여아가 주로 하는 게임을 좋아했던 아이는 성인이 되어서도 자신을 여성스럽게 보는 편이고, 어려서 드레스 입는 것을 좋아하지 않고 남아처럼 입고 다녔던 여아는 성인이 되어서도 자신을 남성적이라고 보고 남성 직업에 더 흥미를 보였다는 연구결과가 이를 입증해 준다(Lippa, 2008).

2) 성차 발달의 요인

남아와 여아는 능력과 행동, 놀이와 흥미 면에서 차이가 있다. 남아와 여아의 행동과 특성 차이는 어디서 기인된 것일까? 아동은 어떻게 성역할을 습득하며, 왜 특정성 고정관념을 채택하게 되는 것일까? 순전히 사회적으로 그렇게 길러지기 때문일까? 아니면 타고난 것일까? 다음의 여러 관점을 통해 성차 발달을 살펴보고자 한다.

(1) 생물학적 요인

테스토스테론은 주요 남성호르몬이며 에스트로겐과 프로게스테론은 주요 여성호르몬이다. 각 성은 다량의 자기 성 호르몬을 가지고 있으면서 소량의 반대 성 호르몬도 가지고 있다. 태아 때 테스토스테론 호르몬 양이 많았던 경우에는 아동기에 남아와 여아 모두 남성적인 활동과 놀이를 많이 했다(Auyeung et al., 2009). 특히 이런 여아는 부모들이 여성적인 놀이를 하도록 종용했음에도 불구하고 계속 남성적 놀이를 선호하는 경향이 있었다. 분명히 호르몬은 성차를 유발하는 데 중요한 역할을 담당한다고 볼 수 있다.

뇌의 구조와 기능에 있어서도 성차가 있다. 평균적으로 여자의 뇌는 대인관계나 감정이입을 담당하는 부분이 남자보다 상대적으로 더 크고, 여자의 뇌가 정서 정보 처리와 정서 기억력에 강한 구조를 가지고 있다(Yamasue et al., 2009). 최근 연구에서 뇌의 구조에서의 성차는 유전적으로 프로그램화되어 있다는 강력한 증거가 제시되었다(Reinius et al., 2008). 남녀 간의 뇌의 차이를 표현하는 1,349개의 유전자가 있다는 것이다. 이전에는 염색체 23쌍, 즉 46개의 염색체 중 한 쌍의 성염색체가 남성과 여성을 결정지어 그것 때문에 성차가 나타난다고 가정해 왔으나, 최근 연구에서 46개의 염색체 모두에 성차를 표현하는 유전자가 분포되어 있다는 사실이 밝혀졌다.

또한 쌍생아 연구에서도 성차의 생물학적 영향력을 입증했다. 4천여 명의 3세 쌍생아를 대상으로 한 연구에서, 성 유형화된 행동, 즉 총을 좋아하고, 군인놀이와 거칠게 몸으로 노는 놀이를 좋아하는 것, 또는 반대로 인형이나 장신구를 좋아하고, 예쁜 것을 좋아하는 행동과 소꿉놀이를 좋아하는 것 등에 있어서 일란성 쌍생아가 이란성 쌍생아보다 훨씬 더 비슷한 행동을 보였다(Iervolino et al., 2005).

TIP

성 정체감은 생물학적 성에 의해 결정되는가?
-트렌스젠더 유아의 이야기-

성 정체감 문제는 유아기에 시작된다. 트렌스젠더 유아는 반대 성의 옷을 입는 것을 좋아하고 자기 성의 또래가 하는 것을 피하며 반대 성의 유아가 하는 활동을 더 좋아한다. 트렌스젠더 남아는 인형놀이와 소꿉놀이, 공주그리기 등의 활동을 좋아하고, 여아와 노는 것을 좋아한다. 마찬가지로 트렌스젠더 여아는 배트맨과 슈퍼맨 놀이, 하키, 남아와 하는 경쟁적인 스포츠를 좋아한다. 트렌스젠더 여아는 자신이 남자라고 하고, 남아는 자신이 여자라고 주장하며 그렇게 되고 싶어 한다.

남자로 태어난 코이 매티스(Coy Mathis)는 18개월경 자신을 표현할 수 있을 때부터 여러모로 자신이 여자라는 것을 표현했다. 당시에 부모는 코이가 그저 여아의 물건을 좋아하는 남아로 생각해서 코이가 싫어해도 억지로 머리를 짧게 자르고 옷도 남자아이처럼 입혔는데 그럴 때마다 코이는 우울해하고 불안해했다. 3, 4세경에 코이는 몹시 불행하고 주체하기 힘들 정도로 슬퍼했다. 그때 부모는 전문가를 찾아가서 코이가 트렌스젠더라는 이야기를 듣게 되었다. "코이를 보지 않은 사람은 그저 쉽게 생각할 수 있지만…… 한번 봐야 합니다. 여자 옷을 입혀 주고 자기가 되고 싶어 하는 대로 되도록 놔둘 때 그 애가 얼마나 행복해하는지 보면 알게 됩니다. …… 모든 아빠는 아들이 어떤 모습이기를 바라는 것이 있습니다. 그렇지만 코이는 여자아이입니다. 나는 이 애가 불행한 어린 시절을 보내는 것을 원치 않습니다."(Erdely, Oct. 28, 2013; 7 News Denver, Mar. 8, 2013).

(2) 인지적 요인

콜버그(Kohlberg, 1966)는 인지발달 이론에 따라 유아는 성을 이해하는 데 있어 3단계 과정을 거친다고 주장하였다. 첫째, 단계는 2, 3세경으로 이때 유아는 기본적 성 정체감을 습득하여 자신이 남자 혹은 여자라는 것을 안다. 둘째 단계는 유아가 4, 5세가 될 때인데 이때 유아는 **성 안정성**(gender stability) 개념을 형성하여 시간이 지나도 자신의 성은 바뀌지 않는다는 것을 안다. 마지막 단계는 유아가 6, 7세가 될 때로서 유아는 비로소 **성 항상성**(gender constancy) 개념을 형성한다. 즉, 유아는 외모나 활동 등과 같이 표면적인 변화가 있어도 성은 불변한다는 것을 안다. 성 항상성 개념 때문에 성 유형화된 행동이 발생한다.

유아의 성역할 습득과정을 또 다른 인지적 관점으로 설명하면, 유아는 우선 세상을 여자와 남자라는 범주로 나누고, 그 문화에서 성별에 따라 어떤 행동과 태도가 적합한지를 알아차린다. 이러한 성도식이 발달해 가면서 결과적으로 그 문화에 맞는 행동을 해야겠다는 동기에 따라 성 유형화된 행동이 일어나게 되는 것이다.

생식기에 대한 지식은 성 항상성을 이해하는 데 중요하다. 생식기와 성별 간의 관계를 알고 있는 유아의 60%가 성 항상성 개념이 형성되어 있었고 생식기에 대한 지식이 없는 유아의 10% 정도가 성 항상성 개념이 형성되어 있었다(Bem, 1989).

(3) 사회적 요인

남녀 간에 심리적인 특성에서 차이가 나는 것은 사회적으로 다른 경험을 하기 때문이라는 관점이다. 사회학습 이론에 의하면 유아는 다른 사람들이 말하고 행동하는 것을 관찰함으로써 그들의 성 역할 행동을 모방할 수 있고, 유아가 나타낸 행동에 대해 다른 사람이 보이는 반응, 즉 그것이 유아의 성에 적절한 행동이었다고 강화하거나 부적절한 행동이라고 벌을 주는 것을 통해 성역할 행동을 학습할 수 있다.

한편, 인간은 태어나면서부터 남자와 여자, 아들과 딸로서 다르게 대접받는다. 부모는 딸에게는 여성성을, 아들에게는 남성성을 강조함으로써 성 유형화된 행동을 하면 보상과 벌을 줌으로써 자신의 문화에 적합한 성 역할을 학습하도록 한다. 부모 이외에도 학교, 또래, 대중매체 등의 다양한 사회적 요인이 유아에게 성역할 모델을 제공해 준다. 특히 TV 프로그램은 성 고정관념에 따른 성 유형화된 인물 특성을 더 과장하여 표현함으로써 유아의 성 고정관념 형성에 기여한다. 환경의 영향에 대해서는 다음 절에서 좀 더 상세히 다루고자 한다.

3) 가족과 사회 환경의 영향

부모는 자녀의 초기 성 유형화에 가장 강력한 영향을 미친다. 출생과 더불어 자녀의 이름을 지을 때부터 남녀 구별된 이름을 짓고, 남아에게는 모양이 단순한 옷을 입히는 반면, 여아에게는 리본이나 레이스가 달린 옷과 머리띠 장식 등 남아보다 훨씬 더 화려하게 옷을 입힌다. 유아가 성 유형화된 옷을 입고 있으면 다른 사람도 유아를 성 유형화된 방식으로 대한다. 뿐만 아니라 상당 수의 부모는 자녀 교육에서도 성 유형화된 방과후 활동을 선택한다. 여아는 발레교실, 남아는 축구교실에 등록하여 활동하게 하는 것을 예로 들 수 있다.

성 유형화는 어머니보다 아버지의 영향이 더 큰 것 같다. 아버지는 아들과 거칠게 신체를 이용하여 놀이를 하거나 마초 같은 스타일로 말을 주고받지만, 딸에게는 좀 더 부드러운 말로 대하고 책읽기와 같은 정적인 활동을 더 많이 하는 경향이 있다 (Leavell et al., 2012). 또한 아버지는 아들이 인형을 가지고 놀면 딸이 트럭을 가지고 놀 때 보다 더 불편해한다. 일반적으로 남아에 비해 여아가 옷이나 게임, 놀이 활동에 있어 더 자유롭다.

유아기 초기에는 부모로부터 성 유형화된 행동을 모방하지만 유아가 학교를 다니게 되면 또래 관계를 형성하게 되어 또래의 성 행동을 학습한다. 다른 성의 특성을 더 많이 보이는 유아는 동성의 또래로부터 거부되기 쉽다. 유치원 시기부터 유아는 부모의 개입 없이 자발적으로 동성의 놀이친구를 선택한다. 유아가 3, 4세경이 되면 이성친구보다 동성친구와 노는 시간이 두 배 이상 더 많고, 이성친구와 놀다가도 곧

동성친구와 논다(Martin & Ruble, 2010). 유아가 6세경이 되면 동성친구와 노는 시간이 이성친구와 노는 시간의 거의 11배 정도 더 많다(Maccoby, 1998, p. 22). 이처럼 점점 더 동성끼리 어울리는 세상에서 살면서 유아의 상호작용 양식도 성별에 따라 달라진다. 이것이 유아가 성역할을 학습하고 유지하는 또 하나의 경로다.

한편, 교사는 유아기 성 유형화에 어떻게 영향을 미치는가? 한 연구에서, 유치원 교사를 두 집단으로 나누어 교사의 성 구분 행동이 유아의 성 유형화에 영향을 미치는지 조사했다(Hilliard & Liben, 2010). 연구가 진행되는 동안, 성 구분을 많이 하는 집단의 교사들은 하루 일과 중 남녀별로 줄서기, 교실벽면 게시물에 남아와 여아를 구분하기, 굳이 성을 표현하여 언급하기(예: 이것 좀 도와 줄 여자 친구 있나요?) 등과 같이 물리적으로나 언어적으로 성을 구분하여 일과를 진행하도록 했다. 반면, 성 구분 행동을 최소화하도록 한 집단의 교사들은 언어적으로나 물리적으로 가능한 한 성 구분을 피하고 남녀 간의 경쟁도 시키지 않았다. 그 결과, 2주 후에 성 구분 행동이 뚜렷했던 교사 학급의 유아는 성 고정관념이 매우 증가하여 이성에 대해 좋게 표현하지 않았고, 이성 또래와의 놀이도 줄었다. 그러나 성 구분 행동을 가능한 한 하지 않았던 교사 학급의 유아는 이성 또래와 함께 어울리는 시간이 늘어났고, 남녀 구분 없이 인형 놀이나 주유소 놀이에 참여하는 등 성 유형화된 활동에 참여하는 것이 줄어들었다. 이러한 연구결과는 교사가 성 구분 행동을 하지 않고, 양성성(androgyny)을 격려하면 유아는 보다 양성적인 사람이 될 수 있다는 것을 보여 준다.

[그림 8-2] 남아와 여아의 성차이 발달

3. 도덕성의 발달

유아가 윤리 규칙에 대한 지식을 갖게 되면 어떤 행동이 옳고 그른지를 판단하게 된다. 그리고 윤리적인 결정이 필요한 상황이 생기면 선한 쪽으로든 나쁜 쪽으로든 행동을 하고, 자신이 한 행동에 대해 좋은 느낌이나 나쁜 느낌을 갖게 된다. 이런 점에서 도덕성의 발달은 정서, 인지, 행동을 포함한다.

유아기에는 옳고 그름을 구별하는 능력이 형성되기 시작한다. 이 절에서는 유아의 도덕적 기준이 나이가 들어감에 따라 어떻게 달라지며, 도덕적 가치를 행동으로 옮기는 데 있어 영향을 미치는 요인은 무엇인지 살펴보고자 한다.

1) 도덕적 정서

프로이트는 처벌의 불안감을 덜기 위해 도덕성이 발달한다고 주장하였다. 프로이트는 오이디푸스 콤플렉스와 엘렉트라 콤플렉스를 극복하기 위해 동성 부모를 동일시하는 과정에서 부모의 초자아, 즉 양심 또는 도덕적 기준을 내면화하게 된다고 설명하였다. 프로이트의 주장대로라면 죄책감이 도덕적 행동의 동기가 될 수 있다. 유아를 대상으로 실시한 연구(Kochanska & Aksan, 2006)에서 그 전에 죄책감을 보였던 유아는 4세 반이 되었을 때, 금지된 일을 덜 하는 경향이 있었다.

감정이입이나 동정심도 도덕성발달에 기여한다. 감정이입은 다른 사람의 입장에 서서 그 사람의 감정을 경험하는 것을 말하고, 동정심은 상대와 같은 감정을 느끼지는 못하더라도 그 사람을 걱정하는 마음을 갖는 것을 말한다. 감정이입과 동정심은 도덕적 행동으로 이끄는 주요 동기가 될 수 있다.

2) 도덕적 추론

아동이 도덕적 문제를 어떻게 다루는지에 대한 관심은 **피아제**(Piaget, 1932)로 부터 시작되었다. 피아제는 도덕적 사고를 **타율적 도덕성 단계**와 **자율적 도덕성 단계**로 나누었다. 4~7세 유아는 타율적 도덕성 단계로서, 정의와 규칙은 불변하여 임의로 바꿀 수 없는 것이라고 생각한다. 이후 아동이 7~10세가 되면 도덕성의 전환기에 진입하여 어떤 부분은 타율적이고 또 어떤 부분은 자율적 도덕성의 특징을 보인다. 10세 이후 아동은 자율적 도덕성 단계로서 규칙이나 법은 사람이 만드는 것임을 알고, 행동의 결과뿐만 아니라 의도까지 고려하여 도덕성을 판단한다.

유아기는 타율적 도덕성 단계이므로 유아는 잘못을 저지르면 자동적으로 즉시 처벌이 뒤따른다고 생각한다. 그리하여 이 단계의 유아는 엄마한테 거짓말을 한 후 잠시 후 자전거 타다가 넘어지면 '엄마한테 거짓말했기 때문에 넘어졌다.'는 식으로 생각할 수 있다. 또한 이 단계의 유아는 행동의 결과로 그 행동의 좋고 나쁨을 판단한다. 예를 들어, 의도적으로 컵 한 개를 깬 경우보다 실수로 컵 열 개를 깬 것이 더 나쁘다고 생각한다.

[그림 8-3] 콜버그의 도덕추론 발달단계

피아제는 도덕 개념의 변화가 또래관계를 통해 발달한다고 보았다. 또래는 서로 권력이 비슷하므로 유아는 또래 간에 협상하고 타협하면서 규칙의 임의성과 상황의 타당성을 이해할 수 있다. 부모-자녀 관계에서는 흔히 부모가 권력을 가지고 있어 권위주의적으로 위에서 아래로 규칙이 전해 내려오기 때문에 도덕적 추론을 발달시키기 어렵다.

콜버그(1969, 1985)는 도덕추론의 발달 단계를 세 수준으로 나누고 각 수준별로 두 단계씩 나눔으로써 전체 여섯 단계로 세분화했다. **전인습적 수준**(preconventional level)은 1단계와 2단계를 포함한다. 1단계는 행동의 옳고 그름의 기준을 그 행동이 처벌받을 것인지 아닌지에 둔다. 2단계는 옳고 그름의 기준을 그 행동이 상을 받을 것인지 아닌지에 둔다. 즉, 성인의 칭찬을 받거나 상대방도 자기에게 무엇인가를 해 준다면 그것은 옳은 일이다. 그래서 이 단계의 유아는 '장난감 공유하기'를 잘 이해하며 또 그것이 옳은 일이라고 생각한다. 그러나 타인을 존중하는 의미에서 그런 행동을 하는 것은 아니다. 유아기는 대부분 1단계와 2단계에 속한다. **인습적 수준**(conventional level)은 3단계와 4단계를 포함한다. 3단계는 다른 사람으로부터 칭찬받고 좋은 관계를 유지하는 것이 도덕적 기준이므로 이 단계에 있는 사람은 다른 사람들로부터 착하다는 말을 듣는다면 그것이 도덕적인 것이라고 여긴다. 4단계는 사회 질서와 법을 지키는 것이 도덕적인 것이라 생각하는 단계다. 마지막 두 단계는 **후인습적 수준**(postconventional stage)이다. 5단계는 임의로 정해진 법을 초월하여 그 사회에 속한 사람 개개인의 권리를 존중하는 것이 중요한 도덕적 덕목이라고 생각하는 단계다. 6단계는 정의, 박애, 평등과 같은 보편적 윤리 원칙과 내면의 양심이 도덕적 기준이 된다.

3) 도덕적 행동

도덕적 행동에 초점을 두는 이론은 행동주의 이론과 사회인지 이론이다.

행동주의 이론은 강화, 벌, 모방 등 도덕적 행동이 발달하는 과정에 대해 설명한다. 유아가 법과 사회관습에 일치하는 행동을 하게 되면 칭찬을 받게 되어 그 행동을 더 자주 하게 된다. 또한 도덕적으로 행동하는 모델이 주변에 있으면 유아는 그 행동을 모방하기 쉽기 때문에 도덕적 행동을 발달시킬 수 있다.

사회인지 이론에서는 유혹에 저항하는 능력이 도덕적 행동을 하는 데 중요하게 작용한다고 설명하면서 이를 위해 자기 통제력과 자기 조절력이 필요하다고 본다. 자기 통제력이 발달하기 위해서는 나중에 돌아올 보상을 기대하며 당장의 유혹을 참는 것, 즉 **만족 지연**(delay of gratification)을 배워야 한다. 18개월, 24개월, 30개월 유아를 대상으로 매력적인 장난감을 보여 주면서 건드리지 말라고 하면 18개월 유아는 20초 정도, 24개월 유아는 70초, 30개월 유아는 100초를 기다렸다(Vaughn et al., 1984). 연령이 증가함에 따라 만족 지연 능력이 향상된다.

유아기 초기에는 성인을 의지하여 자기 행동을 통제한다. 즉, 유아는 해도 되는 행동인지 아닌지를 성인에게 물어보거나 성인의 지시에 따라 행동한다. 그러나 점차 나이가 들어가면서 유아는 성인이 지켜보고 있지 않더라도 또는 성인에게 물어보지 않더라도 성인의 기대에 맞출 수 있게 되고, 나중에는 자기 자신의 행동 방향을 스스로 결정하고 유혹에 저항하기 위해 어떻게 해야 할지를 생각해서 실행할 수 있는 수준으로 자기 조절을 할 수 있게 된다(Kopp, 1991). 이러한 자기 조절 능력은 유아기 말부터 뇌의 전두엽 피질 부분이 발달하면서 조금씩 성숙해진다(National Research Council and Institute of Medicine, 2000).

4) 양 심

양심이란 옳고 그름의 판단기준이 내면화된 것으로서 도덕적 사고, 도덕적 감정, 도덕적 행동이 통합된 것이다(Kochanska et al., 2010). 유아는 옳고 그름을 알고 있으며, 다른 사람에게 동정심을 보이는 능력도 어느 정도 가지고 있고, 죄책감을 느낄 수 있으며, 규칙을 위반했을 때 불편함을 보인다.

양심을 내면화하는 데는 두 가지 중요한 요소가 필요하다. 첫째는 도덕기준을 설명해 주는 성인이 있어야 하고, 둘째는 그런 성인에게 유아가 애정을 느낄 수 있어야 한다. 유아에게 애정을 주는 부모나 교사가 유아의 부적절한 행동에 대해 왜 그런 행동을 하면 안 되는지 이유를 설명해 주면 유아는 성인이 가르쳐주는 도덕적 기준을 내면화하게 된다. 그러나 성인이 설명도 제대로 하지 않고 애정도 느끼지 못하는 성인이 도덕적 기준을 말하면 유아는 이를 마음에 담기 어렵다.

4. 사회적 능력의 발달

사회적 능력(social competence)은 대인관계 능력을 설명하는 광범위한 용어로서 사회 구성원으로 잘 적응하는 데 필요한 사회적 · 정서적 · 인지적 · 행동적 능력을 통칭한 것이다. 대인관계 능력이 잘 발달하기 위해서는 다른 사람의 사고, 감정, 행동을 이해할 수 있는 인지 능력이 반드시 필요한데 이를 **사회 인지**(social cognition)라고 한다. 이 절에서는 유아기에 발달하는 주요 사회 인지 능력인 마음 이론과 역할 수용 능력에 대해 알아보고, 유아기 사회적 능력의 발달에 필수적인 요소를 정리해 보며, 친사회적 행동과 공격성이 유아기에 어떻게 발달하는지 살펴보고자 한다.

1) 사회 인지

(1) 마음 이론

다른 사람이 무엇을 생각하고 있고, 어떤 기분인지, 무엇을 원하는지 등을 추측할 때 사람은 각자의 추론 방법을 사용한다. 이것이 **마음 이론**(theory of mind)이다. 즉, 마음 이론은 각자가 가지고 있는 '마음의 작용'에 관한 생각이다.

마음의 작용 또는 마음과 행동의 관계에 관한 사람의 상식적인 이해를 하나의 이론으로 보는 이유는 마음에 대한 개념 체계를 사용하여 우리가 다른 사람의 일상적인 행동을 설명하고 예언하기 때문이다. 마음 이론이 발달하면 대인관계를 더 성공적으로 할 수 있고 다른 사람들과 더 효과적으로 의사소통할 수 있다. 이런 의미에서 유아가 마음 이론을 갖기 시작하는 것은 대인관계를 더 잘 해나갈 수 있는 토대를 구축하는 셈이 된다.

유아가 심리적 세계에 관해 눈을 뜨기 시작하면서 마음에 관한 이론도 발달한다. 유아가 다른 사람 입장에 서 보거나 다른 사람의 관점으로 세상을 바라볼 때도 유아 자신이 가지고 있는 마음 이론을 적용한다. 즉, 유아가 대인관계에서 특정 상황을 겪을 때마다 다른 사람의 마음에 대해 추론해 보고 자신의 마음 이론을 연습해 본다. 이런 연습 과정을 통해 유아는 사람들과 더 효과적으로 상호작용하는 법을 터득해 간다.

2세 이후부터 5세 사이의 유아는 다른 사람의 마음이 어떻게 작동하는지에 대한 이해가 급격히 증가한다. 처음 2, 3세경의 유아는 '하고 싶다'와 '기분이 좋다' 등의 욕구와 감정에 관한 단어를 종종 사용한다. 3세경의 유아는 '생각한다' '안다' '기억한다' 등의 인지에 관한 어휘를 사용할 수 있다. 이런 단어를 사용하는 것은 유아가 마음은 물리적 세계와 다르고, 생각, 기억, 꿈은 물리적 실체가 아니라는 것을 안다는 것을 의미한다. 그러나 유아가 가진 마음 이론에는 한계가 있다. 즉, 유아는 어떤 사람이 하는 행동은 그 사람이 그것을 하고 싶어서 하는 것이라고 생각할 수는 있지만, 그 사람이 그렇게 믿기 때문에 그런 행동을 하는 것이라고 생각하지는 못한다. 그런 의미에서 이 연령대 유아의 마음 이론은 '욕구(desire) 이론' 수준에 머물러 있다(Cassidy, 1998).

사실 3세경의 유아는 '믿음'이라는 정신 작용에 대해 잘 모른다. 즉, '믿는다'는 것은 객관적 사실에 '해석'을 가미한 것이어서 유아는 사람마다 어떤 사실을 다르게 믿을 수 있다는 것을 알지 못한다. 이 시기의 유아는 자신의 내면세계를 들여다 보고 자신의 생각에 대해 말하는 것도 어려울 뿐더러 다른 사람이 무엇을 알고 있는 지를 추정하는 것은 더더욱 할 수 없다. 다음과 같은 과제를 주었을 때 3세 유아는 어떻게 답할까?

> 민지가 아이스크림 아저씨를 놀이터 앞에서 만났다. 민지가 돈을 가지러 잠시 집 에 갔다 온 사이에 아이스크림 아저씨는 교회 앞으로 장소를 옮겼다. 민지는 아이스 크림을 사러 어디로 갈까?

3세 유아는 대부분 자기 자신이 알고 있는 장소, 즉, '교회'라고 답한다. 4, 5세 유아는 '놀이터'라고 정답을 맞출 수 있다. 4세가 되면 유아는 마음에 관한 '믿 음-욕구(belief-desire) 이론'이 생기기 시작한다. '믿는다'는 것과 '원한다'는 것 은 서로 다른 정신 상태이며, 사람의 행동에는 욕구뿐만 아니라 믿음(즉, 그렇다고 생각하는 것)도 영향을 미친다는 것을 알게 된다. 이들은 상황에 따라 실제 사실을 '알지' 못하고 잘못된 것을 '믿게' 되는 경우가 있다는 것도 안다(Spritz et al., 2010). 유아가 타인의 '잘못된 믿음(false belief)'을 이해하기 위해서는 그 사람이 가진 정보와 조건을 고려하여 그 사람이 그 일을 제대로 알고 있다고 믿지만 사실 은 그렇지 않다는 것을 판단할 수 있어야 한다. 이러한 판단은 마음 이론이 작동하 는 원리까지 이해해야만 가능하다. 4, 5세경의 유아는 타인이 무엇을 잘못 생각하 고 있다는 것을 알고, 그 사람이 가진 생각에 근거하여 그 사람의 행위를 설명하고 예측도 할 수 있다. 예를 들어, 장난치다가 잘못하여 화병을 깨뜨린 4세 유아는 엄 마가 혼내고 '싶어 한다'는 것을 알기 때문에 자기가 화병을 깨뜨린 것은 의도적인 것이 아니었다는 것을 엄마한테 '믿게'해서 엄마 마음을 바꾸려 한다. 이러한 유 아의 마음 이론은 '욕구 이론' 수준을 넘어 확실히 '믿음-욕구 이론' 수준에 도달 해 있다.

유아기의 마음 이론 수준을 좀 더 잘 이해하기 위해 아동기의 마음 이론 수준과 비교해 보자. 초등학교 시기가 되면 아동은 사람의 정신 상태에 대해 좀 더 예리한 추정을 할 수 있다. 이 시기의 아동은 사람의 행동이 항상 진실한 사고와 감정을 반 영하는 것만은 아니며(Spritz et al., 2010), 사람은 의도적으로 거짓말을 하거나 슬프 면서도 아닌 척을 할 수 있다는 것도 안다. 이것은 아동이 일단 '잘못된 믿음'에 대

[그림 8-4] 고차원적인 마음 이론

한 지식을 갖게 되면 자신에게 유리하게끔 상황을 만들기 위해 다른 사람이 잘못 생각하도록 만들 수 있다는 것을 알기 때문이다.

믿음-욕구 이론을 갖게 되면 아동은 이후 사회 인지 발달에 중요한 변화가 생긴다. 왜냐하면 아동은 남들 앞에 보이는 면이 반드시 그 사람의 개인적 상황을 반영하는 것은 아니라는 것을 알 수 있고 다른 사람의 마음을 읽을 수 있기 때문이다. 이런 능력이 부족한 아동은 자기 자신의 행동과 다른 사람의 행동에 대해 심리학적 추론을 할 수 없고 대인관계에서 필요한 기술도 발휘할 수 없다. 그런 점에서 믿음-욕구 이론이 발달한 아동은 그렇지 못한 또래에 비해 대인관계 이해와 적응에 더 유리한 조건을 갖추게 된다.

(2) 역할 수용

역할 수용(role-taking)은 다른 사람 입장에서 생각해 보는 것으로 내 관점이 아닌 다른 사람의 관점으로 그 사람의 의도, 생각, 감정, 행동 등을 이해하는 것이다. 역할 수용 능력이 발달하면 자기 자신을 비롯해 타인을 더 잘 이해할 수 있게 되고, 관점이 서로 달라 발생하는 갈등 상황도 더 잘 이해하여 대처하게 된다.

셀먼(Selman)은 역할 수용 능력의 발달을 4단계로 나누어 설명하였다. 그는 역할 수용 능력을 다른 사람의 관점에 대해 전혀 의식하지 못하는 자기중심적인 상태인

0수준에서부터 여러 관점을 고려하여 비교해 보는 3수준까지 단계적으로 진행된다고 보았다. 셀먼이 연구에서 사용한 딜레마 과제 중의 하나는 다음과 같다(Selman, 1976, p. 302).

"홀리는 나무타기를 좋아하는 8세 여자아이다. 홀리는 동네에서 나무를 제일 잘 탄다. 어느 날 홀리가 나무에서 내려오다 떨어졌다. 아빠는 홀리에게 더 이상 나무에 올라가지 않기로 약속하자고 했다. 홀리는 아빠와 약속했다. 며칠 지난 후 친구의 고양이가 나뭇가지에 걸려 못 내려오고 있었다. 그 동네에서 나무에 올라가 고양이를 구해 줄 수 있는 사람은 홀리 밖에 없다. 그렇지만 홀리는 아빠와 했던 약속이 생각났다."

유아기의 역할 수용 능력은 대부분 0수준이다. 즉, 유아는 자기와 타인이 서로 다르게 생각할 수 있다는 것은 알지만 다른 사람의 관점에서 상황을 보기보다는 자기가 느끼는 것을 다른 사람도 그렇게 느낄 것이라고 생각하기 때문에 자주 혼란스러워 한다.

- 과제에 대한 0수준 유아의 반응: 홀리가 고양이를 구할 것이며, 홀리의 아빠도 좋아할 것이라고 답한다.
- 유아의 반응에 대한 설명: 자기가 고양이를 좋아한다면 다른 사람도 고양이를 좋아한다고 생각하기 때문에 자기관점에서만 생각한다.
- 과제에 대한 1수준 유아의 반응: 홀리 아빠는 홀리가 나무에 올라간 이유를 모르면 화를 내지만 그 이유를 알면 화를 안 낸다.

5세 이후의 유아는 1수준으로 이행하는데 다른 사람은 자기와 생각과 감정이 다를 수 있다는 것을 안다. 그럼에도 불구하고 자기중심적으로 다른 사람의 관점을 해석한다.

2) 사회적 능력의 구성 요소

대인관계를 잘하려면 기본적으로 감정 조절 능력, 사회적 지식과 이해, 사회적 기술, 사회적 성향이 필요하다(Katz & McClellan, 1997).

첫째, **감정 조절 능력**은 태어나면서부터 부모와의 상호작용을 통해 연습하게 된다. 영아기는 부모나 성인이 영아의 감정을 조절해 주지만, 유아기에 이르면 점차 스스로 조절할 수 있게 된다. 부모는 정서를 나타내는 언어(예: 슬프지, 속상하네 등)를 사용해서 자녀가 감정을 의식하도록 도와줄 수 있는데 이는 나중에 자녀가 감정을 조절하는 데 도움을 준다. 유아가 엄마로부터 정서에 대해 섬세한 언어적 표현을 경험하고 자라면 이후 유치원이나 어린이집 등의 기관에서 또래들과 생활할 때 좀 더 적절한 방법으로 자기감정을 표현하여 상황에 대처할 수 있다. 감정을 잘 조절하지 못하는 유아는 사회적 지식이나 사회적 기술을 배우는 데도 어려움을 겪을 수 있다. 너무 지나치게 자기 감정을 억압하는 유아는 대인관계 자체를 피할 수 있기 때문에 결과적으로 기초적인 사회적 능력을 연습하는 기회를 놓치게 된다.

둘째, **사회적 지식**은 자신이 속한 사회의 문화적 규범(예: 친절하게 대하기, 양보하기, 차례 지키기, 인사하기 등)으로서 대인관계에서 이러한 행동이 필요하다는 것을 아는 것도 사회적 지식의 일부분이다. 사회적 이해는 사회 인지 능력을 의미하는 것으로서, 다른 사람의 생각과 감정을 이해하는 능력을 포함한다. 다른 사람의 관점을 이해하는 능력이 발달되어야 감정 조절의 필요성도 알 수 있다.

셋째, **사회적 기술**은 사회적 지식이나 이해를 바탕으로 하여 그것을 행동으로 표현하는 것이다. 예를 들면, 유아가 놀이집단에 끼고 싶은데 분명하게 자신의 의사를 표현하지 못하고 쭈뼛거리거나 낄 만한 틈이 보일 때조차도 적절하게 의사표현을 못하는 것은 사회적 기술이 부족한 것이다. 사회적 기술은 훈련으로 개선될 수 있다.

마지막으로, **사회적 성향**은 기질적으로 타고난 것으로 간주한다. 사교성도 사회적 성향 중의 하나다. 유아가 처음 보는 또래에게 다가가 호기심을 보이며 말을 걸거나 관심을 표현하는 것은 수줍은 성향을 가지고 있는 유아에겐 힘든 일이다. 유머러스함이나 상냥함, 잘 웃는 것, 동정심 등도 사회적 성향 중의 하나다.

5, 6세 유아의 사회적 능력 분석하기

다음은 소꿉놀이 상황을 일화기록으로 옮긴 것이다. 등장인물인 재환이, 도훈이, 지현이의 사회적 능력을 앞에서 언급한 네 가지 구성 요소 중 감정조절 능력, 사회적 지식과 이해, 사회적 기술, 이 세 가지를 기준으로 분석해 보자.

역할놀이 영역에서 여자아이들이 '무지개 떡집'을 하고 있다. 재환이가 이 활동을 지켜보다가 떡을 들더니 "이거 어디로 배달하면 돼?"라고 말한다. 여자아이들은 "아직은 없는데, 역할영역에 가서 물어 봐. '떡 배달해 줄까요?' 하면서"라고 말한다. 그러면서 재환이가 놀이에 끼는 것을 자연스럽게 허락한다. 그때 이 놀이를 지켜보던 도훈이는 재환이가 놀이에 들어간 것을 보고 그 옆에 서서 "나도 끼워 주지. 나도 하고 싶은데……."라고 말하면서 혼자 중얼거린다. 아이들은 놀이를 하면서 도훈이를 가끔 쳐다만 보고 놀이에만 집중한다. 시간이 조금 지난 후, 지현이가 "너 뭐 먹고 싶냐?" 주문하면 되잖아. 손님해라."라고 말을 건다. 도훈이는 입술을 삐쭉이며 "나는 배달하고 싶은데."라고 말한다. 그러자 여자아이들은 조금 인상을 찌푸리며 "안 돼. 배달은 있어. 그럼 하지 마!"라고 말한다. 그러자 도훈이는 갑자기 표정을 바꾸며 "그래 알았어. 난 손님할게. 여기 떡 좀 주세요."라고 말하며 놀이에 끼어든다.

3) 친사회적 행동: 이타주의와 감정이입

다른 사람을 돕기 위해 하는 모든 친절한 행동을 **친사회적 행동**이라 한다. 이런 친사회적인 행동들은 2세 초반부터 나타난다(Kärtner et al., 2010). 또래가 울 때 위로하려고 하며 어른이 시키지 않아도 자발적으로 장난감을 집어주거나 애정을 표현한다.

유아가 친사회적 행동을 보이는 데는 다양한 이유가 있다. 예를 들어, 3세 남아는 옆에 있는 또래가 시끄럽게 울어서 그 소리를 그치게 하려고 그 아이에게 장난감을 줄 수 있다. 5세 여아는 교사의 칭찬을 기대하면서 또래에게 도움을 줄 수 있다. 이처럼 자신의 이익이나 기대를 위해 친사회적 행동을 할 수도 있지만 진정으로 다른 사람을 도와주고 싶은 동기에서 친사회적인 행동을 하기도 한다. 이런 경우에 심리적 동기로 작용하는 것이 **감정이입**과 **이타주의**다. 감정이입은 공감이라고도 하며 다른 사람의 입장에 서서 그 사람의 감정을 느끼는 것이고, 이타주의는 보상을 기대하지 않고 다른 사람들을 도와주려는 동기다.

유아가 어떻게 해서 감정이입과 이타적 행동을 하게 되는지 그 기제에 대해서는 학자들마다 다양한 견해를 제시한다. 성숙 이론에서는 감정이입이 타고난 기질과 관련이 있다고 본다. 일란성 쌍생아는 이란성 쌍생아보다 이타적 행동이나 감정이입 면에서 더 유사하다(Son & Wilson, 2010). 유아가 정서를 경험하고 해석하는 방식은 유전자 속에 어느 정도 들어 있다는 것이다. 학습 이론에서는 유아의 친사회적인 행동을 보상과 모델링을 통해 학습하는 것으로 본다. 유아가 칭찬이나 사탕 등의 보상을 받을 때 더 친사회적 행동을 보일 수 있다. 그런데 사탕처럼 손에 잡히는 보상은 때로 역효과가 나타날 수도 있다. 이는 눈에 보이는 보상이 목표가 되고 다른 사람에게 행한 좋은 행동을 통해 얻을 수 있는 만족감에 초점을 두지 않기 때문일 수 있으므로 유아가 진정한 친사회적 행동을 배우기에는 적절한 방법이 아닐 수 있다(Eisenberg & Fabes, 1998). 인지발달 이론에서는 유아가 역할 수용 능력이 발달함에 따라 감정이입을 할 수 있는데 그것이 이타적 행동으로 연결된다고 본다. 또한 사회경험이 증가할수록 어떤 행동이 사회적으로 바람직하게 받아들여지는지를 알게 되기 때문에 친사회적 행동들을 더 많이 하게 되고, 이런 행동을 하면 또래들과 어른들이 자신을 좋아하게 된다는 것도 알게 된다(Ladd, 2007).

4) 공격성

공격성은 상대를 해치거나 위협하려는 **의도**로 행해지는 신체적 또는 언어적 행동이다. 18개월 정도의 영아조차 다른 사람을 때리거나 발로 차거나 무는 행동을 한다. 물건을 소유하려는 데서 비롯되는 갈등은 유아기에 흔히 볼 수 있다. 대체로 유아기를 거치면서 신체적 공격은 줄어드는 편이다. 왜냐하면 유아가 충동조절을 어느 정도 할 수 있게 되고 갈등을 해결하는 다른 방법을 알게 되며 언어가 발달하면서 신체보다는 말로 공격하는 방법을 더 많이 사용하기 때문이다.

부모와 교사는 유아의 공격 행동을 판단할 때 주의가 필요하다. 유아가 나타내는 공격 행동은 성인의 즉각적인 중재가 필요하지만 갈등이나 자기주장이라면 성인이 개입하여 오히려 또래들끼리 독립적으로 문제를 해결할 수 있는 기회를 박탈할 수 있기 때문이다.

대체로 공격적인 유아는 또래들이 좋아하지 않는다. 그렇지만 공격적인 행동을 하더라도 먼저 하는 것(주도적 공격)이 아니라 상대방이 공격할 때 대응하기 위해서만 공격 행동(반응적 공격)을 하는 유아는 또래 사이에서 거부될 가능성이 적다 (Polman et al., 2007). 공격 행동을 먼저 하는 유아는 두 유형으로 나누어 볼 수 있다. 하나는 자신이 원하는 놀이감이 있어서 그것을 뺏는 행동과 같이 분명한 목적이 있어서 공격 행동을 하는 경우다. 다른 하나는 분명한 목적 없이 적대적으로 공격 행동을 보이는 경우인데 이는 주로 내면의 분노가 공격 행동으로 나오는 것이다. 이런 경우에 유아는 또래로부터 거부될 가능성이 크다. 유아기에 공격적이었던 아동은 이후 청년기에 이르러서도 공격적인 경우가 많다(Crick & Dodge, 1996).

유아가 나타내는 공격적인 행동에 대한 설명은 발달 이론에 따라 차이가 있다.

성숙 이론은 **공격적인 기질**이 타고난 것이라고 본다. 일란성 쌍생아는 공격적 성향이 매우 비슷하다(Huesmann et al., 2011). 공격 충동을 억제하는 능력에 영향을 주는 생리 물질의 분비가 공격 행동에 영향을 주기도 한다. 사춘기 이후에 남성 호르몬인 테스토스테론의 양이 많은 남성이 더 공격적인 경향이 있다(Carney & Mason, 2010). 그러므로 아마도 뇌에서 분비되는 화학물질의 양이 유전자의 영향을 받아 개인의 공격 행동에 영향을 미치는 것이라고 볼 수 있다.

정신분석 이론은 인간에게는 **공격적인 본능**이 있다고 가정하여 유아의 무의식에 있는 공격적인 에너지를 긍정적인 방법으로 분출하도록 돕는 것이 성인이 할 일이

라고 본다. 그러므로 부모나 교사는 동적인 활동이나 자유롭게 표현할 수 있는 예술
활동을 통해 유아의 공격 추동을 밖으로 드러내어 카타르시스를 얻도록 하는 것이
필요하다.

학습 이론은 공격 행동이 **학습되는 과정**에 관심을 둔다. **공격적인 모델**을 모방하거
나 관찰함으로써 공격적인 행동을 습득하게 되며, 보상을 받으면서 그 행동이 강화
된다는 원리다. 폭력적 TV 장면을 많이 볼수록 공격적 행동을 더 많이 한다
(Anderson et al., 2001). 뿐만 아니라 다른 유아를 공격했을 때 자신이 원하는 것을
얻게 되면 유아는 그것을 보상으로 생각하여 공격적 행동을 더 하기도 한다.

사회인지 이론은 공격성에 이르는 인지적 요인에 관심을 두는 데 이에는 두 가지
주요 **인지적 문제**가 개입한다고 본다. 첫째, 유아가 상황을 오해하는 경우로 상황을
나쁜 쪽으로 해석하여 공격적인 행동으로 이어지는 것이다(Reid et al., 2006). 예를
들어, 옆에 있던 유아가 실수로 자기 쪽으로 넘어지면서 자기가 만든 블록 입체물을
쓰러뜨렸을 때 친구가 의도적으로 그랬다고 생각해서 공격적 행동을 나타낼 수 있
다. 둘째, 공격적인 행동에 대처할 수 있는 효율적인 전략을 모르는 경우다. 유아는
대인관계에서 문제가 발생할 때 사용할 수 있는 협상하기, 대안 찾아보기, 설득하기
등과 같은 효율적인 전략을 몰라서 때리거나 밀고 당기는 등의 공격적인 방법으로
문제를 해결하려고 한다(Honig, 2009).

5) 가족과 사회 환경의 영향

유아는 대인관계 상황에 직면할 때마다 다른 사람의 행동과 생각 등에 대해 배운
다. 가족 내에서 부모나 연장자가 이러한 상황을 적절히 다룰 때 유아의 사회 인지
능력은 향상된다. 자녀의 마음을 잘 이해해 주는 가족에서 자란 유아는 다른 사람에
게 감정이입을 더 잘하고 남을 돕고 협력하는 경향이 있다. 애정이 있는 부모는 자
녀가 화를 내거나 실망할 때 감정을 다스리는 방법을 알려주고 위로해 주기 때문이
다. 반면, 적대적인 부모는 체벌이나 공격적 행동을 자주 나타내기 때문에 유아를
더 움츠러들게 하고, 공격적이 되도록 한다. 이런 가정 분위기에서 성장한 유아는
자기가 받는 스트레스를 스스로 이기지 못하고 다른 사람에게 분노를 쉽게 분출하
는데 이런 행동이 시간이 지나면서 점차 습관처럼 된다(Fite et al., 2010).

형제자매 관계에서 갈등이 일어날 때 부모의 중재방식이 자녀의 역할 수용 능력

에 영향을 미칠 수 있다. 5~10세 아동의 다툼에 부모가 중재자로 나서 자녀 각자에게 무엇이 문제이고, 이에 대해 각자의 감정과 목적을 말하도록 하여 그들이 함께 해결책을 생각해 보도록 하면 자녀들은 상대방의 관점을 이해하여 우호적으로 문제를 해결할 수 있다. 이런 방법을 계속 사용하면 엄마가 개입하지 않더라도 자녀들끼리 우호적으로 문제를 해결해 나갈 수 있게 된다(Randell & Peterson, 2009). 그러나 엄마가 해결책을 제시하여 따르게 하면 자녀들이 각자의 관점을 인식하기 어려워 역할 수용 능력을 향상시키는 데 도움이 되지 않을 뿐만 아니라 어느 한쪽만 이기는 느낌을 갖게 만든다.

가족 내의 인간관계는 친사회적이거나 공격적인 모델로 작용하기도 한다. 가족 구성원이 동정심 있고 관대한 경우에 이런 모습을 관찰한 유아가 더 협력적인 태도와 행동을 보인다(Mares et al., 2008). 부모가 따뜻하게 애정을 주되 민주적인 양육 방식으로 분명한 행동기준을 제시해 주고 받아들여지지 않는 행동에 대해서는 이유를 설명해 주는 가정에서 자란 유아는 부모의 친사회적 행동을 모방하기 쉽다(Baumrind et al., 2010).

유치원이나 어린이집, 학교나 다른 사회기관도 유아의 친사회적 행동에 영향을 줄 수 있다. 교사나 다른 성인이 서로 돕고 서로의 입장을 헤아리며 관심을 갖는 모습을 보이고 격려해 주면 유아는 타인에 대한 관심과 배려라는 가치를 내면화함으로써 친사회적 행동을 보이기가 더 쉽다.

5. 사회성발달을 위한 부모 및 교사의 역할

유아기의 사회성발달 특징을 고려하여 부모와 교사 및 주변 성인은 유아가 대인관계를 잘 해 나가도록 돕기 위해 다양한 측면에서 노력을 기울여야 한다. 이를 위해 누리과정의 사회관계 영역은 자신을 소중하게 생각하며, 가족, 친구와 함께 지내는 방법뿐만 아니라 공동체에서 함께 살아가는 방법을 익히고, 주변 세계에 관심을 가지고 적응해 나갈 수 있는 기초능력과 인성을 기르는 데 중점을 둔다. 이 절에서는 유치원과 어린이집에서 실시하는 누리과정의 사회관계 영역의 주제와 연관하여 부모와 교사가 해야 할 역할에 대해 살펴보고자 한다.

1) 나를 알고 존중하기

- 유아에 대해 무조건적 존중의 태도를 가진다. 이는 인본주의 상담심리학자인 로저스(Rogers)의 **무조건적인 긍정적 존중**(unconditional positive regard)'과 같은 의미로서, 부모나 교사의 기대치가 아니라 유아의 존재 그 자체와 유아가 학급에 있는 것 자체를 반기는 태도다.

- 정직하고 구체적인 칭찬과 노력을 인정하는 격려를 해 줌으로써 유아의 자아존중감을 높여 주도록 한다. 인간은 자신이 열심히 해서 도전을 극복하고 성취한 것을 스스로 확인할 때 자신의 역량에 대해 더 쉽게 확신할 수 있다. 그러므로 부모와 교사는 유아에게 '똑똑하다' '잘했다' 등으로 말하기보다는 유아가 노력한 것을 스스로 인지할 수 있도록 해 주고, 어떤 일을 실패하더라도 그것이 끝이 아니라는 것을 알게 해 주어야 한다. 이때 부모와 교사는 유아가 노력한 것에 대해 인정해 주는 말, 즉 '선생님은 네가 얼마나 열심히 했는지 알아. 배우는 데 시간이 좀 걸리지. 좀 더 노력하면 잘 할 수 있어.' 등과 같이 격려해 주는 것은 유아의 자아존중감을 높이는 데 효과적이다.

- 유아 스스로 활동을 선택하고 의사결정할 수 있는 기회를 준다. 유아가 좋아하는 활동을 스스로 열심히 하는 경험을 하다보면 긍정적 자아 개념을 가질 수 있다.

- 유아에게 성공적인 경험을 할 수 있는 기회를 제공해 주는 것은 긍정적 자아 개념 발달에 강력한 촉매제다. 유아는 너무 어렵지 않고 도전할 만한 활동과 과제를 하다 보면 나중에는 어려움에 부딪힐 경우에도 스스로 자기 자신을 시험해 보려는 의지를 갖게 된다. 부모와 교사는 유아가 그것을 성취하도록 지원해 주며 유아가 열심히 노력하는 것을 칭찬해 준다.

- 유아가 가지고 있는 약점을 알고 그것을 극복하는 데 필요한 지도와 지원을 해 준다. 부모와 교사는 유아에게 긍정적 피드백뿐만 아니라 부정적 피드백도 해 주어야 한다. 부모와 교사가 유아에게 부정적 피드백을 줄 때는 항상 정보를 함께 주어야 한다. 예를 들어, '너는 참 친절한 아이야. 근데 아까는 지현이가 입은 옷을 보고 놀렸잖니? 지현이가 무척 속상해. 지현이 기분을 풀어 주려면 네가 어떻게 도와줄 수 있을까? 네가 좋은 방법을 생각해 볼 수 있겠니?'

- 다른 사람의 욕구를 존중하고 배려하는 미덕을 갖추도록 지도한다. 유아가 이

러한 미덕을 마음에 품는 것은 긍정적 자아 개념을 형성하는 데 중요한 요소다. 자아존중감은 서구 문화에서 개념화된 것이어서 자신의 개성과 성취에 자부심을 갖는 것이 매우 바람직한 덕목으로 받아들여질 수도 있지만 우리나라에서는 지나친 자아존중감이 때로 공격적인 것으로 비춰질 수도 있다. 그러므로 유아에게 대인관계에서 겸손하고 다른 사람의 욕구를 존중하는 것이 우리나라 문화의 미덕인 것을 알려줄 필요가 있다.

2) 다른 사람을 이해하기

● 타인의 감정과 관점에 대해 이야기 나누는 기회를 만든다. 부모와 교사는 유아의 또래나 주변 상황 속의 사람 또는 이야기 책 속의 등장인물을 이야기 소재로 사용할 수 있다. 유치원에서는 한 친구에게 일어난 일(예: 이가 빠진 일, 게임 중 넘어진 일 등)에 대해 왜 그런 일이 일어났는지 함께 이야기 나누기를 할 수 있다. 가능하면 유아들 간에 스스로 토론이 일어나고 있는 상황을 포착해서 이를 주제로 활용하는 것이 더 좋다. 이야기 나누기를 함으로써 유아는 같은 상황에 대한 해석도 친구들마다 다를 수 있다는 것을 경험하게 된다.

● 다른 사람의 관점으로 상황을 바라보도록 유도한다. 부모와 교사는 유아와 함께 이야기 책을 읽고 등장인물의 생각과 감정, 행동의 동기를 추측해 보게 한 후, 유아가 등장인물의 입장이 되어 그 입장에서 어떤 생각을 하고 어떤 느낌을 가질 수 있는지 물어본다. 이런 경험을 통해 유아는 마음 이론이 발달하고 역할수용 능력이 증진된다.

● 고정관념이나 편견을 갖지 않도록 도와준다. 부모와 교사는 개인마다 독특한 장점이 있다는 것을 유아가 인지할 수 있도록 해 준다. 유아가 또래의 재능이나 장점을 발견하게 될 때 서로 더 가까워질 수 있고 고정관념이나 편견에서도 벗어나기 쉽다.

3) 다른 사람들과 더불어 지내기

● 놀이 활동 시에 성 고정관념 없이 다양한 활동에 참여할 수 있도록 하고, 성 편견 없는 행동특성을 지니도록 도와준다. 다른 사람을 세심하게 배려하고 돌봐

주는 품성, 긍정적인 감정을 개방적으로 표현하는 것, 자기 의견을 표현하기, 독립성 등은 남녀 상관없이 모든 유아가 지녀야 할 특성이다.

● 일상에서 타인의 감정과 욕구를 배려하는 마음이 어떤 것인지 유아가 알아차릴 수 있도록 도와준다. 예를 들어, 4세 유아가 놀이에 끼고 싶지만 자신이 없어 쳐다보고만 있을 때 부모와 교사는 놀이를 주도하고 있는 친구에게 다가가 '재환이가 너희와 함께 이것을 만들고 싶어 하는데 재환이도 함께 만들면 어떨까?'라고 하며 상대방의 마음을 헤아려 보게 한다.

● 다른 사람을 돕는 일에 참여하도록 유도한다. 이런 행동을 자주 하면 나중에는 유아 스스로 자신의 도움이 필요한 경우를 알아채고 직접 도우려는 행동을 하게 된다. 예를 들어, '선생님, 이거 좀 오려 주세요.'라고 하는 경우에 가위질을 잘 하는 친구가 옆에 있다면 교사는 그 친구에게 그것을 도와주라고 말한다. 넘어져서 다친 친구에게 교사가 약을 바르면서 유아에게 응급처치함에서 밴드를 찾아달라고 부탁할 수 있는데 이런 상황을 통해 서로 돕거나 도움을 요청하는 사회적 기술이 증진되고 서로 친밀해지는 긍정적 경험을 하게 된다.

● 어떤 행동이 받아들일만 하고 어떤 행동은 곤란한지에 대해 이유를 얘기해 주고 그 행동으로 인해 나타날 수 있는 결과를 알려준다. 교사가 '화장실을 사용하고 물을 꼭 내리세요.'라고 말하기보다는 '화장실을 사용하고 난 뒤에는 물을 내려야 해요. 그래야 다음 사람이 깨끗한 화장실을 사용할 수 있어요.'라고 말한다면 유아는 이를 통해 타인을 위하는 마음과 함께 타인의 관점을 생각해 보게 된다. 이런 방법은 유아의 자아를 강하게 만들고 양심을 내면화하는 것을 증진시킬 수 있다. 스스로 판단하고 충동을 조절해 보는 기회를 많이 경험하면 유아는 자기 자신을 더 능력 있고 가치 있는 사람으로 느낄 수 있다. 이렇게 형성된 긍정적 자아 개념과 자기 효능감은 유아가 성숙한 도덕인으로 자라나는 데 도움이 된다.

● 성인이 먼저 친사회적 행동을 하는 모델이 되어야 한다. 부모와 교사가 유아에게 친사회적 행동을 보여 주면 유아도 이런 행동을 더 쉽게 모방한다.

● 금지행동에 대한 분명한 지침을 준다. 부모와 교사는 유아에게 갈등이 일어날 때는 항상 비폭력적으로 해결해야 한다는 것을 끊임없이 알려주어야 한다. 부모와 교사는 규칙을 세워 신체적 공격을 금하고, 놀리거나 편견 섞인 말을 하거나 비난하는 등의 심리적 공격도 금하도록 한다. 그리하여 부모와 교사는 집단

활동을 하게 될 때 의견 불일치는 얼마든지 있을 수 있지만 때리거나 밀거나 모욕하는 말을 하는 것은 허용되지 않는다는 것을 유아에게 알려주어야 한다.

● 교육과정에 다른 사람을 돕는 일을 넣는다. 소꿉놀이 주제로 유기견 보호센터, 병원 등을 포함시킬 수 있고, 옷이 필요한 사람에게 헌옷을 기부하는 일이나 견학장소로 양로원을 기획할 수도 있다.

● 경쟁보다는 협력하는 활동을 기획한다. 협력하는 활동을 함으로써 유아는 공격적 행동을 덜 보이고, 서로 도움을 주고받으며, 때로 도움을 구하기도 하면서 타협하는 기술도 연습할 수 있다.

● 유아가 특별히 공격적일 때는 어떤 면에서 미숙한지 파악하고 그 부분을 개선하도록 노력한다. 부모와 교사는 주로 반응적 공격행동을 보이는 유아에게 상대방의 의도를 나쁘게 파악하지 않도록 설명해 주고 화날 때 어떻게 대처해야 할지를 연습시켜야 한다. 반면, 주도적 공격성을 보이는 유아에게는 자신이 원하는 것이 있을 때 빼앗지 말고 협상하는 사회적 기술을 연습시킨다. 이런 유아는 타인에 대해 무감각한 경향이 있기 때문에 특별히 상대방이 겪을 수 있는 감정을 고려하도록 연습시켜야 하며, 조금이라도 개선되는 순간이 보일 때 격려해 주어야 한다.

참고문헌

Anderson, D. R., Huston, A. C., Schmitt, K. L., Linebarger, D. L., & Wright, J. C. (2001). Early childhood television viewing and adolescent behavior: The recontact study. *Monographs of the Society for Research in Child Development, 66* (Serial No. 264).

Auyeung, B., Baron-Cohen, S., Ashwin, E., Knickmeyer, R., Taylor, K., Hackett, G., Hines, M. (2009). Fetal testosterone predicts sexually differentiated childhood behavior in girls and in boys. *Psychological Science, 20*(2), 144-148.

Baumrind, D., Larzelere, R. E., & Owens, E. B. (2010). Effects of preschool parents' power assertive patterns and practices on adolescent development. *Parenting: Science and Practice, 10*(3), 157-201. doi:10.1080/15295190903290790

Bem, S. L. (1989). Genital knowledge and gender constancy in preschool children. *Child Development, 60*(3), 649-662.

Burhans, K. K., & Dweck, C. S. (1995). Helplessness in early childhood: The role of contingent worth. *Child Development, 66*, 1719–1738.

Campbell, A., Shirley, L., & Candy, J. (2004). A longitudinal study of gender-related cognition and behaviour. *Developmental Science, 7*, 1–9.

Carney, D. R., & Mason, M. F. (2010). Decision making and testosterone: When the ends justify the means. *Journal of Experimental Social Psychology, 46*(4), 668–671. doi:10.1016/j.jesp.2010.02.003

Cassidy, K. W. (1998). Preschoolers' use of desires to solve theory of mind problems in a pretense context. *Developmental Psychology, 34*(3), 503–511.

Conry-Murray, C., & Turiel, E. (2012). Jimmy's baby doll and Jenny' struck: Youngchildren's reasoning about gender norms. *Child Development, 83*(1), 146–158.

Coopersmith, S. (1967). *The antecedents of self-esteem*. Palo Alto, CA: Consulting Psychologists Press.

Crick, N. R., & Dodge, K. A. (1996). Social information-processing mechanisms in reactive and proactive aggression. *Child Development, 67*(3), 993–1002.

Dweck, C. S. (2008). *Brainology: Transforming students' motivation to learn*. Retrieved from: http://www.nais.org/Magazines-Newsletters/ISMagazine/Pages/Brainology.aspx.

Eisenberg, N., & Fabes, R. A. (1998). Prosocial development. In W. Damon (Series Ed.) & N. Eisenberg (Vol. Ed.), *Handbook of child psychology: Vol. 3. Social, emotional, and personality development* (pp. 701–778). New York: Wiley.

Erdely, S. R. (Oct. 28, 2013). *About a girl: Coy Mathis' fight to change gender: By the time Coy Mathis was four years old, he knew one thing was for sure: that he wasn't a boy*. Retrieved from: http://www.rollingstone.com/culture/news/about-a-girl-coy-mathis-fight-to-change-change-gender-20131028#ixzz395a3PqE4.

Fite, P. J., Vitulano, M., Wynn, P., Wimsatt, A., Gaertner, A., & Rathert, J. (2010). Influence of perceived neighborhood safety on proactive and reactive aggression. *Journal of Community Psychology, 38*(6), 757–768.

Goldberg, A. E., Kashy, D. A., & Smith, J. Z. (2012). Gender-typed play behavior in early childhood: Adopted children with lesbian, gay, and heterosexual parents. *Sex Roles, 67*, 503–513.

Harter, S. (2012). *The construction of the self: Developmental and sociocultural foundations*. Guilford Press.

Hilliard, L. J., & Liben, L. S. (2010). Differing levels of gender salience in preschool classrooms: Effects on children's gender attitudes and intergroup bias. *Child Development, 81*(6), 1787–1798.

Honig, A. S. (2009). Understanding and working with non-compliant and aggressive young children. E*arly Child Development and Care, 179*(8), 1007–1023. doi:10.1080/

03004430701726217

Huesmann, L. R., Dubow, E. F., & Boxer, P. (2011). The transmission of aggressiveness across generations: Biological, contextual, and social learning processes. In P. R. Shaver & M. Mikulincer (Eds.), *Human aggression and violence: Causes, manifestations, and consequences. Herzilya series on personality and social psychology* (pp. 123–142). Washington, DC: American Psychological Association. doi:10.1037/12346-007

Iervolino, A. C., Hines, M., Golombok, S. E., Rust, J., & Plomin, R. (2005). Genetic and environmental influences on sex-types behavior during the preschool years. *Child Development, 76*(4), 826–840.

Kärtner, J., Keller, H., & Chaudhary, N. (2010). Cognitive and social influences on early prosocial behavior in two sociocultural contexts. *Developmental Psychology, 46*(4), 905–914. doi:10.1037/a0019718

Katz, L. G., & McClellan, D. E. (1997). Fostering children's social competence: Teacher's role. Washington, DC: National Association for the Education of Young Children.

Kochanska, G., & Aksan, N. (2006). Children's conscience and self-regulation. *Journal of Personality, 74*, 1587–1617.

Kochanska, G., Koenig, J. L., Barry, R. A., Kim, S., & Yoon, J. E. (2010). Children's conscience during toddler and preschool years, moral self, and a competent, adaptive developmental trajectory. *Developmental psychology, 46*(5), 1320.

Kohlberg, L. (1966). A cognitive-developmental analysis of children's sex- role concepts and attitudes. In E. E. Maccody (Ed.), *The development of sex differences* (pp. 82–173). Stanford, CA: Stanford University Press.

Kohlberg, L. (1969). *Stages in the development of moral thought and action.* New York, NY: Holt.

Kohlberg, L. (1985). *The psychology of moral development.* San Francisco, CA: Harper & Row.

Kopp, C. (1991). Young children's progression to self-regulation. In M. Bullock (Ed.), *The development of intentional action: Cognitive, motivational, and interactive processes: Vol 22. Contribution to human development* (pp. 38–54). Basel, Switzerland: Kager.

Ladd, G. W. (2007). Social learning in the peer context. In O. Saracho & B. Spodek (Eds.), *Contemporary perspectives on socialization and social development* (pp. 133–164). Charlotte, NC: Information Age.

Leavell, A. S., Tamis-LeMonda, C. S., Ruble, D. N., Zosuls, K. M., & Cabrera, N. J. (2012). African American, White and Latino fathers' activities with their sons and daughters in early childhood. *Sex Roles, 66*, 53–65.

Lippa, R. A. (2008). The relation between childhood gender nonconformity and adult masculinity-femininity and anxiety in heterosexual and homosexual men and women.

Sex roles, 59, 684–693.

Maccoby, E. E. (1998). *The two sexes.* Cambridge, MA: Harvard University Press.

Mares, M., Palmer, E., & Sullivan, T. (2008). Prosocial effects of media exposure. In S. L. Calvert, & B. J. Wilson (Eds.), *The handbook of children, media, and development. Handbooks in communication and media* (pp. 268–289). Malden, MA: Blackwell Publishing. doi:10.1002/9781444302752.ch12

Markus, H. R., & Kitayama, S. (1991). Culture and the self: Implications for cognition, emotion, and motivation. *Psychological Review, 98,* 224–253.

Martin, C. L., & Ruble, D. N. (2010). Patterns of gender development. *Annual Review of Psychology, 61,* 353–381.

Martorell, G., Papalia, D. E., & Feldman, R. D. (2014). *A Child's world: Infancy through adolescence* (13th Ed.). New York, NY: McGrow-Hill.

Mueller, C. M., & Dweck, C. S. (1998). Intelligence praise can undermine motivation and performance. *Journal of Personality and Social Psychology, 75*(1), 33–52.

National Research Council and Institute of Medicine. (2000). *From neurons to neighborhoods: The science of early childhood development.* Committee on Integrating the Science of Early Childhood Development. Jack P. Shonkoff and Deborah A. Phillips, eds. Board on Children, Youth, and Families, Commission on Behavioral and Social Sciences and Education. Washington, DC: National Academy Press.

Piaget, J. (1932). *The moral judgment of the child.* New York: Harcourt Brace Jovanovich.

Polman, H., Orobio de Castro, B., Koops, W., van Boxtel, H. W., & Merk, W. W. (2007). A metaanalysis of the distinction between reactive and proactive aggression in children and adolescents. *Journal of Abnormal Child Psychology, 35,* 522–535.

Pomerantz, E. M., & Saxon, J. L. (2001). Conceptions of ability as stable and self-evaluative processes: A longitudinal examination. *Child Development, 72*(1), 152–173.

Randell, A. C., & Peterson, C. C. (2009). Affective qualities of sibling disputes, mothers' conflict attitudes, and children's theory of mind development. *Social Development, 18*(4), 857–874.

Reid, S., Salmon, K., & Lovibond, P. (2006). Cognitive biases in childhood anxiety, depression, and aggression: Are they pervasive or specific? *Journal of Cognitive Therapy and Research, 30,* 531–549.

Reinius, B., Saetre P., Leonard J. A., Blekhman R., Merino-Martinez R., Gilad, Y., & Jazin, E. (2008). *An evolutionarily conserved sexual signature in the primate brain.* Retrieved from: http://www.ncbi.nlm.nih.gov/pmc/articles/PMC2413013/

Selman, R. L. (1976). Social-cognitive understanding: A guide to educational and clinical practice. In T. Lickona (Ed.), *Moral development and behavior: Theory, research, and social issues.* New York: Holt, Rinehart and Winston.

Son, J., & Wilson, J. (2010). Genetic variation in volunteerism. *The Sociological Quarterly, 51*(1), 46–64. doi:10.1111/j.1533-8525.2009.01167.x

Spritz, B. L., Fergusson, A. S., & Bankoff, S. M. (2010). False beliefs and the development of deception. In E. H. Sandberg & B. L. Spritz (Eds.), *A clinician's guide to normal cognitive development in childhood* (pp. 101–120). New York: Routledge/Taylor & Francis.

Vaughn, B. E., Kopp, C. B., & Krakow, J. B. (1984). The emergence and consolidation of self-control from eighteen to thirty months of age: Normative trends and individual differences. *Child Development, 55*(3), 990–1004.

Wang, Q. (2006). Culture and the development of self-knowledge. *Current Directions in Psychological Science, 15*, 182–187.

Wang, Q., & Ross, M. (2007). Culture and memory. In H. Kitayama & D. Cohen (Eds.), *Handbook of Cultural Psychology* (pp. 645–667). New York: Guilford.

Yamasue, H., Kuwabara, H., Kawakubo, Y., & Kasai, K. (2009). Oxytocin, sexually dimorphic features of the social brain, and autism. *Psychiatry & Clinical Neurosciences, 63*, 129–140.

7 News Denver. (Mar. 8, 2013). *Colorado school bans transgender 1st-grader Coy Mathis from using girls restroom; refuses mediation*. Retrieved from: http://www.thedenverchannel.com/news/local-news/colorado-school-bans-transgender-1st-grader-coy-mathis-from-using-girls-restroom-refuses-mediation

chapter 09

발달 이상

우리나라는 「장애아동복지지원법」(2013), 「장애인 등에 대한 특수교육법」(2013)과 「영유아
보육법」(2015), 「유아교육법」(2014)을 통해 발달적으로 지체된 유아를 위한 제도적인 뒷받침
을 마련하고 있다. 이와 더불어 통합교육을 통해 발달적으로 지체된 유아에게도 동등한 소속감
과 가치감 및 선택권을 줄 것을 강조하고 있다(이소현, 2003). 그러나 특수교육을 전공하지 않
은 일반 교사는 발달적으로 문제가 있는 유아에 대한 지식과 이해가 부족하여 유치원이나 어린
이집에서 유아와 상호작용하는 데 어려움을 겪고 있다. 따라서 이 장은 유아기에 나타나는 대
표적인 발달 이상에 대한 행동특성과 진단 기준 및 가능한 치료방법이나 교수 접근방법 등 기
초적인 정보와 지식에 대해 살펴보고자 한다.

1. 유아기 발달 이상
2. 장애 유아를 위한 부모 및 교사의 역할
3. 장애 유아 통합교육

chapter
09

발달 이상

1. 유아기 발달 이상

유아기의 발달 이상에 대한 진단과 분류체계를 소개한 대표적인 편람으로 미국 정신의학회(American Psychiatric Association)에서 발간한 『정신장애진단편람(Diagnostic and Statistical Manual of Mental Disorders: DSM-5)』이 있다. 『DSM-5』(2013)는 정신장애를 진단하고, 분류하는 데 있어 국내의 임상가나 상담사가 현장에서 가장 많이 활용하고 있으며, 최근에 개정되었다. 『DSM-5』에 의하면 유아기의 대표적인 발달 이상 중 주의력결핍 과잉행동 장애(ADHD), 자폐스펙트럼 장애, 지적 장애, 말 더듬증, 틱 장애, 반항성 장애의 여섯 가지 유형을 신경발달 장애(neurodevelopmental disorders)로 포괄하였다. 신경발달 장애는 중추신경계의 손상, 즉 뇌의 발달 지연이나 뇌 손상과 연관된 것으로 알려진 정신 장애를 포함한다(권석만, 2013, p. 561).

1) 주의력결핍 과잉행동 장애

(1) 주요 임상 특성

주의력결핍 과잉행동 장애(attention deficit hyperactivity disorder: ADHD)는 발달 초기에 가장 흔하게 진단되는 행동 장애다. 주의력결핍 과잉행동 장애는 7세 이전에 발생하고 6개월 이상 지속되는데 집이나 학교, 작업장, 또래그룹 등의 여러 상황에서 문제가 발생한다. 주의력결핍 과잉행동 장애는 부주의, 과잉 행동, 충동성 등의 세 가지 주된 증상을 나타낸다(National Institutes of Health, 1998, p. 5).

먼저 부주의는 무심함(carelessness), 주의 집중의 어려움, 정확하게 일을 완수하거나 조직하는 것의 어려움과 주저함, 지시를 잘 따르지 못함, 잘 잊어버리고 매우 산만한 특성을 포함한다. 다음으로 과잉 행동은 과도한 움직임, 끊임 없는 활동, 안절부절 못함 또는 지나치게 말이 많은 것과 같은 특성을 포함한다. 마지막으로 충동성은 행동 억제력 부족, 보상을 연기하거나 행동하기 전에 먼저 생각하는 것을 어려워하는 행동 특성을 포함한다(Mulsow & Lee, 2003). 최근 개정되어 소개된 『DSM-5』(2013)에서는 주의력결핍 과잉행동 장애의 특성과 관련하여 부주의 우세형, 과잉행동-충동 우세형, 복합형의 세 가지 유형으로 구분하였다.

주의력결핍 과잉행동 장애의 출현율은 대체로 남아가 더 높다고 보고되고 있지만, 최근 여아의 비율도 증가하고 있다(Robison, Skaer, Sclar, & Galin, 2002). 특히 클리닉을 찾는 여아인 경우에는 그 정도가 남아만큼 심각한데(Gaub & Carlson, 1997), 주의력결핍 과잉행동 장애의 주된 증상 중 부주의한 특성을 보이는 경우가 많다. 즉, 여아는 남아에 비해 과잉행동이나 충동적인 행동과 같은 외현적으로 드러나는 문제 행동이 잘 나타나지 않아 여아의 주의력결핍 과잉행동 장애를 발견하는 것이 어렵다. 이로 인해 여아의 경우에는 이에 대한 진단이 지체되어 우울증상으로 발전할 수도 있기 때문에 교사의 세심한 관찰이 필요하다.

주의력결핍 과잉행동 장애는 흔히 행동 장애(conduct disorder: CD)나 적대적 반항 장애(oppositional defiant disorder: ODD)와 함께 나타나는데 두 가지 용어는 때로 혼용하여 사용하기도 한다(Mulsow & Lee, 2003). 적대적 반항 장애는 행동 장애와 비슷하지만 덜 심각하고 더 일찍 나타나는데 권위에 대한 거부, 도전, 불복종, 또는 적대적 행동과 관계가 있어 버럭 화를 내거나 말대꾸하거나 지시나 규칙을 무시하고 따르지 않는 특성을 나타낸다(조성연 외, 2010, p. 399). 주의력결핍 과잉행동 장애가 단독으로 존재할 때보다 행동 장애나 반항성 장애가 동시에 있을 때 그 예후는 더 심각하다. 즉, 주의력결핍 과잉행동 장애가 조기에 진단되어 치료되지 않을 경우, 흔히 환경적 요인으로 알려진 부모의 무관심이나 부정적인 양육태도, 교사나 지역사회의 부정적인 피드백 등을 통한 아동의 부정적 경험이 누적되어 행동 장애나 반항성 장애가 동시에 발병하기 쉽다. 그로 인해 주의력결핍 과잉행동 장애로 진단받은 아동이 청소년이나 성인이 되었을 때 반사회적 행동, 물질 남용, 범죄 행위로까지 발전할 수 있다.

(2) 병인

주의력결핍 과잉행동 장애는 환경적 요인보다 생물학적 요인에 기인한 유전적 취약성과 더 밀접하게 관련되어 있다(Gjone, Stevenson, & Sundet, 1996; Teeter, 1998). 따라서 오늘날의 의학적 방법으로 예방하기가 쉽지 않다. 하지만 물질 남용이나 범죄 행위 등과 같은 지속적이고 장기적인 문제를 예방하기 위해서 사용할 수 있는 몇몇 방법은 현재 활용하고 있다(Mulsow & Lee, 2003).

주의력결핍 과잉행동 장애의 정확한 원인은 아직 알려지지 않지만, 관련 연구결과에 의하면 뇌의 전두엽을 중심으로 한 뇌의 구조나 기능과 관련되어 있다고 본다(Barkley, 1998). 바클리(Barkley, 1997)는 주의력결핍 과잉행동 장애의 원인을 설명하면서 하이브리드 모델(hybrid model)을 제안하였다. 이 모델에서 그는 주의력결핍 과잉행동 장애를 가진 아동은 뇌의 실행기능을 주관하고 있는 전두엽 부분이 덜 발달되어 있어 행동억제 장애를 초래함으로써 결국 자기조절능력이 손상되었다고 주장하였다.

(3) 진단

주의력결핍 과잉행동 장애와 비슷한 특징을 나타내는 발달 이상이 있기 때문에 주의력결핍 과잉행동 장애는 조기의 정확한 진단을 받는 것이 매우 중요하다(NIH, 1998). 예를 들면, 외상 스트레스나 외상 후 스트레스 장애는 과활동, 분산성, 충동성, 안절부절못하는 것, 공격성 등을 나타내기 때문에 때로 주의력결핍 과잉행동 장애로 잘못 진단하기도 한다(Thomas, 1995). 주의력결핍 과잉행동 장애를 진단하기 위해서는 부모 혹은 보호자나 교사 등으로부터 유아의 행동에 관한 다양한 자료와 관련한 증상이 나타나기 시작한 연령 등과 같은 여러 가지 정보를 구해야 한다. 또한 주의력결핍 과잉행동 장애는 가족력의 가능성이 높기 때문에 다른 가족 구성원 중에서도 이런 증상이 있는지 함께 검사를 받도록 하는 것이 필요하다(Mulsow & Lee, 2003).

주의력결핍 과잉행동 장애를 진단하는 측정 도구는 코너스(Conners)가 개발한 코너스 부모용 평정척도-개정판(Conners Parents Rating Scale: CPRS), 코너스 교사용 평정척도-개정판(Conners Teacher Rating Scale: CTRS-R), 코너스 단축형 증상 질문지가 있다. 최근에는 컴퓨터를 이용하여 청각적 방법과 시각적 방법을 이용한 정밀주의력 검사(Advanced Test of Attention: ATA)와 같은 도구를 활용하여 진단하기도 한다.

TIP

주의력결핍 과잉행동 장애의 진단 준거

A. (1)또는 (2)항 중 한 가지 이상이 해당되어야 한다.

(1) 부주의에 관한 다음 증상 중 6가지 이상이 6개월 이상 지속적으로 나타나며, 발달수준에 맞지 않고 사회적, 학업적/직업적 활동에 부정적인 영향을 미친다.

- 부주의
  - 세부적인 면에 면밀한 주의를 기울이지 못하거나, 학업, 작업 또는 다른 활동에서 부주의한 실수를 저지른다.
  - 일을 하거나 놀이를 할 때 지속적으로 주의를 집중할 수 없다.
  - 다른 사람이 말을 할 때 경청하지 않는 것으로 보인다.
  - 지시를 완수하지 못하고, 학업, 잡일, 작업장에서의 임무를 수행하지 못한다. (반항적 행동이나 지시를 이해하지 못해서가 아니다.)
  - 과업과 활동을 체계적으로 진행하지 못한다.
  - 지속적인 정신적 노력을 필요로 하는 과업(학업이나 숙제 등)에 참여하기를 꺼리고 싫어하며 저항한다.
  - 활동이나 숙제에 필요한 물건(예: 장난감, 학습과제, 연필, 책, 도구 등)을 잃어버린다.
  - 외부 자극에 의해 쉽게 산만해진다.
  - 일상적인 활동을 잘 잊어버린다.

(2) 과잉행동-충동성에 관한 다음 증상 중 여섯 가지 이상이 6개월 동안 부적응적이면서 발달수준에 맞지 않게 지속적으로 나타난다.

- 과잉행동
  - 손발을 가만히 두지 못하거나 의자에 앉아서도 몸을 움직인다.
  - 앉아 있어야만 하는 교실이나 다른 상황에서 자리를 떠난다.
  - 부적응한 상황에서 지나치게 뛰어다니거나 기어오른다. (청소년이나 성인에서는 침착하지 못한 것으로 나타날 수 있다.)
  - 조용히 여가 활동에 참여하거나 놀지 못한다.
  - '끊임없이 활동하거나' 마치 '무언가에 쫓기는 것' 처럼 행동한다.
  - 지나치게 말을 많이 한다.

- 충동성
  - 질문이 채 끝나기 전에 성급하게 대답한다.
  - 차례를 기다리지 못한다.

- 다른 사람의 활동을 방해하고 간섭한다(예: 대화나 게임에 참견한다.)

B. 심각한 부주의나 과잉행동-충동 증상이 12세 이전부터 나타난다.

C. 심각한 부주의나 과잉행동-충동 증상이 2가지 이상의 상황에서 나타난다
   (예: 학교, 작업장, 가정).

D. 사회적 · 학업적 · 직업적 기능에서 임상적으로 심각한 장애를 초래한다.

E. 이러한 증상은 정신분열증이나 다른 정신증적 장애가 진행하는 중에 나타나는 것
   이 아니며 다른 정신 장애로 더 잘 설명되지 않는다.

출처: 권석만(2013). 현대이상심리학, p. 575 재구성.

(4) 치료

주의력결핍 과잉행동 장애는 뇌의 기능 장애 때문에 발생하는 것으로 알려져 있어 약물치료를 많이 사용하며, 그중 흥분제를 가장 많이 처방하여 치료한다. 약물치료 외에는 행동주의 기법, 인지행동기법, 다중접근 치료방법 등을 사용한다. 행동주의 기법 중에서는 강화를 사용하여 부정적인 행동은 줄이고 긍정적인 행동은 증가시키는 행동중재 방법을 많이 사용한다. 인지행동수정기법에서는 자기모니터링(self-monitoring)과 단계적 문제해결과 같은 기술을 사용한다. 다중접근 치료방법(multimodal treatment)은 약물치료와 병행하여 행동전략 유형과 교육적 수정과 같은 중재방법을 혼합하여 사용한다(Mulsow & Lee, 2003).

주의력결핍 과잉행동 장애 아동을 위해 부모는 이것이 장애라는 생각을 하고, 아이의 문제로 받아들여야 하며, 일관성 있게 양육하고, 계속 말로만 지시하지 말고 행동을 보여 주어야 한다. 또한 부모는 용서하는 것을 연습하고, 아동의 행동에 대해 즉각적인 보상과 피드백을 주되, 자주 강력한 것으로 주어야 한다. 벌을 주기 전에 먼저 격려하고, 문제 상황이 생기기 전에 미리 계획을 세워서 행동하는 것이 효과적이다(Barkley, 1995).

2) 자폐 스펙트럼 장애

『DSM-4』(1994)에서 전반적 발달장애의 넓은 범주에 자폐성 장애(autism)로 분류

하여 명명하였던 것을 『DSM-5』(2013)에서는 **자폐 스펙트럼 장애**(autism spectrum disorder)로 통합하여 명명하였다. 『DSM-5』에서는 『DSM-4』에서 전반적 발달장애에 포함되었던 자폐성 장애, 소아기 붕괴성 장애, 아스퍼거 장애, 기타 전반적 발달장애를 통합하여 자폐성 발달장애로 규정하였다. 『DSM-5』에서는 네 가지 장애가 증상이 경미한지 혹은 심각한지의 정도만 다를 뿐 연속선상에 존재하는 하나의 장애로 보아 용어를 통합한 것이다(권석만, 2013).

(1) 주요 임상 특성 및 평가

자폐 스펙트럼 장애는 두 가지의 주된 증상을 보인다. 첫째, 자폐 스펙트럼 장애는 일상적인 사회적 상호작용에 결함이 있어 대인관계에 필요한 눈 맞춤, 얼굴표정, 몸짓 등이 매우 부적절하여 함께 생활하는 부모나 친구와 친밀한 관계를 이루어 나가지 못한다. 둘째, 자폐 스펙트럼 장애는 제한된 반복적인 행동 패턴을 보여 특정한 패턴의 기이한 행동을 똑같이 반복하며 특정한 대상이나 일에 비정상적으로 고집스럽게 집착하는 행동을 나타낸다. 『DSM-5』에서는 자폐 스펙트럼 장애를 두 가지 주된 증상의 심각성 정도에 따라 평가한다(권석만, 2013).

자폐 스펙트럼 장애로 진단받으려면 사회적 상호작용이 어렵거나, 제한된 행동 특성 및 언어지체와 같은 특성이 3세 이전에 나타나야만 한다. 그러나 어떤 경우에는 분명히 정상적으로 발달했음에도 비 전형적인 기능을 나타내기도 한다. 발달지체나 지적 장애와 같은 다른 아동기 장애와 자폐 스펙트럼 장애를 구분하는 것이 어려울 수 있기 때문에 유아는 3세나 그 이후까지 자폐를 가진 것으로 진단하지 않는다(Goin & Myers, 2004). 그러나 일찍 발견할수록 조기중재를 통해 자폐 스펙트럼 장애 유아의 발달적 결과를 증진시킬 수 있으므로 진단은 빠를수록 좋다(Goin & Myers, 2004).

TIP

자폐 스펙트럼 장애의 진단 준거

A. 다양한 맥락에 걸쳐 사회적 의사소통과 상호작용에서 지속적인 결함을 보인다. 이러한 결함은 현재 또는 과거에서 다음과 같이 나타난다.

- 사회적 · 정서적 상호작용에서 결함이 나타난다. 예를 들면, 다른 사람에게 비정상적인 방식으로 접근하려 하고, 정상적으로 번갈아가며 대화하지 못하며, 다른 사람과

관심사나 감정을 공유하지 못하고, 심한 경우에는 사회적 상호작용을 시작하지 못하거나 그에 반응하지 못한다.

- 사회적 상호작용을 위해 사용하는 비언어적인 의사소통 행동에 결함을 나타낸다. 예를 들면, 언어적이거나 비언어적인 의사소통을 통합하여 사용하지 못하고, 눈 맞추기와 몸동작에서 비정상성을 나타내며, 심한 경우에는 얼굴 표정이나 비언어적 의사소통을 전혀 사용하지 못한다.
- 대인관계를 발전시키고 유지하며 이해하는 데 결함을 나타낸다. 예를 들면, 다양한 사회적 맥락에 맞게 행동을 조율하지 못하고, 다른 사람과 상상적 놀이를 함께 하거나 친구를 사귀는 데 어려움을 나타내며, 심한 경우에는 또래 친구에 대해 전혀 관심을 보이지 않는다.

B. 행동, 흥미 또는 활동에 있어서 제한적이고 반복적인 패턴이 다음 네 가지 중 두 가지 이상의 증상으로 나타난다.

- 정형화된 혹은 반복적인 움직임 동작, 물체 사용이나 언어사용(예: 단순한 운동의 반복, 장난감을 한 줄로 정렬하거나 물체를 뒤집는 행동, 반향언어(다른 사람의 언어를 무의식적으로 되풀이하기, 이상한 어구 사용).
- 동일한 것을 고집하고, 일상적인 것에 대해 지나치게 집착하거나 언어적이거나 비언어적 행동의 의식화된 패턴을 나타낸다(예: 작은 변화에 대한 심한 불쾌감, 경직된 사고패턴, 의식화된 인사법, 매일 동일한 일상적 활동을 하거나 동일한 음식을 먹으려 함).
- 매우 제한적이고 고정된 흥미를 지니는 데 그 강도나 초점이 비정상적이다(예: 독특한 물건에 대한 강한 애착 또는 집착, 과도하게 제한적이거나 고집스러운 흥미).
- 감각적 자극에 대한 과도한 혹은 과소한 반응을 나타내거나 환경의 감각적 측면에 대해 비정상적인 관심을 나타낸다(예: 고통이나 온도에 대해 현저하게 무감각함, 특정한 소리나 재질에 대한 혐오 반응, 특정한 물건을 만지거나 냄새를 맡는 데 집착함, 빛이나 물건의 움직임에 매료됨).

C. 이러한 증상은 어린 아동기에 나타난다.

D. 이러한 증상은 사회적·직업적 또는 다른 중요한 기능 영역에 심각한 손상을 초래한다.

E. 이러한 장애는 지적 장애나 전반적 발달 지연에 의해 더 잘 설명되지 않는다.

출처: 권석만(2013). 현대이상심리학, p. 569 재구성.

(2) 치료

자폐 스펙트럼 장애 아동이 나타내는 흥분하는 행동과 떼쓰는 행동의 빈도를 줄이거나 특정 단어 사용 빈도를 증가시키는 것은 사회적 기능을 향상시키는 것에 비해 비교적 용이하다. 자폐 스펙트럼 장애 아동의 사회성을 증진시키기 위해 많이 사용하는 방법은 사회적 이야기(social stories), 사회성 기술 중재집단(social skill groups), 관계성 개발 중재(relationship development intervention) 등이 있다 (Hillman, Snyder, & Neubrander, 2007; 이영 외, 2009, pp. 352-355). 사회적 이야기는 단순하고 읽기 쉬운 이야기로 구성되어 있고, 그 내용은 다가올 사건이나 상황에 맞추어져 있다. 이 방법은 무엇이, 언제, 어떻게, 왜 일어나는지를 예측하는 데 필요한 구체적인 정보를 자폐 스펙트럼 장애 아동에게 제공해 줄 수 있도록 만들었다. 읽을 수 있는 자폐 스펙트럼 장애 아동은 스스로 이야기를 읽게 하지만 그렇지 못한 경우에는 부모나 교사가 읽어 준다(Scattone, Wilczynski, Edwards, & Rabian, 2002; Hillman, Snyder, & Neubrander, 2007 재인용). 사회성 기술 중재는 사회적 기술을 가르치기 위해 자폐 스펙트럼 장애가 있는 5~12명의 아동으로 구성하여 치료하는 집단 중재방법이다. 중재 집단은 심리학자나 행동 전문가, 언어치료사, 작업치료사가 주도한다(Hillman, Snyder, & Neubrander, 2007). 관계성 개발 중재는 보상이 이루어지는 상황을 통해 자폐 스펙트럼 장애 아동에게 사회적 기술을 가르치려는 방법이다. 이 방법은 아동이 자발적으로 사회적 상호작용을 추구하거나 실제로 해 보도록 함으로써 자폐 스펙트럼 장애 아동을 가르친다(Hillman, Snyder, & Neubrander, 2007).

3) 지적 장애

『DSM-5』에서는 지적 장애를 지적 기능과 적응 기능에서의 결함으로 정의하였다. **지적 기능**(intellectual functions)은 추리, 문제해결, 계획, 추상적 사고, 판단, 학교에서의 학습 및 경험을 통한 학습이고, 적응 기능(adaptive functions)은 가정, 학교, 직장, 지역사회와 같은 다양한 환경에서 의사소통, 사회적 참여, 독립적인 생활과 같은 일상생활을 영위할 수 있는 능력이다(권석만, 2013, p. 562). 그러므로 지적 장애를 가진 아동은 전반적으로 지적 능력이 떨어져 학업능력이 부진하고, 적응 능력도 떨어져 다른 또래 아동에 비해서 사회생활도 미숙하다.

지적 장애는 지적 기능의 손상정도에 따라 '가벼운, 중간 수준의, 심한, 아주 심한' 지체의 네 수준으로 분류한다(Mash & Barkley, 2003, 이현진 외, 2006, p. 275). 가벼운 지적 장애(IQ 55~70)는 정상적인 아동과 별다른 차이가 없어 보이고, 단지 일상생활에서 해결해야 하는 문제 상황에 부딪힐 때 해결하는 속도가 느려 일반 아동보다 더 많은 도움을 필요로 하는 것처럼 보이는 정도로서 가장 많은 지적 장애가 이 범위에 속한다. 중간 정도의 지적 장애(IQ 40~54)는 학령 전기에 진단되는 경우가 더 많고 두 번째로 많은 지적 장애가 이 범위에 속한다. 이 범위에 속한 아동은 다운증후군이나 X 염색체 결함 증후군과 같은 한 가지 이상의 기질적 원인을 나타낸다. 심한 지적 장애(IQ 25~39)는 더 심한 손상이 있는데 대부분 한 가지 이상의 기질적 원인을 가지고 있으며, 이 범위에 속한 다수의 아동은 신체나 보행에 문제가 있으며 호흡기나 심장 등에도 문제가 있는 경우가 있다. 아주 심한 지적 장애(IQ 25 또는 20 이하)는 일반적으로 아주 초보적인 의사소통 기술만 가르칠 수 있어 평생 동안 보살펴 주어야 한다(Mash & Barkley, 2003, 이현진 외 역, 2006, p. 276).

지적 장애를 판단하여 분류할 때 실제로 IQ점수에 근거하곤 하는데 표준화된 지능 검사에서 IQ 70미만인 경우를 지적 장애로 보는 것이다. 지능지수 이외에 적응 기술의 정도를 판단하고자 바인랜드 사회 성숙 척도(Vineland social maturity scale)를 사용하기도 한다.

4) 말더듬증

말더듬증은 말을 유창하게 하지 못하는 장애로서 말더듬증 장애가 있는 아동은 소리나 단어를 반복하거나 지연하고, 말하기 전에 유난히 주저하며 머뭇거린다. 학령 전기 아동은 발달상 말을 유창하게 하지 못하는 때가 있으며, 대부분 학령 전기의 말더듬증은 자연스럽게 해결된다. 특히 학령 전기에 부모가 아동의 말하기에 지나치게 관심을 가지고 아동이 말하는 것에 비판적인 양육을 할 경우에 아동은 의사소통에 대해 불안을 느껴 말더듬증 문제를 지속시킬 수 있으므로 부모의 주의가 필요하다. 말더듬증은 대부분 2세에서 9세 사이에 진단할 수 있고, 모든 연령층에서 남아의 유병률이 여아보다 4배 정도 더 많다. 성인이 되기 전에 아동기의 심한 말더듬증이 해결되는 경우는 약 50% 정도다. 성장하면서 말더듬증이 계속 이어질 경우에는 낮은 자존감과 자신감, 사회적 상황의 회피, 자기 주장성 부족, 의사소통에서의 불안감을 동반하게 되어 사회생활에 어려움을 갖게 된다(Coddington & Wallick, 1999; 진혜경, 이경숙, 박영숙 역, 2002, p. 215).

5) 틱 장애

틱(tic)은 자신의 의지와는 무관하게 자주, 갑자기, 빠른 속도로 소리를 내거나 근육을 움직이는 반복적인 행동이다. 흔히 틱은 강박적인 생각과 행동을 함께 수반하며, 비교적 자주 과잉행동과 주의산만 및 충동성을 함께 나타내기도 한다(조성연 외, 2010, p. 405). 틱은 스트레스가 있으면 더 심해지고, 차분한 활동을 하는 동안에는 감소되는 경향이 있어 대개 잠자는 중에는 현저히 감소한다. 이는 심리적 상태가 틱 증상에 영향을 미친다는 사실을 뒷받침해 준다. 틱 증상을 나타내는 아동의 가정 중에는 부모가 아동에 대해 지나치게 높은 기대를 하거나 강압적이고 지시적인 가정 분위기인 경우가 많다. 그러므로 아동이 틱 증상을 보일 때 부모는 가정 분위기를 편안하게 해 주고 아동이 느끼는 부담감을 덜어 줌으로써 아동을 이완시켜 주는 것이 무엇보다 중요하다(조성연 외, 2010, p. 406).

흔히 일어나는 단순 운동 틱(motor tic) 장애는 깜빡거리기, 목을 경련하듯이 갑자기 움직이기, 어깨를 움츠리기, 얼굴 찡그리기, 기침하기와 같은 행위를 포함한다. 흔히 일어나는 단순 음성 틱(vocal tic) 장애는 헛기침하기, 꿀꿀거리기, 콩콩거리기, 콧바람불기, 동물의 소리로 짖기를 반복한다. 특히 운동 틱과 음성 틱이 동시에 나타날 때 뚜렛장애(Tourette disorder)라고 한다.

6) 반항 장애

반항 장애는 권위에 대한 거부, 도전, 불복종 또는 적대적 행동을 지속적으로 보이는 것이다. 반항 장애는 분노하며 짜증내는 기분, 논쟁적이며 반항적인 행동, 복수심의 세 가지 주된 증상으로 이루어져 있다(권석만, 2013). 반항 장애는 행동장애와 주의력결핍 과잉행동 장애 증상들과 많이 중복된다. 주의력결핍 과잉행동 장애와 행동 장애에 관한 정보나 관심에 비해 반항 장애에 관한 정보는 많이 결여되어 있고 다른 두 장애에 비해 가장 최근에 다시 공식화한 장애다(Blau, 1995). 반항 장애의 주된 증상은 권위에 대해 거부하고 도전하는 적대적인 행동을 하는 것이다. 이러한 거부적이고 도전적인 행동의 표현은 거의 대부분 집에서 나타나며 유아교육기관에서나 지역사회에서는 표출되지 않을 수 있다. 따라서 반항 장애의 행동 증상은 잘 알고 있는 어른이나 친구들과의 관계에서 자주 표출되지만 임상적인 관찰 중에는 잘 나타나지 않을 수 있다(이은진, 2005; 채은영, 2003).

반항 장애는 8세 이전에 분명하게 나타나며 집에서 잘 아는 사람하고 있을 때만 드러나서 학교나 낯선 대상과 있을 때는 발견되지 않기도 한다. 이는 양육자가 자주 바뀌거나 애정적인 보살핌을 받지 못한 경우 혹은 엄격하고 비일관적이거나 방임적인 가정에서 자란 아동에게 많이 나타난다(조성연 외, 2010, pp. 399-400). 이러한 반항 장애는 조기에 문제행동을 치료하지 않으면 이차적으로 사회·정서적인 문제를 야기할 수도 있어(이정숙, 백지은, 2001) 청년이나 성인이 되었을 때 반사회적 행동이나 범죄 행위로 이어지기도 한다. 그러므로 반항 장애가 있는 아동에 대한 적절한 조기 개입이 필요하다(조영숙, 공마리아, 2003).

7) 반응성 애착 장애

반응성 애착 장애(reactive attachment disorder)는 자폐 스펙트럼 장애와 매우 유사한 행동 특성을 나타내어 초기 진단 시 어려움이 있다. 자폐 스펙트럼 장애는 선천적인 뇌 기능의 손상을 원인으로 본다. 반면 반응성 애착 장애는 양육자의 적절한 사랑과 관심을 받지 못하거나 적절한 교육을 받지 못해서 비롯되는 등 양육자와의 애착 문제로 인해 부적절하고 위축된 대인관계를 나타내는 장애로 부적절한 양육환경을 원인으로 본다. 그러므로 반응성 애착 장애의 원인은 유아기에 나타날 수 있는 다른 장애와 달리 환경 요인이 우세하다(정유경, 2001). 반응성 애착 장애를 가진 아동은 부모를 포함한 다른 사람과의 접촉을 두려워하고 회피하며 사회성발달에 어려움이 있다(권석만, 2013, p. 244). 대개 반응성 애착 장애는 5세 이전에 발병하는데 이를 치료하고 예방하기 위해서는 양육자와의 애착관계를 개선하는 것이 가장 중요하다(권석만, 2013).

반응성 애착 장애는 병적인 양육환경이 주원인으로 알려져 있는데 이에는 억제형과 탈억제형의 두 가지 유형이 있다. 억제형 반응성 애착 장애는 아동이 양육자에게 접근하지 못하거나 아동이 매우 힘든 상황에서 비정상적으로 양육자에게 가까이 가는 것(예: 두려워하는 접근)이다. 억제형으로 진단된 반응성 애착 장애 아동은 정서조절을 잘 못하고, 사회적 상호작용도 부족하다. 반면, 탈억제형 반응성 애착 장애는 아동이 낯선 사람을 덜 경계하면서 다가가거나 친숙하지 않은 성인에게 다가가는 행위를 포함하므로 비억제형 반응성 애착 장애 아동은 친숙하지 않은 성인에게 신체적 접촉을 구하거나 낯선 사람과 기꺼이 함께 다니려 할 수 있다. 『DSM-5』에서는 애착장애의 억제형만을 반응성 애착 장애로 명명하였고, 탈억제형은 탈억제 사회관여 장애(Disinhibited social engagement disorder)로 명명하였다(권석만, 2013, p. 244). 아직까지 유아와 초기 아동기의 반응성 애착 장애의 진단과 치료를 위한 최선책은 확실하지 않다(Heller, Boris, Fuselier, Page, Koren-Karie, & Miron, 2006, p. 643).

8) 우울 장애

성인의 우울증과 달리 아동기 우울증의 존재와 개념에 관해서는 DSM-Ⅲ(1980)에서 공식적인 장애로 인정될 때까지 많은 논란이 있었다(강경미, 1994). 아동기 우울증의 원인이 정확하게 밝혀지지 않았고, 이 시기의 우울증이 성인기의 우울증과 관계가 있는지의 여부에 관해서도 여전히 논란이 되고 있다(강경미, 1994).

『DSM-Ⅲ』에서 아동기 **우울 장애**에 대한 존재를 인정한 이후 DSM-Ⅲ-R, DSM-Ⅳ에서는 아동기 우울증이 연령별로 다소 다른 양상으로 나타날 수 있다고 하였으나 기본적으로 성인의 우울 장애 기준을 사용하도록 권고하고 있다(장은진, 서민정, 정철호, 2001). 아동의 우울 장애는 발달단계에 따라 그 현상이 다르게 나타날 수 있기 때문에 아동의 우울장애를 진단하기 위해서는 다양한 평가방법을 활용하여 여러 가지 정보에 기초해서 판단해야 한다(신민섭, 김민경, 1994). 정신분석학적 입장에서는 우울을 상실 경험에 대한 반응으로 유아가 상실을 경험하면 심리적 안정감을 잃게 되어 울음, 방황, 철회, 허탈감을 차례로 표현한다(김은정, 오경자, 1992)고 본다. 반면, 우울 증상이 연령에 따라 차이가 나지 않는다고 주장하는 측면도 있다. 그러므로 발달에 따른 우울 장애에 관한 보다 과학적인 연구가 더욱 필요하다(김은정, 오경자, 1992; 장은진, 서민정, 정철호, 2001).

아동의 우울 장애는 그 유병률이 점차 증가하고 있는 추세다. 아동은 성인과 다른 발달적 특징을 가지므로 아동의 우울 장애는 발달적 차이를 고려하여 성인과 다른 치료적 접근방법을 사용해야 한다. 또한 아동기 우울 장애가 성인의 우울 장애로 이어지지 않도록 적극적인 조기 진단과 치료가 필요하다(최혜원, 이문수, 임명호 외, 2012).

2. 장애 유아를 위한 부모 및 교사의 역할

장애 유아를 둔 부모와 이를 교육하거나 돌봐주어야 하는 교사는 유아의 장애를 인정하는 태도를 지녀야 하고, 장애 유아를 일반 유아와 비교해서는 안 된다. 부모와 교사는 장애가 있기 때문에 잘할 수 없는 부분을 받아들이고 도와주어야 한다. 부모는 자녀의 장애를 받아들이기가 장애 유아를 담당하고 있는 교사보다 더 어려울 수도 있다. 교사는 부모의 이러한 태도를 이해하고 부모가 자녀의 장애를 받아들일 수 있을 때까지 기다려 주고 도와주어야 한다. 또한 부모나 교사는 유아의 장애가 자신의 양육태도나 교육방법 때문에 비롯되었다는 인식을 버리고, 그로 인한 스트레스를 경험하지 않도록 해야 한다.

일반적으로 정상적인 발달을 이루지 못하고 있는 유아를 돌보는 교사가 가장 먼저 해야 할 일은 유아의 장애를 조기에 발견하여 적기에 적절한 도움을 제공해 줄 수 있도록 부모와 협력하는 것이다. 이를 위해 부모뿐만 아니라 교사도 장애에 관한 지식을 획득하고 장애 유아의 행동을 이해할 수 있어야 한다. 그러므로 부모와 교사는 장애 유아의 행동 특성을 알고 그 행동에 관한 이유를 파악하려고 노력할 필요가 있다. 이를 위해 부모와 교사는 장애와 관련된 다양한 정보를 획득하고 파악할 뿐만 아니라 정서적으로 위안을 받을 수 있도록 인터넷상의 다양한 장애 관련 사이트와 협회 등을 알아두는 것도 도움이 될 수 있다.

> **TIP**
>
> **국내외 장애 관련 사이트와 협회 및 단체**
>
> CHADD(www.chadd.org)
>
> CHADD(Children and Adults with Attention-Deficit/Hyperactivity Disorder)는 미국의 대표적인 비영리 단체로 1987년에 만들어져서 현재 12,000여명의 회원이 있다. 회원은 대부분 ADHD를 가진 아동과 부모와 치료나 서비스를 제공하는 전문가다. 매년 ADHD와 관련하여 국제학술대회를 개최하면서 ADHD에 관한 연구 발전에 대한 주도적인 역할을 하고 있으며, ADHD를 가진 사람의 권리를 옹호하고 지지해 주는 역할을 한다.
>
> CHADD가 주관이 되어 매년 정기적인 국제적 규모로 개최되는 학술대회(Annual International Conference on ADHD)에서는 ADHD 관련 연구 발표, 실제 임상 사례 발표, 공공 정보 공유 등의 활동이 이루어지고 있다. 또한 주의(Attention)란 잡지를 격월

로 발행하고 있다.

꿈내우(cafe.daum.net/ADHDParents)

'꿈을 안고 내일로 가는 우리들'의 약자로서 ADHD 자녀를 둔 부모들이 2003년부터 만들어 2014년 현재 약 만여 명의 회원이 있는 인터넷 카페다. 이 모임은 ADHD 자녀를 양육하면서 경험하는 어려움을 서로 공유하면서 회원들 간 정서적 지지와 ADHD에 관련된 지식과 정보를 공유한다. 매년 1박 2일로 정기적인 캠프를 개최한다.

ADHD 성인용 카페(cafe.daum.net/Attentiondeficit)

ADHD는 유전적인 성향으로 인해 부모가 ADHD일 가능성이 높다. 우리나라에서 성인을 위한 유일한 ADHD 카페 모임이다.

(사)한국정서·행동장애아교육학회(www.ksebd.org)

ADHD와 관련한 연구들이 가장 많이 발표되는 국내 학회 중의 하나다.

(사)한국자폐인사랑협회(www.autismkorea.kr)

사단법인 한국자폐인사랑협회는 2006년 12월 보건복지부의 인가를 받아 설립된 단체다. 이 협회는 자폐성장애인과 가족의 권익을 대표하고, 자폐에 의해 영향을 받는 지역사회 구성원의 사회통합과 삶의 질 향상을 위한 복지사업을 수행하기 위해 만들었다. 이 협회는 자문위원단으로 의학, 법률, 교육 전문가를 두고 있으며, 자폐성 장애를 가진 영유아와 부모에게 다양한 서비스를 제공하고 있다. 이 협회는 매년 여름캠프와 부모 강연회, 비장애 형제를 위한 프로그램 등 다양한 활동을 실시한다.

3. 장애 유아 통합교육

장애 유아에 대한 통합교육은 단순히 일반 유아와 장애 유아가 한 공간에 머무르며 함께 활동하는 것을 넘어서 '포함(inclusion)'의 개념을 강조한다(이정림, 김은영, 엄지원, 강경숙, 2012, p. 21). 포함을 강조하는 통합교육은 장애 유아의 교육선택권을 인정하고 공동 구성원(membership)으로서의 동등한 권리를 행사할 수 있어야 하며, 모든 교육환경에서 장애 유아도 동등한 소속감을 느낄 수 있어야 한다는 가치를 표방한다(이소현, 박은혜, 2011, p. 50). 즉, 장애 유아를 일반적인 교실 환경이나 교수-학습 상황에 맞추기보다는 장애 유아가 유치원이나 어린이집의 교육과 보육 프로그램에서 진정한 구성원이 되어 생활할 수 있도록 환경을 재구조화하거나 조정하는 등의 적극적인 개념의 통합을 의미한다(이정림 외, 2012). 현재 우리나라의 통합교육은 포함의 개념보다는 단순히 물리적으로 합한 수준에서의 통합교육에 가깝다고 할 수 있다. 특수교육과 일반교육이 이분화되어 있고, 두 개의 교육체제가 별개의 교육으로 인정되어 교육서비스를 제공하고 있기 때문에 교사들 간에도 공유된 책무성보다는 각자 담당하는 일이 다르다는 인식에 따라 교육을 진행하는 면이 있다(강경숙, 2007; 박승희, 2003; 박승희, 강경숙, 2003; 이소현, 박은혜, 2011). 그러므로 진정한 통합교육을 위해서는 장애 유아가 각기 다른 교실에 소속되어 일부 활동에만 참여하는 것이 아니라 동일한 학급에서 일반 유아와 함께 하루 일과를 보내며 다양한 활동에 같이 참여할 수 있는 교육적 · 사회적 · 환경적 · 복지적 서비스를 제공해야 한다(김은영, 이소현, 유은영, 송신영, 2007).

→ 참고문헌

강경미(1994). 소아기 우울증: 소아기 우울증의 개관과 발달학적 측면. 소아 · 청소년정신의학, 5(1), 3-11.

강경숙(2007). 장애 학생의 질적 통합을 위한 관련변인 고찰. 한국교육, 34(1), 119-158.

권석만(2013). 현대이상심리학(2판). 서울: 학지사.

김은영, 이소현, 유은영, 송신영(2007). 장애 영유아 통합교육 및 통합보육 내실화 방안 연구. 서울: 육아정책연구소.

김은정, 오경자(1992). 발달적 관점에서 본 아동 및 청소년기 우울증상. 소아 · 청소년정신의학, 3(1), 117-128.

박승희(2003). 한국 장애학생 통합교육: 특수교육과 일반교육의 관계 재정립. 서울: 교육과학사.

박승희, 강경숙(2003). 초등학교 학교교육운영계획서에 포함된 장애학생 통합교육 관련 내용 분석. 초등교육연구, 16(1), 423-447.

신민섭, 김민경(1994). 아동기 우울증의 평가. 소아 · 청소년정신의학, 5(1), 12-27.

이소현(2003). 장애 유아의 사회적 통합 촉진을 위한 사회-의사소통 능력 증진. 언어청각장애연구, 8(10), 300-325.

이소현, 박은혜(2011). 특수아동교육. 서울: 학지사.

이영, 이정희, 김온기, 이미란, 조성연, 이정림, 유영미, 이재선, 신혜원, 나종혜, 김수연, 정지나

(2009). 영유아발달. 서울: 학지사.

이은진(2005). 미술치료가 반항성 장애 아동의 공격행동과 가족관계에 미치는 영향. 정서·행동 장애연구, 21(3), 243-271.

이정림, 김은영, 엄지원, 강경숙(2012). 장애영유아 통합보육·교육 현황과 선진화 방안. 서울: 육아 정책연구소.

이정숙, 백지은(2001). 반항성 장애 아동의 놀이 치료. 놀이치료연구, 5(1), 83-99.

장은진, 서민정, 정철호(2001). 아동 우울에 관련된 요인 및 부모 우울 간의 관계연구. 소아·청 소년정신의학, 12(2), 245-255.

정유경(2001). 반응성 애착장애와 자폐장애의 가족 맥락적 특성에 관한 비교연구. 성균관대학교 석사 학위논문.

조영숙, 공마리아(2003). 반항성 장애 아동의 공격적 행동 감소를 위한 미술치료 사례연구. 미 술치료연구, 10(2), 321-344.

조성연, 이정희, 천희영, 심미경, 황혜정, 나종혜(2010). 아동발달. 서울: 신정.

채은영(2003). 반항성 장애아동의 놀이치료 사례연구. 놀이치료연구, 8(1), 75-90.

최혜원, 이문수, 임명호, 권호장, 하미나, 유승진 외(2012). 소아기 우울장애의 유병률 및 역학 적 특성: 자가평가 연구. 소아청소년정신의학, 23(3), 134-142.

Accardo, P. J., & Capute, A. J. (1998). Mental retardation. *Mental Retardation and Developmental Disabilities Research Review, 4,* 2-5.

American Psychiatric Association (1994). *Diagnostic and statistical manual of mental disorders* (4th ed.). Washington, DC: Author.

American Psychiatric Association (2013). *Diagnostic and statistical manual of mental disorders* (5th ed.). Washington, DC: Author.

Barkley, R. (1995). *Taking charge of ADHD: The complete, authoritative guide for parents.* New York: Guilford.

Barkley, R. (1997). Behavioral inhibition, sustained attention, and executive functions: Constructing a unifying theory of ADHD. *Psychological Bulletin, 121*(1), 65-94.

Barkley, R. A. (1998). *Attention-deficit hyperactivity disorder: A handbook for diagnosis and treatment* (2nd ed.). New York: Guilford.

Blau, G. M., & Gullotta, T. M. (1995). Adolescent dysfunctional behavior: Causes, intervention, and prevention. Thousand Oaks: Sage.

Coddington, R. D., & Wallick, M. M. (1999). 소아정신의학. 진혜경, 이경숙, 박영숙 공역(2002). 서울: 학지사.

Conners, C. K. (1969). A teacher rating scale for use in drug studies with children. *The American journal of psychiatry, 126*(6), 884-888.

Gaub, M., & Carlson, C. (1997). Gender differences in ADHD: A meta-analysis and critical review. *Journal of the American Academy of Child and Adolescent Psychiatry,*

36(8), 1036-1045.

Gjone, H., Stevenson, J., & Sundet, J. M. (1996). Genetic influence on parent-reported attention-related problems in a Norwegian general population twin sample. *Journal of the American Academy of Child and Adolescent Psychiatry, 35*(5), 588-596.

Goin, R. P., & Myers, B. J. (2004). Characteristics of infantile autism: Moving toward earlier detection. *Focus on Autism and other developmental disabilities, 19*(1), 5-12.

Goyette, C. H., Conners, C. K., & Ulrich, R. F. (1978) Normative data on Revised Conners Parent and Teacher Rating Scales. *Journal of abnormal Psychology, 6*(2), 221-236.

Heller, S. S., Boris, N. W., Fuselier, S., Page, T., Koren-Karie, N., & Miron, D. (2006). Reactive attachment disorder in maltreated twins follow-up: From 18 months to 8 years. *Attachment & human development, 8*(1), 63-86.

Hillman, J., Snyder, S., & Neubrander, J. (2007). *Childhood Autism: A clinician's guide to early diagnosis and integrated treatment.* London and New York: Routledge.

Mash, E. J., & Barkley, R. A. (2003) 개정판 아동정신병리. 이현진, 박영신, 김혜리, 정명숙, 정현희 공역(2006). 서울: 시그마프레스.

Mulsow, M., & Lee, J. (2003). The prevention of long-term problems associated with attention deficit hyperactivity disorder in childhood, in M. Bloom & T. P. Gullotta (Eds.), *Encyclopedia of Primary Prevention and Health Promotion,* 207-212. New York: Kluwer/Plenum Academic Press.

MTA Cooperative Group (1999). A 14-month randomized clinical trial of treatment strategies for Attention Deficit/Hyperactivity Disorder. *Archives of General Psychiatry, 56,* 1073-1086.

National Institutes of Health (NIH) Consensus Statement Online 16 (1998, Nov. 10) Diagnosis and Treatment of Attention Deficit Hyperactivity Disorder. Accessed Nov 16-18, 1999, pp. 1-37. Available at: *http://odp.od.nih.gov/consensus/cons/110/110_statement.htm.*

Robison, L. M., Skaer, T. L., Sclar, D. A., & Galin, R. S. (2002). Is attention deficit hyperactivity disorder increasing among girls in the US?: Trends in Diagnosis and the Prescribing of Stimulants. *CNS Drugs, 16*(2), 129-137.

Scattone, D., Wilczynski, S. M., Edwzrds, R. P., & Rabian, B. (2002). Decreasing disruptive behaviors of children with autism using social stories. *Journal of autism and developmental disorders, 32*(6), 535-543.

Stormont, M. (2001). Social outcomes of children with ADHD: Contributing factors and implications for practice. *Psychology in the schools, 38,* 521-531.

Teeter, P. A. (1998). *Intervention for ADHD: Treatment in developmental context.* New York: Guilford.

Thomas, J. M. (1995). Traumatic stress disorder presents as hyperactivity and disruptive behavior: Case presentation, diagnoses, and treatment. *Infant Mental Health Journal, 16*(4), Special Issue: Posttraumatic stress disorder (PTSD) in infants and young children. 306-317.

chapter 10

유아발달과 생태학적 맥락

유아는 성장하는 동안 부모와 가족으로부터 이웃, 사회 환경 및 문화에 이르기까지 다양한 환경으로부터 많은 영향을 받으며 발달한다. 현대사회에서 유아를 둘러싼 환경은 과학 발전과 다양한 사회적 변화로 인해 급속하게 변화하고 있기 때문에 유아발달에 직간접적으로 영향을 미치는 생태학적 맥락에 대한 이해가 더욱 중요하게 되었다. 저출산, 가치관의 변화, 복잡한 사회 환경 등으로 가족의 구조와 가치관 및 생활이 달라지고 있으며 유아의 양육과 교육 관련 산업이 확대되었다. IT 산업과 정보통신기술의 발전으로 사람들 간의 소통과 정보교류가 수월해지고 컴퓨터 기기와 인터넷을 통한 실시간 상호 연결로 다양한 문화에 대한 노출이 확대되었으며 가족과 유아의 생활 방식에서도 인터넷이나 대중매체의 영향이 점점 더 커지고 있다. 이 장에서는 유아가 성장하는 동안 접하게 되는 생태학적 맥락인 부모와 가족, 유아교육과 보육기관, 대중매체, 육아지원정책 등에 따라 유아는 어떠한 영향을 받으며 발달하게 되는지 살펴보고자 한다

1. 가 족

2. 유아교육 및 보육기관

3. 대중매체와 문화환경

4. 육아지원 및 가족 정책

chapter
10

유아발달과 생태학적 맥락

1. 가족

가족은 사회를 구성하는 최소한의 단위로 유아가 태어나 기본적인 양육을 받으며 건강하게 성장하도록 하는 도와주는 가장 가까운 생태학적 맥락이다. 생태학적 맥락으로서의 가족은 거주지, 가족 수, 가족 형태 등과 같은 물리적 환경과 부모와의 관계, 부모의 양육 태도 및 양육 행동, 가족 분위기 등과 같은 심리적 환경으로 구분되는데 두 가지 환경 모두 유아의 발달에 중요한 영향을 미친다. 특히 가족의 심리적 환경은 부모와 형제, 조부모 등 가족 구성원의 수와 특성에 따라 영향을 받는다.

가장 보편적인 가족 유형은 부모와 자녀가 함께 생활하면서 부모가 자녀를 양육하는 것이지만 사회 환경이나 부모의 취업 등과 같은 다양한 요구에 따라 가족의 형태나 기능은 달라질 수 있다. 맞벌이 가족의 증가로 유아의 양육과 교육을 담당하는 주 양육자가 부모에 국한하지 않을 뿐만 아니라 부모 역할도 과거와 다르게 다양하게 변하고 있다. 유아발달도 양육환경의 변화에 따라 다각적인 측면에서 영향을 받고 있다.

1) 부모

부모는 유아발달에 가장 결정적인 영향을 미치는 인적 환경으로서 유아의 기본적인 욕구와 발달적 욕구를 충족하는 데 필요한 돌봄과 상호작용을 통해 자녀의 성장을 지원해 준다. 그러므로 부모는 자녀에게 기본적인 의식주를 제공해 주고, 자녀와의 의사소통을 통해 안정된 관계를 형성함으로써 심리적인 안전기반을 마련해 주어야 한다. 또한 부모는 자녀의 성장과 발달을 위해 적절한 시기에 다양한 경험을 해볼 수 있는 기회를 제공해 주고, 자녀의 사회화를 돕는 등 복합적인 역할을 한다. 그동안 자녀의 사회화는 부모가 자녀에게 전달하는 일방적인 과정으로 자녀의 성격이나 능력이 부모의 사회화 기술에 달려 있다고 간주되어 왔다. 그러나 점차 자녀의 사회화 과정을 부모-자녀 간의 상호작용의 관점으로 보고 사회화 과정에서 부모-자녀가 상호 영향을 주고 받으며 서로를 사회화시킨다는 것에 주목하고 있다. 따라서 부모 역할에 영향을 미칠 수 있는 요인으로는 가족의 경제적 자원, 가족 구조와 크기, 부모 자신의 특성과 정신적·신체적 건강, 부부 관계, 자녀 특성 등으로 매우 다양하다(Chase-Lansdale & Pittman, 2002). 이 중 부모 양육 태도, 부모 역할, 부모의 양육 스트레스 등은 유아발달에 직접 영향을 미치는 주요 요인이다.

(1) 부모 양육 태도

부모 양육 태도는 부모가 자녀를 양육하면서 나타내는 모든 태도 및 행동이다. 부모 양육 태도는 자녀의 행동이나 태도에 대한 부모의 반응형태로서 유아의 지적·정서적·성격적 제 측면의 발달에 영향을 미친다. 부모 양육 태도는 몇 가지 유형이 있는데 쉐퍼(Schaefer, 1959)와 바움린드(Baumrind, 1967)가 제시한 유형이 대표적이다(조성연 외, 2014, pp. 67-71 재인용). 쉐퍼는 '애정-적대'와 '자율-통제'의 두 축을 기준으로 네 가지 부모 양육 태도를 제시하였고, 바움린드는 부모의 통제 정도에 따라 독재적·권위적·허용적 부모 양육 태도의 세 가지로 제시하였다. 쉐퍼의 네 가지 부모 양육 태도에 따른 유아의 특성은 다음과 같다.

첫째, 애정적·자율적 부모 양육 태도다. 이 유형의 양육태도는 부모가 자녀에게 애정을 갖고 자녀가 자율적으로 행동하는 것을 인정하며, 부모가 자녀에게 애정적·협동적·자율적·민주적인 태도를 나타낸다. 이러한 부모의 자녀는 안정적인 정서 상태를 나타내어 창의적·독립적·자율적이며, 외향적인 성격 특성을 지닌다. 그러나 부모에게 안정감을 느끼기 때문에 자녀는 고집을 부릴 때도 있다.

둘째, 애정적·통제적 부모 양육 태도다. 이 유형의 양육태도는 부모가 자녀에게 애정적이면서 동시에 통제를 많이 하여 과잉보호적인 태도를 나타낸다. 부모는 자녀에게 애정을 주면서도 자녀를 간섭하고 통제하여 자녀를 과잉보호하고 소유하려는 태도를 보임으로써 자녀에게 의존성을 조장한다. 이러한 부모는 자녀가 독립적인 성향을 보이면 좌절하며 새로운 탐색을 제한함으로써 새로운 반응을 습득할 수 있는 기회를 제한한다. 이러한 부모의 자녀는 의존적이고 사교성과 창의성이 부족한 편이고, 정서적으로 불안정하고, 다른 사람의 관심을 끌려는 성향이 강하게 나타내기도 한다.

셋째, 거부적·자율적 부모 양육 태도다. 이 유형의 양육태도는 부모가 자녀를 수용하거나 받아들이지 않을 뿐만 아니라 자녀를 방임하여 무시, 냉담, 무관심한 태도 등을 보이고, 자녀와 함께 지내는 시간이 거의 없으며, 자녀를 무시하기도 한다. 이러한 부모의 자녀는 정서적으로 불안정하고, 많은 경우에 공격적이거나 심한 위축행동을 나타내기도 한다.

넷째, 거부적·통제적 부모 양육 태도다. 이 유형의 양육태도는 부모가 자녀에게 관대하지 않아 자녀를 따뜻하게 이해해 주지 않고 자녀의 행동에 대해 심리적·신체적·언어적 체벌을 가하기도 한다. 부모는 자녀를 일관성 없는 태도로 심하게 훈육하며, 절대적 기준에 따라 자녀의 행동과 태도를 평가하고, 복종을 요구하며 권위주의적·독재적·요구적·거부적인 태도 등을 보인다. 이러한 부모의 자녀는 자아에 대한 분노감이 있고, 내면화된 갈등과 고통을 많이 겪는다.

(2) 부모 역할

부모 역할은 부모 모두에게 공통적이지만 전통적으로 어머니와 아버지의 역할을 다르게 인식해 왔으며 시대적 가치관이나 양육관에 따라서도 다르게 변화해 왔다. 두발(Duvall, 1977)은 어머니와 아버지의 역할을 전통적 개념과 현대적 개념으로 구분하여 다음과 같이 설명하였다(조성연 외, 2014, pp. 59-60 재인용). 전통적인 어머니 역할은 자녀의 의식주 해결과 훈육, 도덕교육을 수행하는 역할인 반면 현대적인 어머니 역할은 자녀의 정서적 안정과 자신감과 자율성 훈련, 지적 성장을 자극하고, 자녀와의 상호작용을 중요시한다. 전통적인 아버지 역할은 자녀를 하나의 개체로 인정하기보다는 자녀의 미래를 중시하고 자녀 훈육에 대한 책임감, 아버지는 자녀를 위해서 일한다고 생각하고 자녀에게 무엇인가 주어야 한다는 의무감을 가지며, 자녀에게 순종하기를 기대한다. 반면, 현대적인 아버지 역할은 자녀를 하나의 개체로 인정하고, 자녀와 자신에 대해 이해하려고 노력하며, 자녀가 스스로 목표를 세울 수 있도록 도와주고, 자녀를 조력하는 역할을 한다. 즉, 전통적인 부모 역할은 아버

[그림 10-1] 유아와 즐거운 한때를 보내고 있는 아빠

지와 어머니 역할의 구분이 명확하고 일방향적인 경향이 두드러지는 반면, 현대적인 부모 역할은 아버지와 어머니 역할의 구분 없이 자녀의 개별성을 존중하고 자녀의 성장을 지원하는 양방향적인 특성을 나타낸다.

　핵가족화와 맞벌이 가족의 증가, 양성 평등을 강조하는 사회 인식의 변화 등으로 아버지 역할의 비중은 점점 더 커지고 있다. 이러한 변화는 유아발달에 있어 긍정적인 영향을 준다. 아버지의 양육 참여가 자녀와의 애착관계와 사회성에 긍정적인 영향을 미치고(이영환, 백지은, 1998), 아버지가 자녀의 양육 참여를 통해 애정을 표현하는 긍정적 행동을 많이 할수록 유아가 타인을 이롭게 하는 친사회적 행동을 많이 보이는 것으로 나타났다(장영애, 이영자, 2008). 또한 아버지의 자녀 양육 참여는 어머니의 양육 스트레스를 완화시켜 줄 뿐만 아니라 어머니가 긍정적인 자녀 양육을 할 수 있도록 도와주기도 한다(조성연 외, 2014, p. 61).

　아버지의 양육 행동과 부모 역할은 아버지의 개인 경험 및 부부관계, 사회계층, 재직하는 직장 문화, 배우자의 취업 여부 등 다양한 생태학적 맥락의 영향을 직간접적으로 받는다. 아버지의 사회경제적 지위가 높을수록 자녀에 대해 긍정적인 양육 행동을 더 많이 하는 것으로 나타났으며(최병순, 1991), 아버지의 결혼 만족도가 높고, 원어머니와의 애착 강도가 강할수록 아버지의 양육 행동에 대한 질적 수준이 높았다(채진영, 2011). 맞벌이 가족인 경우와 아버지의 양육 효능감과 직업 역할 만족도가 높은 경우에 아버지가 양육에 더 많이 참여했다(김정, 2005; 이희선, 이윤나, 2014). 이와 같은 부모의 양육 행동과 역할은 유아발달에 중요한 영향을 미친다.

(3) 부모의 양육 스트레스

부모 역할을 수행하는 것은 자녀에 대한 부모로서의 책임과 부담을 동반하기 때문에 부모는 어느 정도 양육 스트레스를 경험한다. 어떤 부모는 매우 높은 양육 스트레스로 인해 부모 자신의 신체적이고 심리적인 건강뿐만 아니라 자녀 양육 행동에까지 부정적인 영향을 미친다. 양육 스트레스는 일상적인 자녀와의 관계에서 발생하는 각종의 어려움이 반복되어 부모에게 성가심이나 짜증, 어려움을 야기하는 것으로 지각되는 정서다. 이는 부모 자신과 부모의 양육 행동과 연관되고, 나아가 자녀의 발달과 적응에까지 영향을 준다.

부모의 양육 스트레스는 부모의 양육 행동에 직간접적인 영향을 준다. 부모의 양육 스트레스가 높을수록 부정적인 양육 행동을 나타내는 경향이 있어서 자녀에게 강압적이고 통제적이며, 비일관적인 양육 행동을 많이 하고, 온정·수용적이며 합리적인 지도를 하는 긍정적인 양육행동은 덜 나타낸다(김현미, 도연심, 2004; 안지영, 2001).

양육 스트레스에 영향을 미치는 요인으로 부모 특성, 아동 특성, 가족 체계 요소는 부모의 양육 스트레스 지각에 직간접적 혹은 상호적으로 영향을 미친다는 결과가 제시되고 있다(Crinic & Acevedo, 1995). 부모 특성으로는 부모 성격, 자기 효능감, 정서, 신념을, 아동 특성으로 기질, 연령, 발달적 단계, 성별을, 가족 체계 요소로는 부부관계의 질과 사회적 지지, 소득 등이 포함된다.

최근 부모 변인 중 어머니의 취업 여부가 부모의 양육 스트레스에 대한 가장 중요한 요인으로 지적된다. 그 결과, 취업모가 비취업모에 비해 가정과 직장의 이중적 부담과 시간 제약으로 인한 신체적·심리적 긴장감과 죄책감 등으로 더 높은 양육 스트레스를 지니는 것으로 나타났다(허순금, 2006). 특히 취업한 어머니가 자녀를 양육하는 과정에서 현재의 양육 행동이 자신이 생각하는 이상적인 양육 행동에 미치지 못한다면 취업모는 자녀에 대해 죄책감을 느낄 뿐만 아니라 자신의 정신적 건강에도 부정적인 영향을 미쳐 양육 스트레스를 유발함으로써 부정적인 양육 태도를 형성한다(박희진, 문혁준, 2012). 이와 같이 부모의 취업 여부와 직장 근무환경 등 유아와 직접 관련성이 없는 요인일지라도 부모에게 영향을 주게 됨으로써 유아발달에 간접적으로 영향을 미치게 된다.

2) 가족의 변화

현대 사회의 급속한 발전은 가족의 내외 환경에 많은 영향을 미친다. 여성의 교육 수준 향상, 산업 현장에서의 여성 노동력의 필요성 증가, 여성의 가치관과 삶의 패러다임 변화 등으로 여성의 사회 참여와 경제 활동이 크게 증가하였다. 이에 따라 배우자 또는 어머니로서의 여성의 위치와 역할이 달라지고 있다. 결혼과 가족 가치관이 변화함에 따라 혼인율의 감소와 만혼 증가, 국제결혼의 증가, 저출산 및 이혼율 등이 증가하고 있다. 이러한 현상은 가족의 형태와 기능에도 영향을 미쳐 독신 가구, 이혼 가족과 재혼 가족, 맞벌이 가족, 다문화 가족 등 다양한 가족 형태가 생겨나게 했을 뿐만 아니라 가족 내 역할 및 가족 관계, 자녀양육 방식도 변화시키고 있다.

현대의 가족은 과거 재화와 용역의 모든 기능을 담당했던 것과 전통적인 가족 기능과 비교하여 매우 축소되거나 변화하고 있다. 맞벌이 가족의 등장으로 부모가 모두 낮 시간에 집에 있을 수 없고, 바쁜 일상으로 가족 구성원들이 함께 생활할 수 있는 시간이 줄어들었으며, 미디어 기기의 사용이 증가하여 가족 간의 상호작용이나 대화시간도 감소하였고, 세대 간 생활방식의 차이로 가족 구성원 간에 의사소통조차 원활하게 이루어지지 못하는 경우도 발생하고 있다. 이렇듯 가족 기능의 왜곡된 변형과 축소는 유아의 발달에 결정적인 역할을 하는 안정된 애착의 형성과 정서적 지원, 사회화와 교육 등 기본적인 가족의 역할과 기능에 부정적인 영향을 줄 수 있다.

(1) 핵가족과 외동아 증가

대표적인 가족 환경의 변화로는 **핵가족화** 현상을 들 수 있다. 세대 구성의 변화와 가족 구성원 수의 감소로 대가족이나 확대가족의 형태에서 부부와 미혼의 자녀로 구성되는 핵가족이 보편적인 가족 형태로 자리 잡고 있다. 가족 내에서는 저출산으로 형제 수가 줄고 외동아가 증가함으로써 유아가 가정 내에서 경험할 수 있는 다양한 인간관계의 경험이 제한적으로 변화하고 있다. 우리나라의 평균 가족 구성원 수는 1975년에 5명에서 2005년에 2.9명, 2010년에 2.7명으로 해마다 감소하고 있으며(통계청, 2012), 세대 구성도 단순화되어 지난 25년 동안 3세대 가족은 절반 이하로 감소하였다.

유아의 형제자매는 오랜 시간을 함께 지내며 서로 영향을 미친다. 형제자매 관계는 수평적인 관계이므로 이를 통해 유아는 부모자녀 관계와 다른 종류의 인간관계와 사회화 과정을 경험한다. 즉, 가정 내에서 함께 생활하고, 놀이와 경험을 함께 하면서 언어적·비언어적 의사소통이 발달할 뿐만 아니라 서로 다양한 정보를 제공하고 공유하지만, 동시에 부모의 사랑과 관심을 얻으려고 경쟁하고 갈등을 겪기도 하는 독특한 관계로서 상호 영향을 주고받는다(Cicirelli, 1985). 그 외에도 유아의 모든 발달 영역에서 상호작용함으로써 서로를 자극하고 필요한 지식을 획득해 나감으로써 자신의 행동과 경험을 조절하고 통제하는 중요한 잠재 요인이 되기도 한다(류왕효, 이화조, 1999).

한편, 외동아는 형제자매 관계의 결핍뿐만 아니라 부모의 과잉보호 등으로 발달에 부정적인 영향을 미칠 가능성이 높다고 지적되어 왔었다. 그러나 최근 외동아를 대상으로 한 연구결과, 이러한 우려와 상반되는 결과들이 제시되고 있다. 국내 외동아 관련 연구를 분석한 결과, 외동아와 형제아집단 간에 의미 있는 차이가 없다는 연구결과들이 더 많은 것으로 나타남으로써(정순화, 2011) 외동아 발달에 대한 일반적인 부정적 견해를 단언할 수 없게 되었다. 또한 외동아는 부모의 관심이나 영향을 한 몸에 받기 때문에 발달이 더 잘 된다는 지적도 있다. 따라서 외동아에 대해서는 단순히 형제자매 관계의 경험 유무뿐만 아니라 부모-자녀 관계나 애착 등 부모 관련 변인의 영향에 대해서 좀 더 구체적으로 연구되어야 한다. 이를 통해 외동아에 대한 편견보다는 긍정적인 부모 역할에 대한 지침을 공유하고, 외동아의 장점이 충분히 드러날 수 있도록 하는 것이 필요하다.

(2) 이혼 가족, 재혼 가족, 한 부모 가족의 증가

부모의 이혼은 자녀에게 예기치 않은 변화를 경험하게 하고 부정적인 영향을 미칠 수 있다. 유아는 부모의 이혼으로 이사나 전학 등 낯선 환경에 적응해야 하는 어려움을 겪을 수 있고, 자녀 양육권 및 향후 거취에 대한 부모 간의 분쟁에 휘말리는 등 이혼으로 인한 후유증으로 부정적인 자아 개념을 형성하거나 반사회적인 행동의 증가로 문제 행동을 일으킬 수도 있다. 특히 유아기에 부모가 이혼하면 유아는 심리적으로 애착을 형성한 부모와의 관계가 와해되거나 부모와의 관계가 단절될 것 같은 두려움을 느끼게 된다. 우리나라의 경우 이혼 당시 미성년 자녀가 있는 경우는 2000년 70.6%에서 2005년 63.4%, 2010년 53.8%, 2013년 51.2%(통계청, 2014)로 지속적인 감소 현상을 나타내고 있으나 여전히 절반 이상의 비율을 차지하고 있다.

이를 통해 **가족 해체와 재구성** 과정에서의 자녀 양육 및 교육과 관련된 문제가 심각한 수준이라는 것을 짐작할 수 있다. 실제로 여성 한부모 가족이나 남성 한부모 가족은 자녀 양육, 부모 역할 수행, 경제적 문제 등 많은 어려움에 노출되어 있다. 또한 이혼의 증가는 재혼 가족의 증가로 이어질 수 있다. 재혼 가족은 매우 복잡한 가족 관계를 형성하여 자녀는 심리적 · 사회적 어려움을 겪을 수 있다.

한편, 부모의 이혼에 대한 유아의 지각과 적응 문제와 관련하여 이혼으로 인한 자녀의 어려움을 최소화하려는 중재나 개입 프로그램의 필요성이 대두되고 있다. 유아는 부모의 이혼을 자신의 탓이라고 생각하면서 더 많은 스트레스를 경험할 수 있기 때문에 부모는 유아가 이해할 수 있는 수준으로 이혼에 대해 설명해 줌으로써 유아가 가질 수 있는 불안과 자기 비난을 방지해 주고, 생존과 안전에 대한 심리적인 보장을 해 주는 것이 필요하다.

(3) 맞벌이 가족의 증가

산업의 발달과 가치관의 변화로 여성의 경제활동은 1960년 이후 지속적으로 증가하고 있다. 통계청(2014)의 자료에 의하면 **맞벌이 가족**이 유(有)배우 가구의 42.9%로 외벌이 가족이 유배우 가구의 42.2%인 것에 비해 약간 더 많은 것으로 나타났다. 이러한 현상은 향후 계속 증가될 전망이다. 맞벌이 가족은 일과 가사, 양육 등 세 가지 역할을 동시에 수행해야 하기 때문에 외벌이 가족에 비해 겪는 어려움이 적지 않다. 어머니가 일하는 동안 자녀를 돌보아 줄 수 있는 대리양육자나 기관이 필요하며, 자녀 탄생으로 인해 늘어난 가사 분담이 해결되어야 한다. 가사와 양육이 어머니에게 쏠려 있고 가사 분담이 적절하게 이루어지지 않는 경우 자녀 출산으로 인한 취업모의 스트레스는 더욱 커지게 된다. 자녀 양육에 있어 친척이나 대리양육자, 육아지원기관으로부터 지원을 받아 기본 양육이 해결된다 하더라도 부모 자신이 자녀를 직접 돌보지 못하거나 함께 하는 시간이 적다는 죄책감이나 불안감이 크다. 또한 대리양육자나 육아지원기관이 제공하는 양육이나 보육의 질적 수준이 부적절할 경우 자녀에게 부정적인 영향을 줄 수 있다. 어머니의 취업으로 인해 발생할 수 있는 다양한 문제들이 유아발달에 부정적 영향을 미치는 것은 아닌지에 대한 우려에 따라 다각적인 차원에서 관련 연구가 이루어지고 있다. 어머니의 취업 여부와 관련하여 살펴본 변인으로는 어머니의 양육 스트레스나 양육 행동, 유아의 적응 수준과 기질, 배우자의 지지와 사회적 지지 등을 들 수 있다(이미리, 신유림, 2013). 연구 결과는 취업모 자녀가 비취업모 자녀보다 또래 유능성이 더 높고(문혁준, 2009), 취업모의 자녀가 정서적 안녕감이 부족하다는(도미향, 2006) 등 일관되지 않다. 오히려 유아기는 전인 발달에 중요한 시기이므로 취업모가 일 · 가정 양립을 할 수 있도록 부부간의 가사 분담이나 아버지의 양육에의 참여 증가, 어머니의 일과 양육에 대한 긍정적인 태도를 가지는 것이 더 중요하다. 사회적으로는 맞벌이 가족이 일 · 가정 양립을 할 수 있도록 양질의 육아지원기관의 제공 등과 같은 다양한 지원 체계를 제공해 주는 것이 유아발달에 긍정적인 영향을 줄 수 있다.

(4) 다문화 가족의 증가

현대 사회의 개방화 현상으로 국가 간 지리적 이동이 많아지고, 문화 간 간격이 좁혀지면서 세계적으로 사람들 간의 상호 교류가 활발하게 이루어지고 있다. 우리나라도 예외는 아니어서 사회 · 문화적 배경이 다른 사람의 결합으로 구성된 **다문화 가족**이 계속 증가하고 있다. 안전행정부(2013)는 국내 다문화 가족이 2013년 현재 75만 명 내외지만 매년 지속적으로 증가하여 2020년에는 100만 명을 초과할 것이라고 예상하고 있다. 특히 6세 이하의 다문화 가족 자녀 수는 2007년 26,445명에 불과했으나 2013년 116,696명으로 4배 이상 증가하였고, 향후에도 계속 늘어날 전망이다. 이러한 다문화 가족의 어려움은 소외계층으로 인식되는 사회문화적 편견에 의한 정체성의 혼란과 언어적 의사소통의 어려움이다. 특히 유아의 언어발달을 위해 중요한 가족환경의 언어적 취약성으로 인해 다문화 유아의 인지 · 언어발달이 일반 유아에 비해 늦으며, 이는 학령기까지 지속적인 영향을 미치게 된다. 최윤경 등(2011)이 우리나라 다문화 영유아와 부모 양육환경 등을 조사한 결과 다문화 유아의 언어발달을 설명하는 유의한 변수는 유아의 인지발달과 어머니의 언어능력이며, 인지발달에 영향을 미치는 요인은 유아 자신의 언어능력과 가족의 사회경제적 특성과 양육환경의 질 등이라는 것이 밝혀졌다. 이러한 결과를 참고해 볼 때 다문화 가족 내 취학 전 자녀에게 언어 · 문화적 경험 및 상호작용을 적기에 제공하여 조기적응 및 역량 제고에 힘써야 할 것이다. 따라서 다문화 가족의 자녀가 자신의 특성을 살리면서 자신의 정체성을 찾을 수 있도록 사회적 지원이 필요하다.

2. 유아교육 및 보육기관

1) 유아교육 및 보육의 확대

유치원과 어린이집은 유아교육 및 보육기관으로서 유아발달을 지원하는 대표적인 곳이다. 지난 수십 년에 걸쳐 유아의 생활에서 가장 두드러지게 나타난 변화 중 하나가 가정 이외의 기관을 이용하고 있는 비율의 증가다. 과거에는 주로 가정에서 부모와 함께 지내는 생활이 보편적이었지만 맞벌이 가족이 늘어나면서 가정이 아닌 곳에서 가족 이외의 성인들과 하루 평균 최소 5시간 이상을 지내고 있는 유아가 증가하고 있다. 이러한 경향은 유치원과 어린이집이 해마다 늘어가는 현황을 통해서도 잘 드러난다. 2010년에 8,388개였던 유치원은 2013년 현재 8,678개소로 증가하였고, 같은 해 어린이집은 38,021개소에서 43,770개소로 현저하게 증가하였다. 이를 이용하는 유아 수도 증가하여 2012년 현재 3~5세 유아가 유치원에 재원하는 경우는 654,821명이고, 어린이집은 602,176명이다. 어린이집은 0~2세도 재원할 수 있기 때문에 이 연령의 입소자 수는 874,975명이다. 그리하여 유치원과 어린이집에 다니는 0~5세 유아의 총 수는 2,131,972명으로서 이는 전체 유아 수의 77%에 해당한다(보건복지부, 2013).

이처럼 많은 수의 유아가 이른 시기부터 가정 이외의 기관에서 오랜 시간을 지내게 되는데 이러한 경험이 유아발달에 미치는 영향은 중요한 이슈가 되고 있다. 유아

[그림 10-2] 어린이집에서 놀이하는 유아

교육과 보육 경험이 유아에게 미치는 영향은 양적 측면과 질적 측면으로 구분해 볼 수 있다. 양적 측면은 유아교육과 보육 경험의 유무와 시작 시기, 기관에서 보내는 시간 등을 의미하며, 질적 측면은 기관에서 제공하는 유아교육과 보육의 질적 수준을 의미한다. 유아교육과 보육의 양적인 경험과 유아발달에 대한 연구는 일관되지 않은 결과를 제시하고 있어서 그 영향력을 확신할 수는 없다. 그러나 유아교육과 보육의 질적 측면이 유아발달에 미치는 영향은 긍정적이라는 일관된 연구결과를 제시하고 있다(이기숙, 김영옥, 박경자, 2005; Dunn, 1993).

2) 유아교육 및 보육기관의 질적 수준

지난 수년간 국가 차원에서 유아교육 및 보육의 필요성에 대해 강조하면서 이를 위한 인프라 확보에 주력해 왔다. 그러나 최근에는 실제 유아에게 제공해 줄 수 있는 유아교육과 보육의 질에 초점을 두고 있다. 유아교육과 보육 경험이 유아의 발달에 미치는 영향은 경험의 유무에 의한 것이 아니라 유아가 경험한 유아교육과 보육 서비스의 질적 수준에 따라 달라지기 때문이다.

질적으로 우수한 유아교육과 보육은 유아의 발달 및 학습에 대한 이해를 바탕으로 유아의 건강한 성장과 발달을 돕고 유아와 그 가족의 요구를 반영한 가족 지원 및 가정-기관 연계를 포함한 포괄적인 서비스 체계(박찬옥, 조형숙, 엄은나, 2007)다. 유아교육과 보육서비스의 질적 수준의 요소는 구조적 질과 과정적 질로 나누어 설명할 수 있다. 구조적 질(structure quality)은 교사 대 유아 비율, 집단 크기, 교사의 교육 및 경력, 교사의 임금과 안정성, 물리적 환경 등의 수준이고, 과정적 질(process quality)은 교사와 유아의 상호작용의 질, 교사의 민감성, 교사와 유아 간 상호작용, 교사와 부모 간 상호작용, 건강과 안전, 발달적으로 적절한 자극, 유아 개인의 정서발달에 대한 촉진, 또래와의 관계 등이다(Howes, Phillips & Whitebook, 1992).

유아교육과 보육 경험이 유아발달에 미치는 영향에 대한 연구결과(Gilliam & Zigler, 2004; NICHD, 2000), 유아교육과 보육의 질이 유아발달에 결정적 영향을 미친다는 사실이 확인되었다. 구체적으로 양질의 서비스를 받은 유아가 더 높은 인지·언어·사회성발달 수준을 나타냈고, 유아기의 충분한 양육 지원 서비스는 장기적으로 인적자원을 개발하는 효과가 있었다. 영국에서 실시된 효과적인 유아교육 제공 프로젝트(The Effective Provision of Pre-school Education: EPPE)에서는 3천 명이 넘는 유아를 대상으로 1997년부터 15년간 유아교육과 보육 경험이 유아의 발달에 미치는 영향과 그 영향의 지속성 및 효과적인 기관의 특징 등에 대해 조사하였다. 그 결과, 유아기의 양질의 유아교육과 보육 경험이 초등학교 저학년 시기의 인지 및 사회성발달에 긍정적인 영향을 미쳤다(Sylva, Melhuish, Sammons, Siraj-Blatchford, & Taggart, 2004).

유아교육과 보육기관의 질적 수준에서 과정적 질과 구조적 질의 두 요소가 모두 중요하지만 과정적 질이 유아발달에 더 밀접하게 영향을 미친다. 즉, 과정적 질이 구조적 질을 매개하여 유아발달에 영향을 미친다고 할 수 있다(Ishimine, Talyer, & Bennett, 2010). 교사가 활동이나 놀이에서 유아에게 더 반응적이고 친밀한 상호작용을 하고 또래와의 상호작용을 격려하며, 더 민감성이 높고 발달에 적합한 활동을 지속적으로 제공해 주면 유아교육과 보육의 질적 수준이 더 높게 나타난다.

3) 교사

유아교육과 보육기관에서 교사는 인적 환경으로서 유아의 안전한 보호와 발달을 촉진하는 역할을 한다. 유아의 기관 이용 시작 연령은 점점 하향화되고, 이용 시간은 점점 증가하여 가정에서의 양육 기능이 점차 유아교육과 보육기관으로 전이되고 있기 때문에 유아발달에서의 교사의 역할은 더욱 중요하다.

유아교육과 보육기관의 교사는 다양한 역할을 수행한다. 일반적으로 교사는 대리양육자, 환경 제공자, 상호작용자, 일상생활을 통한 모델, 관찰자 및 평가자, 부모 및 지역사회와의 교류자로서의 역할(조성연 외, 2013, p. 106)을 할 뿐만 아니라 유아의 발달과 학습을 촉진할 수 있는 교수자의 역할을 전문적으로 수행해야 한다. 이러한 역할을 통해 유아는 교사와 상호작용을 함으로써 정서적 안정감을 얻고, 다양한 경험과 학습의 기회를 갖는다. 또한 유아는 교사와의 상호작용을 통해 관계의 질이나 학습 능력을 결정하므로(Rudasill, 2011) 교사와의 상호작용에 대한 질적 수준이 높고 깊이 있는 관계적 경험을 할 때 유아는 안정감과 편안함을 느끼며 자발적이고 주도적으로 활동에 참여할 수 있다. 이러한 과정에서 유아는 타인에 대한 존중감을 형성하여 사회 구성원으로서 건강한 대인관계를 형성해 나갈 수 있는 기초를 형성하게 된다(박창현, 나정, 2012, 재인용).

[그림 10-3] 유아와 상호작용하는 교사

교사는 개인적 요인과 조직적 요인 등 여러 가지 요인에 영향을 받아 역할을 수행하는 데 차이가 있을 수 있다. 교사는 기관에서의 업무를 수행하는 동안 신념이나 지식, 태도 등이 원래 가지고 있었던 것에서 더 발전할 수도 있지만 퇴보할 수도 있다. 일반적으로 교사의 역할 수행에 영향을 주는 개인적 요인으로는 학력 및 경력 이외에도 직무 만족도, 교사 효능감 등이 있으며, 조직적 요인으로는 근무 환경, 교사와 유아 비율, 근무 시간과 업무량, 급여와 복지 수준, 재교육 횟수와 내용, 기관의 물리적 환경, 기관 관리자의 철학과 리더십 등을 들 수 있다. 이 중 교사 대 유아 비율은 보육의 질에 가장 직접적인 영향을 미치는 요소다. 한 교사가 담당해야 하는 유아의 수가 적을수록 교사는 유아를 더 개별적으로 지원할 수 있고 의미 있는 상호 작용을 할 수 있다. OECD(2012)에서도 유아교육과 보육의 질 제고를 위해 교사 대 유아 비율을 낮출 것을 강력히 권고하고 있다. 또한 교사의 높은 급여수준과 복지는 교사에게 안녕감을 제공하고, 직무 만족도를 높이는 요소다. 뿐만 아니라 지속적인 교사 재교육을 통해 교사는 유아발달에 대한 이해를 도모하고 스스로의 전문성을 향상시켜 양육자와 교수자로서의 교사 역할을 적절히 수행하는 데 도움을 받을 수 있다.

4) 유아교육 및 보육기관과 부모 협력

유아는 유치원이나 어린이집 등 기관에 다니게 되면서 가정과는 다른 환경에서 새로운 경험을 하게 된다. 규칙적인 일과에 따라 생활하게 되고, 기관의 다양한 규칙을 배우고 또래와 함께 놀이하며, 가족 이외의 성인과 새로운 관계를 맺게 된다. 유아는 가정과 기관의 두 가지 다른 환경으로부터 각각 독립적으로 영향을 받게 되지만 또한 두 환경 간에 이루어지는 복합적인 상호작용과 관계에 의해서 또 다른 영향을 받게 된다. 즉, 부모와 기관의 소통 정도와 관계의 질에 따라 유아에게 긍정적 혹은 부정적 영향을 미치게 된다. 브론펜브레너(Bronfenbrenner, 1979/1992)는 유아발달에 영향을 미치는 중간체계로서 부모와 교사와의 관계를 들었으며, 유아에게 가장 중요하고 일차적인 환경인 부모와 교사가 협력적이고 긍정적인 관계를 유지함으로써 유아교육의 효과를 증진시킬 수 있다고 하였다. 실제로 부모와 교사가 의사소통에 긍정적인 태도를 가지고 많이 소통하는 경우 유아의 사회적 능력이 더 높았으며, 부모와 교사 간에 연계교육이 잘 수행될수록 유아가 기관에 적응을 더 잘 하였다(배인자, 위수경, 2004; 손인숙, 송진숙, 2004).

가족과 기관의 상황과 역할이 다르더라도 부모와 유아교육 보육기관의 철학과 교육방법이 합의되는 면이 많고 상호 지원적일 때 유아발달이 더욱 촉진될 수 있다. 따라서 자녀가 다니는 유치원, 어린이집 간의 긴밀한 소통은 유아발달에 중요한 부분이 된다. 이러한 차원에서 유아교육 · 보육기관은 기관 안내서와 홈페이지, 앱 등 다양한 매체를 활용하여 부모와의 적극적인 소통을 하고, 부모개별 면담, 부모교육, 부모참여 프로그램 등을 통해 교육에 대한 부모의 이해 증진 및 실질적 지원을 제공하는 것이 필요하다.

3. 대중매체와 문화환경

1) 대중매체

현대 사회는 대중매체의 시대라 해도 과언이 아닐 만큼 오늘날의 유아는 다양한 미디어 세상에서 살고 있다. 과거 신문, 잡지, 텔레비전, 라디오, 컴퓨터 등의 다양한 종류의 미디어에 비해 최근의 인터넷과 스마트폰 등을 이용한 정보통신 기술의 발달은 쉽고 빠른 정보 교환의 수단으로 자리매김하고 있다. 이와 같은 IT 산업의 발전은 국가 경제 활성화에 기여할 뿐만 아니라 생활의 편리성과 효율성, 개인 매체를 통한 소통을 증진시키고, 오락과 여가를 즐기는 수단을 제공하는 등의 순기능적 측면이 있으나 인간 소외와 가치관의 혼돈, 정보 독점에 따른 불평등과 무차별적 정보 공개, 개인 사생활 침해나 음란물, 인터넷 게임 중독, 새로운 시대에 필요한 윤리의식 부재 등과 같은 심각한 역기능적 측면이 문제가 되고 있다(조준오, 2014).

우리나라 3~5세 유아의 인터넷 이용률은 2012년 현재 72.8%이며, 이용자 수는 102만 명으로 전년대비 14만 명이나 증가하였다(방송통신위원회, 한국인터넷진흥원, 2013, p. 2). 서울과 경기지역에 거주하는 0~5세 자녀를 둔 부모 1,000명 중 스마트폰 보유율은 98%이며, 유아의 이용률은 68%, 최초 이용 시기의 평균 연령은 2.27세다(이정림, 도남희, 오유정, 2013, p. 46-49). 뿐만 아니라 2012년 인터넷 중독 실태조사 결과(미래창조과학부, 한국정보화진흥원, 2014, p. 24) 전국의 5~9세의 유아 및 아동군의 인터넷 중독률이 7.9%로 청소년 중독률 7.3%, 성인의 중독률 6.0%보다 더 높았다. 이러한 결과를 통해 볼 때 유아에 대한 대중매체의 역기능적 문제는 심각한 수준이라고 볼 수 있다.

미디어의 흥미와 몰입적 요소로 인해 유아는 디지털 미디어와 보내는 시간이 많아져 발달에 부정적 영향을 미치고 있다. 특히 유아는 자기조절 능력이 충분히 발달하지 않았기 때문에 스마트폰이나 컴퓨터 혹은 태블릿 PC 등을 통한 웹사이트상의 게임 시간에 대한 자제력이 없을 뿐만 아니라 스마트 기기의 흡입력으로 인해 과몰입 현상이 나타나기도 쉽다. 이러한 기기를 통한 유아의 인터넷 게임 과다 사용은 대표적인 미디어 과몰입의 역기능 현상이다(조준오, 송주연, 황해익, 2008). 특히 스마트폰은 언제 어디서나 접근할 수 있어서 유아에게 쉽게 노출되고, 사용이 수월하여 유아의 미디어 기기 과몰입에 대한 주요 매체다. 유아가 미디어에 과몰입할 경우 또래 간 상호작용의 기회가 적어져 사회성이 결여되기 쉬우며 가상적 상황에 몰두함으로써 현실감이 감소하고 뇌의 불균형적 발달을 초래하고 사고력이나 집중력, 추론 능력이 떨어질 수 있다. 박소영(2014)은 유아의 스마트미디어 과다사용에 영향을 미치는 요인으로 어머니의 스마트미디어 중독과 양육스트레스, 과보호와 허용적인 양육행동 등을 꼽았다. 따라서 유아의 스마트 미디어 과몰입을 예방하기 위해서는 가정과 유아교육기관에서 스마트 미디어 사용 목적을 정보습득의 목적에 중점을 들 수 있도록 강조하고, 더불어 부모의 스마트미디어 사용 습관 점검과 유아의 자기 조절력 증진을 위한 다양한 양육 및 교육방법을 모색해 보아야 할 것이다.

2) 문화 환경

문화 환경은 시민의 문화적 욕구와 삶의 질을 향상시키기 위한 문화와 시설 등을 포함하여 영유아부터 노인에 이르기까지 생활에 영향을 미칠 수 있는 포괄적인 환경이다. 전국적으로 주 5일 근무가 확대되고, 국민의 소득 수준이 늘어남에 따라 여가와 삶의 질이 중요해지면서 문화에 대한 수요는 점점 더 증가하고 있다. 유아기의 문화 활동이 청소년기보다 활발하지 않은 것처럼 생각할 수 있지만 유아기부터 다양한 문화 활동을 경험하게 함으로써 정서 함양은 물론 다양한 미적 감각을 체험할 수 있도록 도와줄 필요가 있다.

생애 초기에 경험한 문화 활동은 전 생애에 걸쳐 인간의 삶에 지속적으로 영향을 미칠 수 있다. 우리나라 문화 향수 실태조사 결과(문화체육관광부, 2012), 유아기부터 문화 예술을 경험한 사람은 이후 문화 예술 관람율이 90%에 달했으나 비경험자는 관람율이 60% 정도로 낮았다. 이러한 결과는 유아기부터 문화 환경을 경험하는 것이 이후의 삶에 상당한 영향을 미칠 수 있다는 것을 알게 해 준다.

현재 우리나라에서 유아가 이용할 수 문화 환경은 도서관, 박물관, 문예회관, 공연장, 놀이터 등이 있으며, 그 외 민간 차원의 놀이시설이나 키즈카페 등이 있다. 이들 시설 중 어린이 전용으로 설립된 시설은 어린이박물관, 어린이도서관 등으로 명칭하고 주요 사업도 영유아와 초등학교 저학년 수준의 아동에 초점을 맞추고 있다. 우리나라 어린이도서관은 2011년 기준 전국에 78개소가 있는데 지역별로는 경기도 26개, 서울 15개, 인천 11개를 제외하고는 대부분의 지역에 1~2개소가 있을 뿐이다. 대부분의 어린이도서관은 어린이들의 발달 특성을 고려하여 연령에 따른 맞춤형 프로그램을 기획하고 이에 따른 내용을 구성하여 프로그램의 효과를 극대화하고 있으며, 가족 프로그램의 운영으로 가족 참여 기회를 확대하는 등 도서관의 역할을 가족과 함께 하는 문화 공간으로 확장하고 있다(이윤진 외, 2013, p. 44).

어린이박물관은 유물과 전시의 개념을 탈피하여 영유아의 발달적 특징에 초점을 맞춰 이들의 호기심을 촉진하고 학습 동기를 고양시키는 전시와 직접 참여해 볼 수 있는 다양한 활동 프로그램을 제공한다. 우리나라 어린이박물관은 1995년 삼성어린이박물관을 시작으로 2011년 기준 전국에 20개소가 있다.

놀이터는 영유아가 가장 쉽게 접근하여 이용할 수 있는 문화 공간이다. 놀이터는 다양한 놀이기구 등의 시설을 갖추고 그 속에서 환경과 사람이 다양한 관계를 경험

[그림 10-4] 경기도 어린이 박물관

[그림 10-5] 놀이터에서 뛰어 노는 유아

할 수 있도록 마련된 공간이다. 아름다운 자연을 느낄 수 있고 개방된 공간과 잘 구비된 놀이기구 등이 있는 놀이터 활동은 영유아에게 즐거움을 제공하고, 신체발달뿐만 아니라 대인 관계, 정서적 안정감, 인지 · 언어발달의 향상 등 전인적 발달을 촉진시킨다(Maxwell, Mitchell & Evans, 2008).

우리나라의 일반적인 놀이터는 2014년 12월 현재 전국에 총 61,945개소가 있는데 주로 주거단지(49.7%)에 가장 많고, 다음으로 유치원과 어린이집(24.1%)에 설치되어 있다. 일반적인 놀이터 이외에 공원과 함께 마련된 과천 서울대공원이나 서울상상나라와 같은 복합체험 놀이공간은 주말이나 휴일을 이용하여 부모와 함께 체험과 놀이를 할 수 있고, 유아교육 보육기관에서 견학 장소로 활용할 수 있다. 어린이가 마음껏 뛰어놀 수 있는 이러한 놀이공간이 지역별로 충분히 설치되어 있는 환경은 유아의 건강한 발달에 긍정적인 영향을 미친다.

4. 육아지원 및 가족 정책

저출산으로 인한 인구문제와 맞벌이 가족의 증가, 부모의 조기교육에 대한 관심 증가 등의 사회적 변화는 출산과 육아 문제를 야기함으로써 유아의 성장 환경에 직접 영향을 미친다. 이러한 문제를 극복하기 위해 국가적 차원에서 다양한 육아 지원 정책을 입안하여 실행하고 있는데 대표적으로 유아교육 정책, 보육 정책, 가족 정책

등이 있다. 유아교육 및 보육에 대한 사회적 관심과 투자는 여성의 사회 진출을 지원하고, 유아가 안전하게 보호받을 수 있는 교육적 환경을 제공해 준다. 또한 이러한 정책은 모든 유아에게 교육적 불이익이 없어야 한다는 사회적 책임의 측면에서 국가의 유아교육과 보육 정책의 중요성이 있으며(Roseveare & Taguma, 2011) 유아 발달에 직간접적으로 영향을 미친다.

1) 유아교육 · 보육 정책

우리나라의 유아교육 보육정책은 현재까지는 교육부와 보건복지부 두 부처에서 관장하는 이원화체계다. 과거 유아교육기관은 만 3세 이상의 유아를 대상으로 3시간 내외로 이루어지는 교육에 일차적인 목적을 두었고, 보육기관은 맞벌이 가정 자녀의 보육을 담당해 왔다. 그러나 맞벌이 가정과 어린 연령에 대한 교육적 요구가 증가함에 따라 유아교육기관에서는 종일제반 운영을 점차 확대하였고, 보육기관에서는 교육적 측면이 체계화되어 영아반 운영을 제외하고는 거의 유사한 기관으로 인식하게 되었다. 다만 해당 부처의 정책이 여전히 기관에 따라 집행됨으로써 효율성과 차별적 수혜에 대한 문제점이 제기되었고, 두 기관을 일원화하는 유보통합에 대한 논의와 검토가 추진되고 있는 중이다.

유아교육 정책은 교육부(www.moe.go.kr)에서 주관하고 있으며 2009년에 유아교육 서비스 제공, 생애초기 출발점의 평등성 보장, 선진 유아교육의 기반 마련이라는 목표를 중심으로 유아교육 선진화 정책을 수립하여 유아교육 지원정책의 규모와 대상을 급격하게 확대하였다. 2012년에 도입된 누리과정은 5세를 시작으로 2013년 3~4세까지 확대하여 소득계층에 관계없이 전체 유아의 학비를 지원하여 부모의 부담을 경감해 주었다. 뿐만 아니라 국가수준의 유아교육과정을 제정, 고시하여 모든 유치원에 적용하도록 함으로써 교육의 질적 향상을 도모하고, 교육 수준을 평준화하도록 하였다. 누리과정이 유아들에게 보다 질 높게 실행되도록 담당 교사를 재교육할 수 있는 연수 프로그램을 개발하여 지역 교육청별로 체계적으로 연수를 실시하고 있다. 이와 더불어 유치원 운영에 대한 주요사항을 심의 또는 자문하는 유치원 운영위원회 구성 및 정보 공시 등에 대한 법적 근거를 추가 마련하여 학부모 참여 통로를 제도적으로 마련하였다.

보육정책은 보건복지부(www.mw.go.kr)에서 주관하고 있다. 보육 수요가 증가함에 따라 2000년 초반부터 기관의 양적 확충에 주력하였고 급격한 확대로 인한 질적 수준의 관리에 문제점이 제기되었다. 이에 2004년 「영유아보육법」의 개정을 통하여 보육에 대한 국가책임을 강화하고 질적 수준의 향상과 함께 수요자의 차별화된 요구에 부응하는 정책을 수립하였다. 이밖에도 부모의 육아부담 경감을 위해 보육비용 지원 확대와 양육수당 지원, 취업부모 지원 확대 등 부모 지원을 위한 정책과 함께 영아전담, 장애전담, 방과후, 휴일 보육 등 다양한 보육 서비스를 확대하였다. 특히 2012년부터 어린이집을 이용하는 모든 유아에게 표준보육료를 전액 지원해 줌으로써 무상보육을 실시하고 있다.

어린이집의 질적 수준 향상과 관련하여 국가수준의 표준보육과정을 제정, 고시, 보육교직원의 자격관리 및 직무교육 체계 수립, 어린이집 평가인증제도 등 다양한 정책이 수립되어 있다. 3-5세 누리과정을 포함한 표준보육과정을 체계적으로 실시할 수 있도록 전국 어린이집 교직원을 대상으로 한국보육진흥원(www.kcpi.or.kr)과 중앙육아종합지원센터(http://central.childcare.go.kr) 및 시·도, 시·군·구 육아종합지원센터에서 교사교육 및 컨설팅을 실시하고 있다. 또한 어린이집이 보건복지부가 주관하는 평가인증을 받도록 독려하므로써 자체적인 질적 수준 향상 노력을 유도하였다. 이와 같은 노력에도 불구하고 보육 만족도에서 가장 많이 제기되고 있는 문제는 부모들이 가장 선호하는 국공립 어린이집의 추가 설치 요구다. 국공립 어린이집 설치가 여러 가지 이유로 쉽지 않기 때문에 대안책으로 질적 수준이 우수한 민간 어린이집 일부를 공공형 어린이집으로 지정하여 활성화하는 정책이 시행되고 있다.

이와 같은 다양한 유아교육 보육정책은 부모와 유아에게 긍정적 혹은 부정적인 영향을 줄 수 있다. 예를 들어, 무상보육이 부모의 재정적 부담을 줄여 주기는 하지만 기관의 무분별한 이용으로 인해 가정에서 부모와 지내는 시간이 적어지게 되고, 부모의 양육 책임감을 분산시킴으로써 부모-자녀 관계 및 자녀의 사회화에 부정적인 영향을 줄 수 있다. 따라서 국가 정책 수립 시 유아발달에 직간접적으로 영향을 줄 수 있는 복합적 요인들에 대해 다각적으로 검토하는 것이 필요하다.

2) 가족정책

가족정책은 여성가족부(www.mogef.go.kr)에서 주관하는데 그 목표는 가족 기능을 강화하고 가족 친화적 사회 환경을 조성하여 개인과 가정의 전 생애에 걸친 삶의 질 만족도를 높이는 데 있다. 건강한 가족문화를 확산하고, 부모 역할과 자녀 돌봄을 지원하며, 한부모나 다문화 가족 등 취약 가정 지원, 가족 친화적인 직장 환경 조성 등의 구체적 정책 등이 수행되고 있다. 구체적으로 다양한 가족의 가족 기능 강화를 위해 부모의 야근, 출장, 질병 등으로 양육 공백이 발생하는 취업 부모를 위해 아이돌보미를 파견해 주는 아이돌봄서비스(아이돌봄 대표전화 1577-2514, 아이돌봄 홈페이지 http://idolbom.mogef.go.kr)가 있다. 가족 친화적인 환경 조성과 건강한 가족을 위해 한국건강가정진흥원(www.kihf.or.kr)을 설립하여 가족의 취약 기능 강화, 가족친화적 직장 문화선도 사업과 지역돌봄 공동체 구축, 다문화 가족 적응 지원 등의 다양한 가족지원 사업이 수행되고 있다. 이와 같은 국가의 다양한 정책들은 부족하거나 어려운 양육환경을 지원하고, 부모로 하여금 적절한 역할을 할 수 있도록 도와 유아가 건강하게 발달하도록 간접적인 영향을 끼치므로 유아발달에 중요한 생태학적 맥락이 된다.

──● 참고문헌

김정(2005). 어머니가 지각한 아버지의 양육참여도와 어머니의 양육 스트레스와의 관계. 아동학회지, 26(5), 245-261.

김현미, 도연심(2004). 어머니의 양육스트레스, 양육효능감 및 양육행동과 아동의 사회적 능력 간의 관계. 아동학회지, 26(6), 279-298.

도미향(2006). 맞벌이 가족 아동의 심리적 복지감에 관한 연구. 한국가족복지학, 11, 77-92.

류왕효, 이화조(1999). 유아의 형제자매 구성에 따른 형제자매 관계특성에 관한 연구. 한국영유아보육학, 19, 1-18.

문화체육관광부(2012). 문화향수실태조사. 서울: 문화체육관광부.

문혁준(2009). 아동의 또래유능성에 영향을 미치는 변인 연구: 어머니 취업 유무를 중심으로. 아동학회지, 30(2), 57-69.

미래창조과학부, 한국정보화진흥원(2014). 2013년 인터넷 중독 실태조사. 서울: 미래창조과학부, 한국정보화진흥원.

박소영(2014). 유아의 스마트미디어 사용실태 및 과다사용에 영향을 미치는 변인 연구. 가톨릭대학교 대학원 박사학위논문.

박창현, 나정(2012). 유아교육기관, 교사 및 유아집단 특성에 따른 교사-유아 상호작용 수준분석. 한국보육지원학회지, 8(6), 99-125.

박희진, 문혁준(2012). 어머니의 양육죄책감 및 양육스트레스가 양육태도에 미치는 영향: 종일제 어린이집을 이용하는 어머니를 대상으로. 한국보육지원학회지, 8(2), 121-137.

방송통신위원회, 한국인터넷진흥원(2013). 2012 인터넷 이용 실태조사. 서울: 방송통신위원회, 한국인터넷진흥원.

배인자, 위수경(2004). 유치원에서의 어머니-교사 의사소통과 유아 사회적 능력 간의 관계. 영유아교육연구, 7, 25-47.

보건복지부(2013). 2013 보육통계. 서울: 보건복지부.

손인숙, 송진숙(2004). 부모와 교사 간의 연계교육 및 유아-교사 간의 상호작용의 질에 따른 유아의 적응에 대한 연구. 한국영유아보육학, 39(12), 111-128.

안전행정부(2013). 다문화관련 연도별 통계. 서울: 안전행정부.

이기숙, 김영옥, 박경자(2005). 보육경험과 유아의 인지 및 사회성 발달. 유아교육연구, 25(6), 255-275.

이미리, 신유림(2013). 취업모와 비취업모 유아의 발달에 대한 어머니 역할, 유아 기질, 환경적 지지효과. 육아정책연구, 7(1), 1-20.

이영환, 백지은(1998). 아버지의 양육행동과 유아의 애착, 사회적 능력과의 관계. 미래유아교육학회지, 8(1), 1-28.

이윤진, 이정원, 구자연(2013). 영유아 문화인프라 이용실태와 지원방안. 서울: 육아정책연구소.

이정림, 도남희, 오유정(2013). 영유아의 미디어 매체 노출 실태 및 보호대책. 서울: 육아정책연구소.

이희선, 이윤나(2014). 유아기 자녀를 둔 아버지의 직업역할 만족도 및 부모역할 만족도와 양육행동 간의 관계. 한국보육지원학회지, 10(2), 193-212.

장영애, 이영자(2008). 아버지의 양육행동, 양육참여도가 유아의 자아개념과 친사회적 행동에 미치는 영향. 한국가족관계학회지, 13(1), 187-206.

정순화(2011). 국내 외동아관련 연구의 동향분석. 인간발달연구, 18(4), 35-61.

조성연, 이미란, 최혜영, 박진재, 송혜린, 권연희 외(2014). 부모교육. 서울: 신정.

조성연, 이정희, 김온기, 제경숙, 김영심, 황혜정 외(2013). 보육학개론. 서울: 학지사.

조준오(2014). 생태체계 변인이 유아 인터넷 게임중독 경향성에 미치는 영향. 유아교육학논집, 18(3), 359-386.

조준오, 송주연, 황해익(2008). 유아 정보 윤리교육에 대한 유아 교사의 인식 및 실태. 어린이미디어 연구, 7(1), 73-93.

채진영(2011). 아버지의 양육행동에 영향을 미치는 변인에 관한 연구. 한국가정관리학회지, 29(5), 75-83.

최병순(1991). 아버지의 양육행동 및 관련변인에 관한 연구. 한국가정관리학회지, 9(1), 223-239.

최윤경, 양미선, 도남희, 박혜원, 이진숙, 정윤경, 이보람(2011). 다문화가족 영유아 발달 실태 및 맞춤형 지원 방안. 서울: 육아정책연구소

통계청(2012). 인구주택 총조사. 대전: 통계청.

통계청(2013). 경제활동인구조사. 대전: 통계청.

통계청 보도자료(2014. 4. 22). 2013년 혼인·이혼 통계. 대전: 통계청.

허순금(2006) 미취학 자녀를 둔 취업 어머니의 자녀양육스트레스 요인 분석. 단국대학교 대학원 석사학위논문.

황선실, 황희숙(2014). 유아기 아버지의 양육효능감과 양육참여도와의 관계. 인지발달중재학회지, 5(1), 71-93.

Chase-Lansdale, P., Lindsay., & Pittman, L. D. (2002). Welfare reform and parenting: Reasonable expectations. *The Future of Children, 12*(1), 167-185.

Cicirelli, V. G. (1985). Sibling relationships throughout the life cycle. In L' Abate (Ed.), *The handbook of family psychology and therapy* (pp. 177-214). Chicago: The Dorsey Press.

Crnic, K., & Acevedo, M. (1995). Everyday stresses and parenting. In M. H. Bornstein (Ed.), *Handbook of parenting* (pp. 277-297). Mahwah, NJ: Lawrence Erlbaum.

Gilliam, W., & Zigler, E. (2004). State efforts to evaluate the effects of prekindergarten: 1997 to 2003. Retrieved from http//nieer.org/resources.

Howes, C., Phillips, D., & Whitebook, M. (1992). Thresholds of quality: Implications for the social development of children in center-based child care. *Child Development, 63*(2), 449-460.

Ishimine, K., Talyer, C., & Bennett, J. (2010). Quality and early childhood education and care: A policy initiative for the 21st century. *International Journal of Child Care and Education Policy, 4*(2), 67-80.

Maxwell, L. E., Mitchell, M. R., & Evans, G. W. (2008). Effects of play equipment and loose parts on preschool children's outdoor play behavior: An observational study and design intervention. *Children, Youth and Environments, 18*(2), 36-63.

NICHD Early Child Care Research Network(2000). The relation of child care to cognitive and language development. *Child Development, 71*(4), 960-980.

OECD (2012). Starting strong III: A Quality toolbox for early childhood education and care. Paris: OECD.

Roseveare, D., & Taguma, M. (2011). The strategies and tasks for the implementation of the nuri curriculum for age 5. *OECD-KOREA Policy Forum* 발표자료. 서울: 교육과학기술부, 보건복지부, 육아정책연구소.

Sylva, K., Melhuish, E., Sammons, P., Siraj-Blatchford, I., & Taggart, B. (2004), The effective provision of pre-school education(EPPE) project: Final report, A longitudinal study funded by the DfES 1997-2004. http://www.ioe.ac.uk/project/eppe/

http://www.kcpi.or.kr
http://idolbom.mogef.go.kr
http://www.kihf.or.kr

찾아보기

[인 명]

김영태 75
배현정 75
서유헌 98
이영 98
임선숙 75
장혜성 75

Aksan, N. 217
Amabile, T. M. 140, 142
Atkinson, R. C. 124

Bandura, A. 50, 77, 160
Barkley, R. A. 244
Baumrind, D. 263
Bellak, L. 76
Bronfenbrenner, U. 275
Brophy, K. 139

Cassidy, K. W. 221
Cavan, S. 80
Chomsky, N. 160
Csikszenmihalyi, M. 140

Darwin, C. 181
Davis, G. A. 138
Dunn, D. M. 75
Dunn, L. M. 75
Duvall, E. 264
Dweck, C. S. 209

Ekman, P. 182
Erikson, E. 42, 208

Fadel, C. 138
Foster, I. 82
Freud, S. 38, 39, 217

Gardner, H. 132, 140
Guilford, J. P. 132, 138, 139

Harter, S. 206
Hurley, J. 82

Inhelder, B. 116
Izard, C. E. 182

Kaufman, A. S. 74
Kaufman, N. L. 74
Kochanska, G. 217
Kohlberg, L. 214, 218

Lenneberg, E. 160, 162
Lewis, M. 183
Locke, J. 45
Lorenz, K. 58

McGee, L. M. 168, 169
Mellon, E. 139
Michalson, L. 183

Piaget, J. 114, 116, 163, 217

Richgels, D. J. 168, 169
Rogers, C. 231
Runyan, D. K. 82

Schaefer, C. 263
Selman, R. L. 223, 224
Shiffrin, R. M. 124
Siegler, R. S. 129
Skeels, H. M. 136
Skinner, B. F. 160
Spearman, C. 132
Spritz, B. L. 222
Sternberg, R. J. 132

Thurstone, L. L. 132
Timbergen, N. 58
Torrance, E. P. 139
Trilling, B. 138

Underwood, M. 82

Vygotsky, L. S. 163

Wallas, G. 139
Watson, J. B. 182

[내 용]

3-5세 연령별 누리과정 104

가역성 120
가외변인 79
가족 가치관 267
가족 정책 278

가족 친화적인 환경 281
감정 조절 능력 225
감정 표현 13
감정이입 217, 227
강화와 동기적 과정 50
개방식 질문 73

거부적 · 자율적 부모 양육 태도 264
거부적 · 통제적 부모 양육 태도 264
거세불안 41
검증기 139
게젤 돔 57
결손가설 171

결정적 시기 59
결핍성 왜소증 103
경험적 요소 180
고착 40
골격발달 92
공격적인 기질 228
공격적인 모델 229
공격적인 본능 228
공공형 어린이집 280
과몰입 현상 276
과잉 행동 243
과잉행동-충동 우세형 243
과정적 질 272
관계성 개발 중재 249
교사 273
교사 대 유아 비율 274
교사 재교육 274
교사 효능감 274
교사와의 상호작용 273
교사의 역할 273
교사의 역할 수행 274
구문론 158
구어 166
구조적 질 272
국공립 어린이집 280
귀납적 접근 77
그림 어휘력 검사 75
근육발달 92
근접발달 영역 55
기능적 비대칭 56
기억 과정 124
기억 용량 127
기억 전략 128
기질 197

남근선망 41
놀이터 277
뇌량 100
뇌량의 수초화 101
뇌성장 급등기 98
누리과정 279
눈과 손의 협응 능력 95

다문화 가족 267
다문화 유아 270
다중저장 모델 124
다중접근 치료방법 246
단순 운동 틱 251
대근육 운동 94
대리양육자 269, 273

대인관계의 폭 13
대중매체 275
도덕성 217
독립변인 77
동시대 집단 79
동정심 217
두정엽 99
뚜렛장애 251

만족지연 193
맞벌이 가족 265, 267
목적론 121
몽유병 103
무상보육 280
무의식 39
무조건적인 긍정적 존중 231
문화 환경 277
문화 활동 277
물활론 123
미디어 기기 과몰입 276
믿음-욕구 이론 222

바인랜드 사회 성숙 척도 250
반응성 애착 장애 252
백지 상태 45
보보인형 실험 50
보육 경험 272
보육 정책 278
보육교직원의 자격관리 280
보육의 질적 수준 269, 272
보존 개념 118
복합형 243
부모 양육 태도 263
부모 역할 264
부모와 교사와의 관계 275
부주의 243
부주의 우세형 243
부화기 139
분류 개념 121
비계 56
비실험연구 76
비취업모 266
빙산 39

사적 언어 165
사회문화적 인지이론 54
사회문화적 편견 270
사회생물학 61
사회성 기술 중재집단 249
사회적 가치관이나 규범 13

사회적 관계 능력 13
사회적 기술 225
사회적 성향 225
사회적 이야기 249
사회적 지식 225
사회화 263, 268
사회화 과정 210
삶의 질 277
상관계수 76
상위기억 130
상징적 사고 114
상호작용자 273
상호적 교류 56
새로움 138
생득 이론 160
생리적 요소 180
생물학적 생태이론 64
생태학적 맥락 262
서열화 121
성 안정성 214
성 유형화 215
성 항상성 214
성격특성론적 접근 138
성숙이론 56
성역할 동일시 41
성장 고조기 100
성장 속도 90
성장패턴 90
소근육 운동 기술 95
손에 대한 선호 97
스마트폰 275, 276
시냅스 99
시연 128
실재론 122
실험실 실험 77
쓰기 169

아버지 역할 265
아이돌봄서비스 281
애정적 · 자율적 부모 양육 태도 263
애정적 · 통제적 부모 양육 태도 263
양성성 216
양육 스트레스 266
양육 참여 265
양육 행동 265
양육수당 280
양적 접근 77
어린이도서관 277
어린이집 271
어린이집 평가인증제도 280

어머니의 취업 266
억제형 반응성 애착 장애 252
에스트로겐 212
엘렉트라 콤플렉스 217
역할 수용 능력 224
연역적 접근 77
영구치 93
오이디푸스 콤플렉스 41, 217
외동아 267
욕구 이론 222
운동재생 과정 50
원초아 39
유보통합 279
유아교육 271
유아교육 정책 278
유전적 취약성 244
유치원 271
육아 지원 정책 278
육아부담 경감 280
육아지원기관 269
윤리 기준 83
음운론 157
의도 228
의미론 158
의식 39
이차 정서 185
이타주의 227
이혼 268
이혼 가족 267
인간생태학 이론 62
인간의 정신 38
인간의 정신 구조 39
인공론 122
인과관계 121
인구문제 278
인지발달 이론 163
인지적 문제 229
인지적 접근 139
인지행동수정기법 246
인터넷 275
인터넷 게임 중독 276
인터넷 이용률 276
인터넷 중독 276
일반 기억 126
일차 정서 185
일화 기억 127
읽기 168

자기 의식적 정서 198
자기규제 57

자기와 타인에 대한 관심과 인식 13
자기중심적 224
자기중심적 사고 116
자기중심적 언어 164
자기효능감 51
자녀 돌봄 281
자서전적 기억 127
자아 39
자아 개념 13, 206
자율성 43
자폐성 장애 246
잘못된 믿음 222
재혼 가족 267
저출산 278
적대적 반항 장애 243
적응 기능 249
적응적 전략선택 모델 129
적절성 138
전두엽 99
전의식 39
전환적 추론 122
정교화 129
정밀주의력검사 244
정보통신 기술 275
정서 180
정서 이해 190
정서 인식 190
정서 조절 13
정서 표현 184
정서 표현의 규칙 183
정서사회화 관점 182
정서적 박탈 103
정신분석학적 관점 38
정체성 13
조명기 139
조직화 129
종단적 접근 77
종속변인 77
주의집중 과정 50
주의파지 과정 50
준비기 139
중심화 115
지능 131
지능의 안정성 134
지식 구조 130
지원 체계 270
직관적 사고 118
직무 만족도 274
직무교육 280
질적 접근 77

집단독백 117

차이가설 171
창의성 138
초자아 39, 217
충동성 243
취업모 266
측두엽 99

커너스 교사용 평정척도-개정판 244
코너스 단축형 증상 질문지 244
코너스 부모용 평정척도-개정판 244
코르티솔 103
쾌락 원리 39

탈억제 사회관여 장애 253
탈억제형 반응성 애착 장애 253
탈중심화 116, 120
테스토스테론 212
통합교육 255
통합적 접근 139
트렌스젠더 유아 213

편견 13
편재화 100
평적 격차 118
폐쇄식 질문 73
포괄적인 서비스 체계 272
표준보육과정 280
표현적 요소 180
프로게스테론 212
플린 효과 137

하이브리드 모델 244
학습되는 과정 229
학습적 관점 45
행동 장애 243
행동발달 목록표 57
행동주의 기법 246
행동주의 이론 160
현장 실험 77
형제 267
형제자매 267
형태론 157
화용론 158
환경 제공자 273
횡단적 접근 77
후두엽 99

저자 소개

이 영(Lee, Young)
Cornell University(미), Dept. of Human Development
    & Family Studies 졸업(Ph.D.)
현) 연세대학교 아동·가족학과 교수

김온기(Kim, Ongi)
연세대학교 대학원 아동학과 졸업(Ph.D.)
현) 푸르니보육지원재단 상임이사

조성연(Cho, Songyon)
연세대학교 대학원 아동학과 졸업(Ph.D.)
현) 호서대학교 유아교육과 교수

이혜경(Lee, Haekyoung)
연세대학교 대학원 아동학과 졸업(Ph.D.)
현) 연세대학교 대학원 아동·가족학과 강사

이선원(Lee, Seonwon)
연세대학교 대학원 아동학과 졸업(박사과정 수료)
현) 서해대학교 유아교육과 교수

이정림(Lee, Jeongrim)
Texas Tech University(미), Dept. of Educational
    Psychology 졸업(Ph.D.)
현) 육아정책연구소 연구위원

나유미(Rah, Yumee)
연세대학교 대학원 아동학과 졸업(Ph.D.)
현) International Reformed University & Seminary
    (미) 사회과학 전공교수

김상림(Kim, Sanglim)
University of Houston(미), Dept. of Curriculum
    & Instruction 졸업(Ed.D.)
현) 인천대학교 소비자·아동학과 교수

나종혜(Rha, Jonghay)
Pennsylvania State University(미), Dept. of
    Human Development and Family Studies 졸
    업(Ph.D.)
현) 한남대학교 아동복지학과 교수

유아발달
Early Childhood Development

2015년 6월 30일 1판 1쇄 발행
2022년 3월 10일 1판 4쇄 발행

지은이 • 이 영 · 김온기 · 조성연 · 이혜경 · 이선원
　　　　이정림 · 나유미 · 김상림 · 나종혜
펴낸이 • 김진환
펴낸곳 • ㈜ 학지사
　　　　04031 서울특별시 마포구 양화로 15길 20 마인드월드빌딩
대표전화 • 02)330-5114　　　 팩스 • 02)324-2345
등록번호 • 제313-2006-000265호

홈페이지 • http://www.hakjisa.co.kr
페이스북 • https://www.facebook.com/hakjisa

ISBN 978-89-997-0711-7 93370

정가 17,000원

이 도서의 국립중앙도서관 출판시도서목록(CIP)은 서지정보유통지
원시스템 홈페이지(http://seoji.nl.go.kr)와 국가자료공동목록시스템
(http://www.nl.go.kr/kolisnet)에서 이용하실 수 있습니다.
(CIP제어번호: CIP2015015974)

출판 · 교육 · 미디어기업 학지사
간호보건의학출판 학지사메디컬 www.hakjisamd.co.kr
심리검사연구소 인싸이트 www.inpsyt.co.kr
학술논문서비스 뉴논문 www.newnonmun.com
교육연수원 카운피아 www.counpia.com